新商科·商业科学与决策丛书

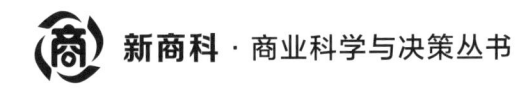

丛书主编　高维和　孙　琦

中央高校建设世界一流大学（学科）和特色发展引导专项资金资助
中央高校基本科研业务费资助

Research on the Structure and
Governance Strategy of Cultural Digital Ecosystem

文化产业数字化生态系统构建和治理策略研究

高维和　著

上海财经大学出版社
SHANGHAI UNIVERSITY OF FINANCE & ECONOMICS PRESS

上海学术·经济学出版中心

图书在版编目(C I P)数据

文化产业数字化生态系统构建和治理策略研究 / 高维和著.
—上海：上海财经大学出版社，2024.6
（新商科·商业科学与决策丛书）
ISBN 978-7-5642-4379-1/F.4379

Ⅰ.①文… Ⅱ.①高… Ⅲ.①文化产业-数字化-研究-中国 Ⅳ.①G124

中国国家版本馆 CIP 数据核字(2024)第 089166 号

□ 责任编辑　李嘉毅
□ 封面设计　张克瑶

文化产业数字化生态系统构建和治理策略研究

高维和　著

上海财经大学出版社出版发行
（上海市中山北一路 369 号　邮编 200083）
网　　址:http://www.sufep.com
电子邮箱:webmaster@sufep.com
全国新华书店经销
江苏苏中印刷有限公司印刷装订
2024 年 6 月第 1 版　2024 年 6 月第 1 次印刷

710mm×1000mm　1/16　16 印张（插页：2）　270 千字
定价：78.00 元

丛书编委会

晁钢令　高维和　龚　晗　江晓东
姜　敏　孔令丞　楼　尊　孙　琦
田　鼎　王文斌　王晓玉　王新新
吴　芳　徐　伟　叶巍岭　曾晓洋

丛书主编

高维和　孙　琦

（以上按照姓名的汉语拼音先后顺序排列）

总　序　Preface

近年来,国家大力发展新工科、新医科、新农科、新文科(简称"四新")建设,在这样的背景下,新商科乘势而为、应运而生。新商科处于新时代教育、经济与科技的交汇点,处于百年未有之大变局的历史新方位。

新商科的历史新方位主要表现为,世界经济中心在变,经济总量从北大西洋转到太平洋,中国特色社会主义进入新时代,经济由高速增长阶段转向高质量发展阶段;世界政治格局在变,非西方化与多极化并存,发达国家和发展中国家的力量,以及国际主要经济体之间的力量对比发生重大变化,由此引发国际格局大洗牌、国际秩序大调整、全球治理大变化,新兴国家正在成为重要角色;全球化进程在变,主要推动力量面临重组,全球化与逆全球化角力博弈;科技与产业在变,从数次工业革命历程看,每次技术变革都带来生产力革命,进而引发整个社会大变革;全球竞争方式在变,不仅仅是经济、军事、科技的竞争,而且是文化和制度的竞争,不同国家政治经济制度的时代适应性决定了历史选择和演进方向。

如今,以互联网、大数据、人工智能、云计算、量子通信、区块链等为代表的新科技革命和产业革命加速了对经济社会各领域的深入渗透和融合。数联、物联、智联、大带宽、低时延、大链接、全栈全场景和虚拟世界,对生产方式、生活方式、思维方式和学习方式产生了深刻的影响,并重构人类的法律、文化、风尚、观念、伦理和秩序。新技术、新经济、新业态的日新月异使研究新商科的重要性和建设新商科的紧迫性日益凸显。

从概念上看,无论是内涵还是外延,新商科都从属于新文科。我在《光明日报》2021年3月20日整版刊发的《新文科建设,"新"从何来,通往何方?》一文中,从论域拓展、价值重塑、话语主导、交叉融合、研究范式这五个维度阐述了新文科之"新"。认知新商科无疑可从这"五维"加以把握。此外,作为新文科"真子集"的新商科,要透彻理解其"新",还需要高度关注深度科技化、高度智能化、交叉融合化、集群复合化这"四化"趋势。

其一,深度科技化,以金融最为典型。近年来"金融科技"(Fintech)很火,实际上,Fintech 即 Finance(金融)+Technology(科技),但又不是两者的简单组合,而是通过利用各类科技手段创新传统金融行业所提供的产品和服务,如大数据征信、智能投顾、供应链金融等。金融科技改变传统的金融信息采集来源、风险定价模型、投资决策过程、信用中介角色,从而能大幅提升传统金融的效率,降低传统金融服务的成本,解决传统金融的痛点。

金融科技以信息技术为基础,将诸多高科技用于银行、保险、证券、基金、租赁、信托、消费金融、金融监管等领域,重塑了传统金融业,形成了零售银行、网络借贷与融资、云计算平台、数字货币、资产管理、互联网保险、监管科技等多种新兴金融生态。这些高科技包括互联网技术(互联网、移动互联网、物联网)、大数据、人工智能、分布式技术(区块链、云计算)、安全技术(生物识别技术)等,不一而足。

其二,高度智能化,以商务分析(Business Analytics,BA)和商业智能(Business Intelligence,BI)最为典型。在当今竞争日益激烈的市场环境中,企业如何从浩如烟海的商务数据以及其他相关的数据和信息中发现商机,并将这些数据和信息合理有效地运用于商业管理和决策,提升企业的管理水平和效益,已经成为每一家企业不得不面对的现实。面对爆炸式增长的各类信息和数据,只有那些能够合理利用先进的信息技术成功地收集、分析、处理、理解信息,利用高深的技术、模型和算法进行数据挖掘和商业分析,并依据信息进行科学决策和预测的企业才能获得竞争优势,才会成为市场上的赢家。

商业世界拥有海量而丰富的数据,其数据不仅包括企业前端、后端和历史产生的数据,业务系统的订单、库存、交易账目、客户和供应商数据,而且包括企业所处行业和竞争对手的数据,以及其他外部环境中的各种数据,并与现在的互联网及大数据相连。BA 和 BI 能对所有这些多维数据进行高效挖掘和整合,能快速、准确、智能化地形成业务经营决策建议。业务经营决策既可以是操作层的,也可以是战术层和战略层的。随着数据日益成为企业的核心资产和深度学习模式的突破,BA和BI已开始渗入企业管理的方方面面,并且发挥着越来越重要的作用。

其三,交叉融合化。学科交叉和学科之间的整合已经成为推动学科建设的重要手段。新商科呈现鲜明的交叉融合化特征,不仅商科内部经济学、管理学(法学)交叉,而且商科与文科、理科、工科、农科、医科等其他学科无障碍交叉。商科研究越来越多地需要综合利用经济学、管理学、法学、哲学、伦理学,以及社会学、行为科学、脑科学、神经科学、认知科学、心理学、认知心理学等学科,更不用说数学、系统科学、运筹学、数理统计学、计算机科学和数据科学了。实际上,前面述及的BA和BI就是集商业管理、统计学、计算机科学为一体的商科与理工科紧密交叉与综合的产物。

美国国家科学基金会(National Science Foundation,NSF)的社会行为与经济学部在发布的学科发展战略报告中指出,未来10年学术研究的特点是数据密集(Data-intensive)、跨学科(Transformative)、强合作(Collaborative)和问题驱动(Problem-driven)。这四大特点都指向新商科的交叉融合:数据密集(泛在)自不待言,跨学科和强合作几乎就是交叉融合的同义语,问题驱动则是倒逼交叉融合,因为没有哪一个问题是某个单一学科的问题,所以我们必须打破学科壁垒,综合考量,协同施策,方能解决问题。

其四,集群复合化。此处的"集群"是指学科,"复合"则指人才培养。"双一流"是以学科为基础的主要策略。现代学科呈现高分化、高整合的趋势,在高分化、高整合的辩证统一中,从单一学科、跨学科走向超学科。人类知识生产的组织已经从个体和独立转变为团体(集体、团队)和联合(联盟)。在当前的学科建设中,各校都非常明确各自学科建设的重点,都十分注重学科平台体系、学术组织体系和学术人才体系的全面建设,选择学科群建设方案来引领商科学科的发展已成为各高校的自觉行为,国内头部综合性大学/财经院校纷纷选择经由经济学学科群、经济商科学科群,或经济管理学科群、法律经济学学科群等建设而进入国家一流学科的建设行列就是明证。

之所以用学科群建设引领商科学科发展,是因为:第一,学科群内的各学科有内在深刻的学理逻辑和深度交融的学术联系,比如经济学本身就是管理学的三大基石之一。学科间的相近性、支撑性、互补性很强,你中有我,我中有你,水乳交融,学科融合发展和跨学科协同创新业已成为不可逆转的大势。第二,从需求端和就业市场来看,经济和管理的边界越来越模糊,甚至不再区分经济和管理而径称"经管"。第三,基于财经院校自身的历史渊源和发展路径,经管法特别是经管学科历史悠久,长期以来就是其主干学科、强势学科和特色学科。第四,学科捆绑式集群发展有利于学校集中资源,加快推进其迈入世界一流学科行列和前列的进程。第五,学科集群有助于国家"五位一体"的总体建设,并为中国经济建设和社会治理提供跨学科的综合解决方案。

历史与现实充分表明,高等商科教育发展始终与中国经济社会发展同频共振、同向同行。中国经济社会的迅速崛起为教育发展提供了坚实的实践基础;同时,高等商科教育以其鲜明的行业背景、独特的学科优势、出色的社会影响力,成为推动时代发展和社会进步的重要力量。

如何建设新商科?概言之,需要从新的理论体系、学科体系、学术体系、评价体系,以及教学体系、课程体系和教材体系各个方面统筹推进。当前,亟待推进的一项基础工作就是新商科的教材建设。新教材要求具有时代意义和中国特色,并凸显社会主义核心价值观和中华优秀传统文化,且与前沿科技和其他学科相融合。教材内容需要不断推陈出新,打破学科壁垒,构建跨学科体系和领域的开发模式,同时充分运用云计算、大数据、基因生物工程的高尖端、前沿性的学科知识。

上海财经大学商学院市场营销系高维和教授、孙琦教授主编的"新商科·商业科学与决策丛书"正当其时、正合其需。该丛书覆盖面广、阐述深刻,总体来说具有三大特征:一是适应新技术。根据新设立的新商科科目,需要一批适应人工智能等新兴技术发展的新商科教材,形成百家争鸣、百花齐放、和而不同的竞争性新商科教材体系,丛书中的《企业营销策略的实证研究:新问题与新方法》《电改下的可再生能源电力价格机制》体现了这一特征。二是强调新情景。《新零售:理论与实践》《数字传播媒体背景下的消费者行为》《营销生态与服务创新》运用新零售、新媒体、新生态等情景体现应用性营销创新,体现了新商科发展的实践趋势与发展前沿。三是融合新理论。《工匠精神与手工产品营销》《新经济中的消费品品牌管理》等在传统的研究问题及情境的基础上,从新视角提出新问题,并进一步进行新的理论性阐释,对过往理论进行更新和优化。当然,新商科教材未必"全新",选取经典商科教材,组合、整合、结合、统合成新商科教材当是可行之举,丛书中部分书目属于这一类型。

"新商科·商业科学与决策丛书"的编著是一项十分繁重的任务,编著者既要根据学习者/读者的要求和特点做到有的放矢,又要在多学科交叉的基础上真正实现学科融合,还要紧跟时代发展,与时俱进。感谢高维和、孙琦教授的团队,他们付出的辛勤劳动和做出的智慧贡献对新文科、新商科建设极具价值。当前,中国经济已经进入商业 3.0 时代。新兴技术的迅猛发展和商业理念的迭代更新,既是多学科交叉融合的成果,又对商业发展中的学科交叉、知识融合、技术集成,以及高校如何与经济、社会、科技和民生紧密结合,与国家、社会和市场充分互动,缩短商科教育、商科研究与商科实践之间的距离提出了更多更高的要求。由衷希望团队成员能以此次丛书出版为契机,不断推出适应新时代新要求的佳作。

2022 年 7 月于上海·蘸适斋

前 言 | Foreword

党的十九届五中全会以来,我国社会经济的各个方面持续发展,尤其是社会主义文化建设取得了举世瞩目的辉煌成就。2022年,全国各省市纷纷采取有效政策举措,积极推动文化产业发展,规模以上文化企业的营业收入总额超过12万亿元。2022年,在九大文化行业中,新闻信息服务、文化消费终端、内容创作生产、文化投资运营和文化传播渠道行业的营业收入比2021年分别增长4.0％、2.6％、2.4％、2.0％和0.4％。① 在数字中国建设的时代背景下,我国文化产业发展正逐渐从单一、零散业态的发展模式向数字化主导下的文化产业生态发展模式转变。在文化产业数字化变革和转型的背景下,品牌升级路径、耦合机制、商业模式等均发生较大改变,转向以"共生"为特征的文化产业数字化生态。数字文化产业同时具有系统性溢出效应,对实体经济的繁荣发挥了重要的驱动和影响作用。与此同时,我国消费者从相对不注重对文化产品的消费,逐渐转变为注重对能够满足自我价值的体验型文化产品的消费。数字文化产品如知识付费产品,作为非生活必需品,正在逐渐进入中国消费者的日常生活。数字文化产业不仅改变了消费者获取产品的方式,而且更新了数字激励的方式以及消费者在数字世界中的自我展示。因此,深入研究数字文化产业生态系统的宏观效应和微观效应,进而挖掘构建符合中国背景的数字文化治理方式,具有十分重要的社会意义和指导价值。

数字化生态是文化产业未来发展的方向,体现和突出区别于一般的产业/企业的线性发展逻辑。由于文化产业之间的不同业态具有延伸效应,因此将单个

---

① 国家统计局.2022年全国文化及相关产业发展情况报告[EB/OL].(2023-06-29)[2024-05-06].http://www.stats.gov.cn/sj/zxfb/202306/t20230629_1940907.html.

文化业态中的产品复制并延伸到另外一个文化业态中,不仅可以大规模降低文化产品的生产成本,而且可以让文化产品消费者在多业态中享受多重的数字文化体验。例如,影视产品中对人物的塑造和剧情的设计,可以天然延伸到游戏行业中,消费者可能因为观看影视而去消费相关联的游戏产品。文化产业数字化生态可以深挖不同业态之间的联动效应,助力文化业态中品牌形象和品牌地位的提升。与此同时,消费者的行为在业态中发生着转变和演化,使得消费者自身拥有更多数字渠道去接触这些数字文化产品。

文化产业数字化转型及其治理是当前中国文化发展乃至社会经济发展中应关注的重大现实问题。政府与学界有必要认真探讨文化产业数字化转型的宏观社会效应和微观行为效应,并探讨其中的治理模式和机制,确保进入高质量发展阶段的中国文化强国建设的顺利进行。围绕上述问题展开研究具有重大的理论意义和现实意义,不仅可以补充数字文化和产业经济领域的相关研究,而且可以助力文化企业和产业的数字化转型。鉴于此,本书围绕文化产业数字化生态系统的构建和治理展开较为系统的研究:第一章和第二章总括研究的背景及意义,总体介绍研究的文献基础、可能的创新之处和边际贡献,以及研究的整体思路、框架和内容;第三章至第十章系统介绍截至目前的主要研究发现;第十一章概要总结本研究以及未来的研究方向。各章的主要研究内容概括如下:

第一章首先阐述了研究背景及意义,分别从数字文化产业的内涵、数字文化产业的实践、文化及文化产业数字化生态系统三个方面梳理了数字文化产业的现实表现和典型事实,概述了文化产业数字化宏观效应的相关研究,包括共同富裕、高质量发展、区域协调发展、对外文化贸易四个方面;然后介绍了文化产业数字化在微观层面上的影响,包括企业创新、渠道变革、供应链优化、消费者关系四个方面,回顾了文化产业数字化微观影响的调节效应;接着对文化产业数字化治理的研究进行针对性回顾;最后提出了可能的创新之处和边际贡献,主要包括研究内容的创新和研究方法的创新。

第二章构建了一个数字文化生态系统的转型框架,讨论了当前数字化背景下文化产业存在的主要问题,其中包括但不限于:文化内容数字创造力缺位,国际竞争力不足;文化消费发展不均衡,数字鸿沟凸显;文化企业创新赋能不足,付费生态缺失;文化业态联动演化困难,数字共生匮乏;文化治理机制不明晰,利益协调失衡。针对这些问题,我们提出构建一个综合的文化产业数字化生态系统,从目标体系、动力体系、组织体系、运行体系、生态治理体系、实践评估体系等若干个方面探讨数字化赋能文化生态的内在逻辑,并阐释其运行激励和转型升级思路。文化产业数字化生态系统的关键在于数字融合创新,即文化消费链、文化产业链、文化生态链、文化治理链、文化技术链的深度融合。此外,本章还进一步提出了关于促进协同融合的政策建议,试图为建成社会主义文化强国提供参考。

第三章以数字文化产业典型案例——"物东来"为例,介绍数字文化产业的内容产品升级路径。"物东来"是上海浦东文化传媒有限公司推出的文创类品牌。我们的分析发现,伴随着文创品牌迅速在网络上"出梗",品牌的内容产品也迅速从"品牌化"迈向"数字品牌化",这在"国潮""东方"等关键词的品牌内涵中更为突出。本章基于品牌天猫运营店铺的后台数据构造出品牌感知图和消费者画像,发现:内容产品数字化主要是品牌结合自身禀赋,创造出消费者感知的独特文化价值,驱动消费者与品牌产品之间展开数字互动,从而实现传统文化产品向数字文化产品的迭代转型。

第四章以影游产业为例探讨数字技术驱动产业融合共生系统的构建。在传统文化发展逻辑下,各个行业之间的发展长期处于割裂状态。然而,文化产业中,文化行业之间的行业壁垒不断消除,形成双向开放的交互逻辑。在四十余年的产业互动过程中,文化产业内部的技术、人才和美学等要素的流动与交换,从散点式、偶发性走向规模化和常态化,由此初步培育起有利于共生系统生长的土壤环境。进一步,影游产业对版权资源的密集需求,带给相关企业巨大的内容创制压力,是共生系统形成的主要障碍。研究发现,构建数字文化产业的全局思维和故事世界是促进生态中所有行业融合共生发展的关键,既要充分尊重互惠共生的基本原则,又要利用不同文化产品呈现机制的特点,服务于知识创新这一根本目的。

第五章从数字文化产业的新型商业模式入手,以国际出版业为研究对象探讨了新型数字化商业模式的问题。基于商业实践的分析总结发现,成本次可加性、提供方式多元化、新进入者参与是诱发文化产业进行商业模式升级的主要因素。以平台、数字社区、品牌和超级明星为核心元素的行业核心资产带动了合作竞争的数字化商业模式。此外,数字化背景下文化产业的平台型商业模式的关键在于自我增强型网络的构建、与消费者的价值共创和多重法律保护。长此以往,才能构建和打造有益于消费者获取价值和企业提供价值框架的数字化商业模式。

第六章对数字文化产业的外溢经济效应展开研究。我们以数字音乐产品的准自然实验作为研究对象,以探究数字音乐产品发布对线下文旅消费的潜在影响。通过对中国281个地级及以上城市2005年至2019年的面板数据进行分析,我们发现,知名数字音乐产品的发布具有一定的促进作用,能够显著增加地区人均国内旅游人次和人均国内旅游收入。然而,对于人均国外旅游人次和人均国外旅游收入,这些数字音乐产品的影响并不具有显著性。进一步的研究表明,知名数字音乐产品对人均国内外旅游人次和人均国内外旅游收入均产生了正面效应。我们的机制分析揭示,知名数字音乐产品通过激发地区旅游市场的活力,促进了地区旅游经济的蓬勃发展。此外,空间溢出效应的研究表明,这些知名数字音乐产品不仅对本地旅游经济产生了积极影响,而且带动了邻近城市的旅游经济增长。这一发现为充分挖掘数字文化产业的潜力,积极推进经济建设提供了可行的途径。

  第七章聚焦数字文化产业对消费者行为的影响。数字文化产业不仅改变了产品的内容形式,而且使产品的呈现和销售模式发生了较大改变。本章以直播为例,构建了一个数字文化产业对消费者双重行为的驱动机制模型,即数字文化产业中社会临场感会通过缔造消费者和主播之间的承诺来驱动行为的改变。根据实证结果,我们发现,在网络直播情境下,社会临场感对用户的持续使用意愿和推荐意愿产生积极影响,承诺在社会临场感、持续使用意愿和推荐意愿之间具有桥梁作用。此外,感知有用性被发现是社会临场感影响承诺的重要调节变量。当用户的社会临场感较强时,高水平的感知有用性在一定程度上取代了社会临场感对承诺的影响。通过对有调节的中介模型的检验,我们验证了社会临场感的传导机制以及这一机制的边界效应。

  第八章构建了一个包含三方主体(数字文化平台、数字文化产品生产者、数字文化消费者)的有限理性行为演化博弈模型,着重分析各参与主体的策略稳定性,研究不同参数的不同赋值对演化稳定性的影响,验证可以通过合理设计激励机制来提高知识生产者的创造热情和消费者选择正版产品的概率,为知识付费市场稳态的实现提供新的实践洞见。以知识付费行业为例的研究发现:当知识付费平台繁荣时,知识分销商所获收益要大于其给予知识生产者、消费者的激励以及积极合作的额外成本;对渐近稳定的两点,即知识生产者不努力、知识分销商消极合作、消费者寻求盗版和知识生产者努力、知识分销商积极合作、消费者购买正版,取决于最初的博弈状态。

  第九章针对当下数字文化视域下元宇宙的重要入口——虚拟数字人进行理

论探讨和分析。数字文化产业使得消费者在虚拟世界中拥有更多自我延伸的空间,催生出虚拟世界中的元宇宙和消费者数字化身。早期的虚拟数字人仅仅是美术绘制或者计算机合成,但随着虚拟数字技术越来越多地运用于影视和游戏等行业,虚拟数字人开始运用于虚拟网红等。研究发现,现阶段的虚拟数字人更加重视数字化虚拟时空的构建,强调虚拟数字人促进影视与游戏的深度融合,从而让消费者获得更多虚拟数字体验。虚拟数字人不仅打造了全新的消费体验模式,而且助力文化产业数字化发展的新渠道和新形式。

第十章基于数字文化的治理问题,细致刻画了促进高质量发展的数字文化治理模式。中国数字文化产业的高质量发展存在数字文化企业供给不足、创新动力不强、数字文化消费不稳定、发展不均衡不对称等问题。针对这些问题,本书设计了结构治理机制、程序治理机制和关系治理机制。其中,结构治理机制强调宏观、中观、微观的产业发展结构治理和政策保障;程序治理机制强调文化产业数字化的一系列规则、政策和制度的管理方法,旨在引导、协调和监督数字文化产业的有序发展,以确保其创新性、可持续性和社会效益;关系治理机制包括企业之间的合作与竞争,以及企业与政府之间的互动,使得不同主体之间可以以平衡的方式进行数字治理。

第十一章依据前文的分析,结合我国文化产业数字化的实际情况,对前文研究的具体内容进行总结,并就未来的数字文化生态相关研究提出研究展望,从动态治理和跨界合作两个方面阐明未来的研究方向。

本书依据作者主持的国家社科基金课题,课题报告基于前期设计和构想,围绕文化产业数字化生态系统的构建和治理,截至目前已经产出多份决策咨询报告,其中包括中共中央宣传部采纳、上海市政府2023年工作报告专家特别建议等决策咨询成果近10项,出版相关专著1本、教材1本,在权威期刊(包括SSCI、CSSCI等)上发表论文十数篇,召开课题专门会议1次(智能科技背景下文化和旅游融合创新发展高端论坛,特别邀请戴斌等10位专家参会),做主题相关学术报告多次(上海市委宣传部组织等)。课题组较为全面地完成了当初课题设计的主要内容,预期的成果形式和数量达到或者超过课题申请计划。本课题结合管理学、心理学、经济学、新闻传播学等交叉学科的理论和方法,系统研究数字文化产业的生态构建机制及其治理逻辑,并基于微观研究成果进行归纳总结,提炼出"高质量发展文化产业,建设社会主义文化强国"等政策建议。

目 录 Contents

第一章　绪论 /001

第一节　研究背景与研究意义 /001
第二节　数字文化产业研究进展 /006
第三节　结构安排与研究内容 /036
第四节　创新与边际贡献 /040

第二章　数字文化产业生态系统构建与转型研究 /043

第一节　问题的提出 /043
第二节　数字化背景下文化产业研究的现状与问题 /044
第三节　文化产业数字化生态系统运作机理与转型升级思路 /049
第四节　结论与启示 /056

第三章　数字文化产业的内容产品升级研究 /060

第一节　问题的提出 /060
第二节　相关文献回顾 /062
第三节　数字艺术品购买行为驱动机制 /066
第四节　数字艺术品平台品牌定位的消费者调查 /079
第五节　数字艺术品消费者购买行为线上平台分析 /085
第六节　数字艺术品平台的品牌定位 /090

第七节　启示与展望 / 092

第四章　数字技术驱动产业融合的共生系统构建 / 096

第一节　问题的提出 / 096

第二节　共生系统的基础建设：要素流动与能量交换 / 098

第三节　版权黏滞：影游共生的关键阻力 / 101

第四节　共生系统语境中的版权经济：全局思维与故事世界 / 105

第五节　结论与启示 / 107

第五章　数字文化产业的平台型商业模式研究 / 109

第一节　问题的提出 / 109

第二节　出版业平台型商业模式出现的动因 / 110

第三节　出版业的平台型商业模式构建 / 115

第四节　结论与启示 / 118

第六章　数字文化产业的经济效应研究 / 120

第一节　问题的提出 / 120

第二节　理论分析与假说提出 / 123

第三节　识别策略、变量与数据 / 125

第四节　实证结果分析 / 128

第五节　进一步分析 / 132

第六节　结论与启示 / 140

第七章　数字文化产业的消费者行为驱动效应研究 / 143

第一节　问题的提出 / 143

第二节　理论回顾与研究假设 / 146

第三节　研究方法和数据来源 / 151

第四节　研究结果 / 154

第五节　结论与启示 / 163

第八章　数字文化产业视域下的激励机制研究 / 167

第一节　问题的提出 / 167

第二节　模型建立和分析 / 169

第三节　数值仿真 / 175

第四节　结论与启示 / 179

第九章　数字文化产业视域下元宇宙中的虚拟数字人 / 180

第一节　问题的提出 / 180

第二节　虚拟数字人的分类 / 182

第三节　虚拟数字人的演化历史 / 184

第四节　虚拟数字人的研究基础 / 186

第五节　虚拟数字人与文化产业数字化的结合 / 190

第六节　结论与启示 / 193

第十章　数字文化产业高质量发展的治理视角 / 196

第一节　问题的提出 / 196

第二节　数字文化产业高质量发展的障碍分析 / 197

第三节　数字文化产业的治理逻辑分析 / 199

第四节　结论与启示 / 204

第十一章　研究总结与研究展望 / 207

第一节　研究总结 / 207

第二节　研究展望 / 210

参考文献 / 212

第一章
绪 论

第一节 研究背景与研究意义

一、研究背景

2023年6月7日,首届文化强国建设高峰论坛在深圳盛大开幕。习近平总书记在贺信中指出,"我们要全面贯彻习近平新时代中国特色社会主义思想和党的二十大精神,更好担负起新的文化使命,坚定文化自信,秉持开放包容,坚持守正创新,激发全民族文化创新创造活力,在新的历史起点上继续推动文化繁荣、建设文化强国、建设中华民族现代文明"(光明网,2023)。自改革开放以来,我国文化产业不断发展。2022年全国文化及相关产业增加值为53 782亿元,比2021年增长2.7%(未扣除价格因素),占国内生产总值(Gross Domestic Product, GDP)的比重为4.46%[①],特别是"新冠"疫情暴发以来,多样的文化消费成为拉动经济、提振信心及推动文化产业复苏的"新引擎"。与此同时,数字经济的发展催生了沉浸式、互动式和个性定制式的"智能化"文化产品,使得人民群众有更多渠道、方式和路径接触这类产品。伴随着中国式现代化的历史征程不断迈进,在未来较长一段时间内,我国人民群众对文化产品的需求将不断增长。

就我国总体的数字文化产业发展现状而言,我国数字文化产业发展与我国的整体发展水平严重不匹配。一方面,中国文化产业数字化水平与发达国家相比,占GDP的比重过低,文化资源大国和数字文化产业小国并存,丰富的文化资

---

① 国家统计局.2022年全国文化及相关产业增加值占GDP比重为4.46%[EB/OL].(2023-12-29)[2024-05-06].http://www.stats.gov.cn/sj/zxfb/202312/t20231229_1946065.html.

源和文明积淀尚未完全转化为产品和服务优势,文化产业国际竞争力、影响力与大国地位不符(周庆富,2021)。例如,美国文化产业产值占GDP的比例超过30%,日本文化产业的规模占GDP的21%,而中国当前文化产业增加值占比尚未达到5%。[①] 另一方面,在微观城市层面上,北京、上海、广州和深圳常年占据数字文化指数排名前四位。从2017年到2019年,数字文化指数排名前十的城市的指数总和占全国的比重逐年上升至26%,全国规模以上文化及相关产业企业的地区营收情况,东部地区占比接近80%[②],这显示我国各地区存在严重的文化数字化分层和鸿沟,不利于全面推进数字中国和文化中国的建设。

随着未来人民群众对数字文化产品需求的不断增加,文化产业的数字化多态协同及其治理问题将成为我国文化产业进入高质量发展阶段后微观社会个体和宏观产业运行难以逃避的现实问题,构建数字文化产品、顾客、企业、产业和治理的总体生态,是高质量发展文化产业的关键所在。一方面,数字文化产品的生产、制作和传播具有生态效应,涉及多产业、企业的协同,因此从生态的视角构建和驱动文化及其相关产业的全面转型具有重大意义,这会对内容产品的数字化升级、文化产业共生系统数字化和文化企业商业模式数字化产生重大影响。数字文化生态的构建和升级存在生态顶层效应,对产品、产业和企业的各个方面发挥带动作用。另一方面,数字产品对个体来说,表现为多种形式,包括企业利用数字产品来吸引消费者——传统文化产品(如旅游)会借助数字文化产品的爆火而产生溢出性的经济效应,赵雷的《成都》就因为一档电视节目而成名,从而带动了川渝地区的旅游经济;也包括产品通过数字渠道来呈现和分销——直播行业催生新的销售模式,让消费者在云端获得身临其境的购物体验;还包括数字文化行业中消费者线上的虚拟呈现——借助元宇宙中的数字分身获得数字体验。此外,由于数字文化生态中存在多方主体,涉及数字文化平台、生产者和消费者的激励协同问题,因此数字文化平台可能需要激励生产者,并补贴消费者以促进其持续购买。在数字产业治理方面,虽然近年来我国对数字文化产业的合规性治理工作正在有序推进,在一定程度上保障了我国数字文化产业的健康发展,但由于我国数字文化治理的制度尚未完善,且政府和相关文化机构对数字文化的管理

---

① 国家统计局.2022年全国文化及相关产业增加值占GDP比重为4.46%[EB/OL].(2023-12-29)[2024-05-06].http://www.stats.gov.cn/sj/zxfb/202312/t20231229_1946065.html.
② 国家统计局.2019年全国规模以上文化及相关产业企业营业收入增长7.0%[EB/OL].(2020-02-14)[2024-05-06].http://www.stats.gov.cn/sj/zxfb/202302/t20230203_1900635.html.

缺乏经验,因此目前仍然面临着防范数字文化产业结构风险、提高数字文化创新活力、实现数字文化影响力目标以及更好地活跃数字文化市场等方面的严峻考验。

由此可见,如果不能有效地从生态视角去理解和构建文化产业数字化,从宏观产业生态视角和微观消费者视角去理解数字文化产业,并结合数字文化产业的特征及时采取综合治理措施,那么在中美贸易摩擦和全球化逆流的大背景下,未来我国文化产业乃至整个国家经济的高质量发展都会受到影响。因此,准确把握数字文化产业数字化生态构建的逻辑和实现路径,厘清数字化在文化产业中的宏观和微观表现及其效应是推动我国未来文化产业高质量发展的应有之义,更是中国式现代化伟大征程的必然要求和指向。

二、研究意义

(一) 理论意义

在全面建设数字中国的背景下,文化产业必然伴随着数字化的推进而完成从供给到消费的数字化转型,进而需要企业及时转变经营策略,以更好地应对数字化转型的可能风险,抓住数字化转型的机遇。然而,目前的研究尚未从理论层面系统分析文化企业的数字化生态影响作用及其进一步的治理问题——在数字文化生态关系、内容产品升级、共生系统、商业模式、消费行为和激励机制等方面的宏观和微观效应。本书从数字化生态引入文化产业的分析框架,并将数字治理整合到数字文化产业的生态框架中,探讨数字中国背景下文化产业数字化生态的影响机理,这不仅为我国的"文化出海"战略提供了理论依据,而且在一定程度上扩展了数字化的外延边界,丰富了数字化的管理理论。

第一,文化企业的创造力缺失、文化消费发展的不均衡、文化业态联动的匮乏和数字治理机制的模糊等导致文化产业的数字化转型遭遇障碍。根据生态系统理论,文化企业、文化产品的消费者和整个文化生态环境之间存在相互影响和制约,并在一定时期内处于相对稳定的动态平衡状态。以往的研究聚焦于单个企业或者消费者行为的视角,忽略了整体生态中存在的协调和联动效应。在解构文化产业生态的基础上,本书提出了数字文化产业的"消费链、产业链、生态链、治理链、技术链"的全新数字化转型升级思路,这是对文化产业研究的有益补充。

第二,在产品端,内容产品的数字化升级可有效推进文化产业的转型进程,并帮助产品触达尽可能多的消费者。本书以上海浦东文化传媒有限公司(以下简称"浦东文化")的"物东来"品牌作为典型案例进行分析,为深刻理解文化产业数字化背景下内容产品的迭代和升级提供理论依据。同时,在数字文化产业中,数字技术通过驱动不同业态的融合激发出整合式的产业发展逻辑。本书从共生视角解析了不同文化业态之间的流动和交换,从而为理解数字文化产业生态中多业态的规模化和常态化的要素交换提供经验基础。进一步,适应数字化商业模式是发展可持续数字文化产业生态的关键。基于此,本书考察了出版行业的平台型商业模式的逻辑,提出以核心资产和合作竞争为基础的新型数字化商业模式,从而补充了数字文化行业中对商业模式探讨的欠缺,也为我国文化产业的数字文化资源开发利用提供数字化战略转型的理论依据和经验证据。

第三,文化产业数字化生态对实体经济产品也有溢出效应,数字文化产品给消费者带来体验型消费,消费者可能进而寻找文化产品中的载体,这是经济发展和经济系统中文化产业数字化发展的反向赋能。为了研究数字音乐产品对地区旅游经济的影响,本书采用了双重差分模型,并使用了281个中国城市的面板数据,创新性地从市场活力激发的角度来解析数字音乐产品与旅游经济之间的内在关联,同时考虑了外部宏观环境和空间效应等因素,以此提供关于如何推动数字文化生态对实体经济产生促进作用的参考意见。

第四,文化产业数字化生态催生多种新型业态。基于直播业态,本书考察了社会临场感如何影响消费者的双重行为,从综合权变的视角探讨了直播环境中的社会临场感如何以及何时影响消费者的持续使用和推荐意愿。超越消费者行为,以知识付费业态为背景,本书从博弈的视角设计出数字文化产业生态中平台(企业)、创作者和消费者的演化博弈模型,并分析和探讨了如何进行有效多元激励的问题,旨在为解决数字文化产业的参与问题提供新思路。进一步,元宇宙中消费者的自我化身是文化产业数字化中消费者的自我数字延伸,从消费者端探讨了虚拟数字人的历史演变、表现形式和产业结合点,这有助于从异质性的视角思考文化产业数字化的作用。

第五,从数字治理角度看,文化产业数字化生态的有序发展离不开有效规范和治理。本书以数字治理为切入点,回答如何促进文化产业数字化的健康发展问题。本书从政府和企业两个角度进一步提出了治理的政策建议,从而完成了从生态发展到生态治理的全景研究。

从总体上看,当前对于如何发展和推动文化产业数字化的研究处于起步阶段,已有的理论主要集中于企业行为模式这一领域,而没有将数字文化产业的各个参与者的行为决策与数字激励和治理等有机结合,研究的范围较为狭窄。

本书针对数字文化产业的生态效应进行了详细探讨,有助于弥补现有研究的不足,丰富和扩展了文化产业数字化相关理论的既有研究。

(二) 实践意义

在深入推进数字中国的当下,数字技术和文化产业的深度结合将成为未来文化产业不可阻挡的发展趋势。伴随文化产业数字化而产生的生态结构和数字治理也将成为影响未来文化产业高质量发展的重要驱动因素。因此,结合文化产业数字化生态背景来分析文化产业数字化要素的宏观和微观影响具有极为重要的现实意义。

当前,我国文化产业在经济增长中的重要性存在进一步加强的趋势,文化产业数字化的健康发展必然深刻影响我国的经济发展。相比其他产业,文化产业天然具备数字化基因,能够与数字化技术相互赋能,且具有各业态之间的联动效应。学界有必要对文化产业数字化所产生的宏观和微观效应展开深入探讨,厘清构建文化产业数字化生态系统的思路,为文化产业数字化战略确定系统性基础,从而有效避免文化产业数字化发展中的"踏空"风险,也为新动能主导文化产业的发展提供新的方向。这有望推动数字文化产业在国际舞台上占据领先地位,为政策制定者提供重要政策参考。

考虑到文化产业数字化的核心环节和链条,通过对生态系统不同层面"环节"的分析,系统思考不同条线、不同部门、不同体系和不同组态的特点,以作为推进实际数字化工作的参考。在新科技持续涌现的背景下,对于当前环节现状与政策协调效果的考察有助于主管部门了解不同产业政策的有效性,确保顺应数字产业化和产业数字化发展趋势,在产业规划、实施范围和治理监管等方面协同共进,加快发展新型文化业态,改造提升传统文化业态。

另外,从文化产业数字化的管理层面看,我国过去的文化产业一体化制度设计并没有考虑风险的影响,而且进行数字管理的实践经验较少,导致我国目前对数字文化产业的管控能力不足且管理方式单一。本书通过分析文化产业数字化的生态系统,兼顾数字生态治理和效果评估。基于对数字化生态治理所涉及的不同层面的要素特征,系统思考建立技术、历史、世界和未来的"四位一体"整体性治理思维,为新时代文化产业发展提供参考依据,从而有效避免可能的治理冲突和治理失效问题。

从总体上看,如何正视文化与科技融合、国际与国内联动这一人类文明演进的必然趋势,积极应对数字化引致的风险和挑战,以数字化为推手驱动高质量文化产业发展是当前中国经济发展面临的重大现实问题。本书考察文化产业数字化生态的宏观和微观效应,试图从"生态"的角度解构数字文化产业的管理与应对策略。基于"生态"视角,主要是指从文化产业各个业态的运行逻辑、数字化转型经验和商业模式、微观视角下的数字经济溢出效应、激励机制和对消费者行为的影响,充分利用数字治理来调动促进文化产业发展的积极因素,最终激发文化创新活力,实现经济效益和社会效益的有机统一,为建成社会主义文化强国保驾护航。

第二节 数字文化产业研究进展

一、文化产业数字化的内涵

"文化产业"一词的出现可以追溯至1947年西奥多·阿道尔诺(Theodor Adorno)和马克斯·霍克海默(Max Horkheimer)的著作《启蒙辩证法》。在这本书中,他们明确强调了"文化产业"的概念,并强调了其与"大众文化"的区别。文化产业作为一种战略性产业,具有经济和社会的双重属性,其特点包括市场成熟、科技支持以及政府主导(向晓梅等,2023)。根据国家统计局发布的《文化及相关产业分类(2018)》,文化产业被定义为一系列为社会公众提供文化产品和文化相关产品的生产活动的集合。其中,文化核心领域是以文化为核心内容,满足人们精神需求的创作、制造、传播和展示文化产品(包括商品和服务)的生产活动;文化相关领域包括文化辅助生产和中介服务、文化装备制造,以及文化消费终端制造和销售等活动,它们是文化产业的补充部分(万东华和陈伊丽,2023)。

数字化转型是企业利用数字技术重塑价值创造方式的过程,即通过信息、计算、沟通和连接技术,重构业务流程、组织结构和商业模式,以适应快速变化的数字环境,保持产品和服务的竞争优势(Li等,2018)。随着数字技术的不断发展,从广播电视、数字出版业到游戏等数字文化产业形态的增加,再到社交媒体手机软件(Mobile Application, App)的兴起,直至如今以内容为核心、技术为推手的文化产业/企业数字化高质量发展阶段,特别是在"5G+AI"①等的技术赋能下,

---

① 5G,指第五代移动通信技术(5th Generation Mobile Communication Technology); AI,指人工智能(Artificial Intelligence)。

文化产业不再仅做静态展示,而且逐渐与科技深度融合,进而涌现新业态。值得注意的是,文化企业/产业数字化绝不是单一的技术改造,而是在文化产品的创作、生产、传播、服务的全流程中,灵活运用各项数字技术,实现对自身业务模式、组织形式及价值创造方式等方面的数字化改造(潘爱玲和王雪,2023)。

基于上述观点,数字化并非使文化产业孤立发展,而是在数字经济的背景下推动传统文化产业的升级与改进,以提升其质量和效率。在现代科技的推动下,数字文化产业的显著特征在于文化企业与数字技术的深度融合,具备文化和技术的双重属性。其核心以文化创意内容为基础,依托数字技术进行创作、制作、传播和服务,其领域主要包括数字游戏、数字音乐、互动娱乐、影视动漫、内容软件等,并逐渐渗透至传统领域,如教育、文学、出版、典藏、表演等,具备虚拟性、互动性、跨领域性和融合性等特征(李翔和宗祖盼,2020)。在这一产业模式背景下,不只是文化企业内部,文化产业与其他产业之间也能通过文化与数字技术的相互渗透、有效融合、资源共享,在不同场景下实现数文交融,打造与时俱进的文化产业/企业数字产品,提升文化产业科技附加值,形成更优质、更完善的文化产业链,为新时代文化产业持续繁荣发展提供新机遇、激发新动力、创造新价值。

近年来,国内众多学者特别强调文化产业数字化的重要性。例如,顾江(2022)从四个方面阐述了文化产业/企业数字化对文化强国建设的重要作用。他提出,文化产业/企业数字化从工具属性看,推动国家数字经济发展,增强经济硬实力;从文化建设的角度看,新产品的开发可以满足人们对文化的需求,增强人们的精神力量;从增强国家文化软实力的角度看,数字技术的优势能够帮助我们更精确地了解消费者的需求,从而增强中华文化的传播力和影响力;从建设现代化强国的目标看,数字文化产业是数字化强国建设的关键组成部分,它融入了现代化强国建设的整体框架。"数字文化+"产业发展模式有助于培育更多以数字文化产业为主导的新业态和新的消费模式,从而推动周边产业实现高质量发展。这一模式能够充分利用我国庞大的市场规模,激发国内需求潜力,加速各类产业的高质量发展,对推动经济发展具有重要作用(赵伟,2022)。类似地,刘洋和肖远平(2021)的研究指出,数字文化产业在为国民经济的增长做出巨大贡献的同时,促进了旅游业、服务业、艺术业、影视业等多个领域的协同发展。此外,数字文化产业在维护民族文化精神方面发挥着重要的作用。其数字文化产品涵盖文化符号和创意,对消费者的世界观、人生观和价值观产生了深远的影响。数字文化产业的发展理念和文化导向直接涉及国家的文化安全。

二、文化产业的数字化实践

"互联网+文化"的蓬勃发展,催生了数字出版、数字影视等文化新业态。文化产业数字化可以从内容和形式两个维度进行分类。从内容看,文化产业数字化可分为文化产品数字化、文化场馆数字化、文化服务数字化、文化传播数字化、文化研究数字化;从形式看,文化产业数字化可分为数字以数据资源要素投入文化产业和数字以技术要素嵌入文化产业链各环节。然而,不同行业所选取的数字化形式大相径庭,以下从行业视角选取部分案例来阐述文化产业数字化的形式和内容。

(一)沉浸式数字场景体验

文娱产业的核心在于内容和体验,在科技助力下,催生了全新的文化体验方式,不仅丰富了消费者的体验选择,而且促使其更好地建立文化记忆。以都江堰为例,其沉浸式文旅元宇宙数字平台"蜀守传"是国内领先的大型沉浸式虚实共生的数字场景文娱体验平台。这一数字孪生场景覆盖了青城山-都江堰景区、南桥及周边场景,旨在创建全国最大的沉浸式虚实共生的体验平台。平台内设历史人物如李冰父子、诸葛亮等虚拟非玩家角色(Non-player Character,NPC),每个角色都具备丰富的人物设定,使玩家可以深入了解这些人物、故事和情感。此外,夜晚还提供让更多用户真切体验"夜游都江堰"的机会——以沉浸互动体验"问道青城山,拜水都江堰"的方式,为用户带来独特的文旅体验(吴梦琳,2023)。

(二)博物馆数字化发展

数字化已成为全球博物馆发展的新潮流。根据国际博物馆协会的报告,"新冠"疫情加快了古老文化机构采用前沿科技的速度。在2020年,采用线上方式展示藏品、举办展览以及进行直播的博物馆数量增加了15%以上。[①] 文博领域成为数字化浪潮的引领者。博物馆业的数字化目前主要聚焦于以下两个方面:

一是场景数字化,即线上展览,或在展览中融合多种数字技术,如增强现实(Augmented Reality,AR)、混合现实(Mixed Reality,MR)以及互动装置。例

---

① 文旅中国.云端到线下、创新到传承,博物馆"数字+"打通文化传播新通路[EB/OL].(2023-05-17)[2024-05-06].http://wenwu.hebei.gov.cn/system/2023/09/23/030252499.shtml.

如,2023年6月,三星堆博物馆与腾讯集团合作,运用数字技术打造智慧博物馆,搭建国内首个文博数据中台,实现科技与文博的深层次交融,推动三星堆文化的保护、传承与焕活。《古蜀幻地》MR导览项目充分利用了MR技术,实现了将三星堆综合馆与虚拟故事场景相融合的创新。通过整合全息三维视频、空间定位等技术手段,该项目创造了一个富有多样性的实时互动场景。在原有的平面观展体验基础上,使得生动的文物故事贯穿整个游览过程,不仅拓宽了游客的视野,而且激发了游客的好奇心和想象力,让游客在游览博物馆的过程中获得了崭新的体验,包括更加深刻的感官冲击(李荣坤,2023)。

二是打造文创知识产权(Intellectual Property,IP)、数字藏品等。以贵州省博物馆为例,该博物馆已与超过50家省内外企业开展深度合作,采取多种方式推进文化创意产品的开发,包括自主研发、社会征集、委托第三方研发、博物馆文化资源平台授权以及与第三方合作设计生产资源等途径。这些方法多渠道、多形式地推动了文化创意产品的发展。截至目前,贵州省博物馆已经成功推出了多种文化创意产品,涵盖融合了藏品元素和民族特色的侗族黑亮布夜郎古纹样系列包袋、青铜器纹样传统银饰系列产品、卡通民族形象的文物系列,以及黔西化屋民族系列等,文创研发品类已经超过500种,销售中的品类超过1 000种(贵州日报,2022)。

(三)智慧文旅

在数字技术的支持下,旅游业正在通过建立数字平台来提供更加便捷和高效的旅游服务工具,实现智慧文旅。例如,广西推出了名为"一键游广西"的平台,该平台以广西文旅大数据资源中心为基础,构建了一个区域文旅产业数字化平台。这个平台实现了政务云和公有云的融合,全区、全市、全县的文旅资源数据基本实现互通,初步形成全区文旅"一张网",助推打造"智慧旅游"生态链,助力全区文旅产业线上线下融合发展(吴丽萍和黄勇赟,2022)。平台基于海量用户数据,通过旅游投诉处理、旅游出行的团队监测和商家诚信一体化协同管理,为各相关政务部门提供宏观数据和实时监测数据。同时,广西完善了一系列旅游服务功能,如掌上云游、预约服务、慢直播、智能客服、一键救援、在线投诉等,并开发了行程规划和足迹打卡等备受欢迎的旅游工具,为游客提供"一键"游玩服务。此外,打造"刘三姐"数字人,作为广西文旅形象代言人、文旅大会虚拟主持人以及自治区文化旅游数字推广大使,在2022年广西文化旅游发展大会上初次亮相,开创了广西虚拟数字文旅的新时代。

(四)非物质文化遗产保护

非物质文化遗产(以下简称"非遗")在中华民族的文化中具有特殊的地位,被视为文化的宝贵遗产。数字展示、数字录制、数字化传承等数字技术被广泛应用于非遗保护与传承的实践。在数字展示方面,数字技术可以将非遗作品还原为更真实、更精致的形态,让消费者更直观地感受传统文化的魅力。在数字录制方面,数字技术可以记录传统技艺的全过程,方便后人学习和借鉴。在数字化传承方面,数字技术可以将传统非遗技艺与现代技术结合,让传统文化得到更好的发扬。

少数民族的濒危语言、手工技艺和戏曲表演等,均可使用数字信息技术来采集处理,建立文字、音频、影像数据库。例如,动作捕捉技术可以记录非遗传承人的动作细节,并对运动数据进行分析和编辑,从而有助于更好地传承非遗。例如,海南岛黎族原始制陶技艺以其独特性,即"以土为釜,瓠匏为器",被列为国家级非遗之一,被誉为中国原始制陶技术的"活化石"(侯嘉怡等,2020)。这一传统工艺的传承人羊拜亮年事已高,媒体通过影像记录了她制陶的完整过程,并将所有文字记录翻译成普通话和多国语言,以更好地保存和传承这一非凡的技艺(杨宇婷,2023)。

(五)数字乡村文化建设

在技术的助力下,乡村建设变得更加智能、更加贴近民生,为村民带来了生活的便利,也为乡村振兴探索出新的发展途径。物联网、大数据、云计算、地理信息系统等技术的应用,推动了一些地区的智能化乡村建设。举例来说,浙江省杭州市余杭区的鸬鸟镇利用"数智鸬鸟·全域治理平台"和"数智鸬鸟·旅游管理平台",与区域的平安综治、文化旅游、农业农村、应急管理等领域的"行业大脑"实现了无缝对接和数据共享(人民资讯,2022)。蜜梨是鸬鸟镇的象征,也是当地的特色农产品。鸬鸟镇引入了数字化的农业管理手段,成为5G智慧农业的领先者。通过与浙江移动杭州分公司的合作,鸬鸟镇在梨园内设置了环境传感器,这些传感器采集土壤水分、光照强度、大气压、光合有效辐射等数据,并将其发送到监测平台进行综合分析。这一过程实现了蜜梨生产的精准化种植、可视化管理和智能化决策。此外,鸬鸟镇还建立了社会治理综合服务中心、党建+治理微中心、村社网格等纵向指挥调度体系,在景区管家、森林巡防、溪流监测、旅游矛调、一键救援五个场景下,提升了区域社会治理的精准度和高效性(航奕,2021)。

三、文化生态及文化产业数字化生态系统

(一) 数字文化的发展历程

当前数字技术的发展,极大地便利了人们的生活,也使主流文化受到冲击,信息泛滥、外来文化对本国传统文化的腐蚀等造成了文化生态失衡,加大了文化生态治理难度。文化生态具有遗传性、变异性和多样性(肖优,2023),从多角度分析文化生态的特征,把握文化生态系统的治理,对于治理文化生态失衡问题,重构良好的文化生态体系,构建有利于文化发展的良好环境,促进文化生态和谐健康发展有重要的意义。

随着网络化和数字化进程的推进,数字文化领域已经经历了近三十年的发展,并伴随着四代技术的不断演进。尽管数字文化为人们带来了巨大的便利,但也引发了严重的不平衡现象。这种不平衡不仅跨越不同地区,而且渗透到各种行业、领域、部门以及机构(戢斗勇,2004)。数字文化机构的不平衡发展也显现在它们所处的发展阶段上。政府主导的文化机构大多停滞在网络(Web)1.0 时代,而人们的文化生活已经进入 Web 2.0 时代,商业机构的互联网经济则已经演进到 Web 3.0 时代,与之相关的互联网行业则正朝着 Web 4.0 方向迅速发展(胡惠林和陈昕,2017),参见图 1-1。

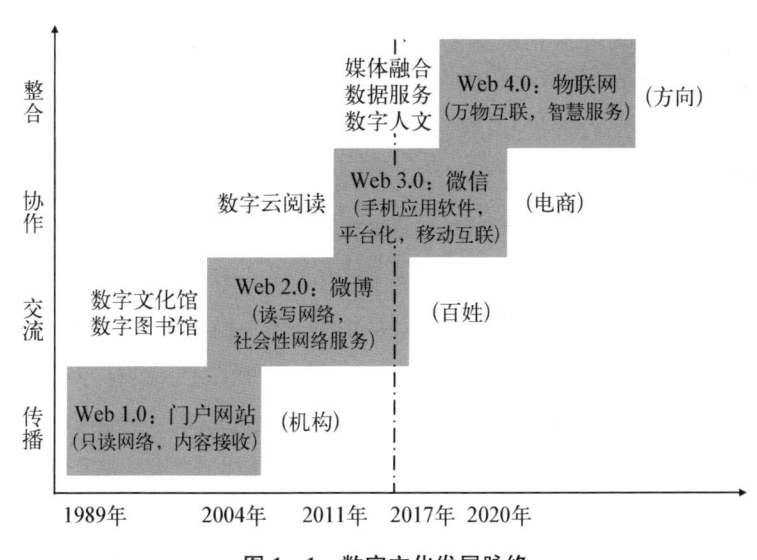

图 1-1 数字文化发展脉络

数字文化产业代表了文化与科技融合的新兴领域,其涵盖多个领域,包括网络游戏、动漫、网络文化、数字文化设备、数字艺术展示等(邢学生,2011)。随着移动互联网技术的迅猛发展,中国的数字文化产业迎来了强劲的增长势头。它不仅成为新兴经济的重要代表,而且为经济发展方式的转型提供了支持。该产业已被纳入国家战略性新兴产业发展规划。然而,面对国际和国内竞争的激烈化,中国数字文化产业仍然面临创新能力不足、政策监管效率低等一系列挑战,与实现高质量发展的目标存在一定差距(杨樱和王子龙,2022)。以产业生态的视角审视中国数字文化产业面临的问题和挑战,有助于推动该产业实现高质量发展,加速我国数字文化经济在国际舞台上的话语权建设(田蕾,2020a)。

(二) 文化产业数字化生态系统

从生态学的观点来看,生态系统是自然界特定空间内的有机生物和周围环境之间相互作用的综合体。这些相互作用在一定时期内维持着相对稳定的动态平衡状态。生态系统存在于不同尺度的空间内,它们相互交织、连接。例如,太阳系便是一个生态系统,太阳充当整个太阳系生态系统的能量引擎。生态系统的要素包括非生物成分、能量流动、生产者、消费者和分解者(冯晨,2018)。在这其中,生产者扮演着生态系统的核心角色,负责将太阳能转化为有机物质,分解者则参与有机物质的分解与循环,消费者则通过捕食和共生关系在生态系统中传递能量。无机环境条件作为生态系统的基础,其质量和稳定性直接影响着生态系统的复杂性和其中生物群落的多样性(董玉瑛和白日霞,2019)。在生态系统中,生物与环境密不可分地相互作用,形成了紧密联系的整体。

在发展心理学的观点中,生态系统理论(Ecological Systems Theory)强调了类似的概念。这一理论由尤里·布朗芬布伦纳(Urie Bronfenbrenner)提出,强调了个体发展是嵌套在一系列相互影响的环境系统中的。在这些环境系统中,个体与系统相互作用、相互影响(闫俊周等,2023)。环境系统包括多个层次,最内层是微观系统,它指的是个体活动和互动的直接环境,这个环境在不断变化和发展。这一理论强调了环境对个体发展的重要性,将个体嵌套在多层次的环境系统中考虑,有助于更好地理解个体的发展过程(何念和洪建中,2013)。

生态学和发展心理学的研究为本书提供了相似的思路。从产业生态理论视角分析,中国文化产业的数字化生态系统由文化创新生态系统、文化生产生态系统和文化应用生态系统三个部分构成。这三个生态系统在数字文化产业中各有不同的作用。文化创新生态系统以内容创造为中心,囊括了艺术家、工作室、研发设计企业、技术中介及创新联盟等。该系统主要推动文化创意和技术创新,为文化产业输送持续的创意资源。文化生产生态系统则围绕文化产品制造展开,包含出版商、制造商和各种中介组织。该系统的核心职责是实现创意内容产品化,以满足市场需求。文化应用生态系统主要涉及消费者、分销渠道或平台、竞争产品、互补产品和用户社区等。该系统的中心任务是推广和应用文化产品,以满足终端用户的需求,进而推动文化产业的持续发展(田蕾,2020a),参见图1-2。

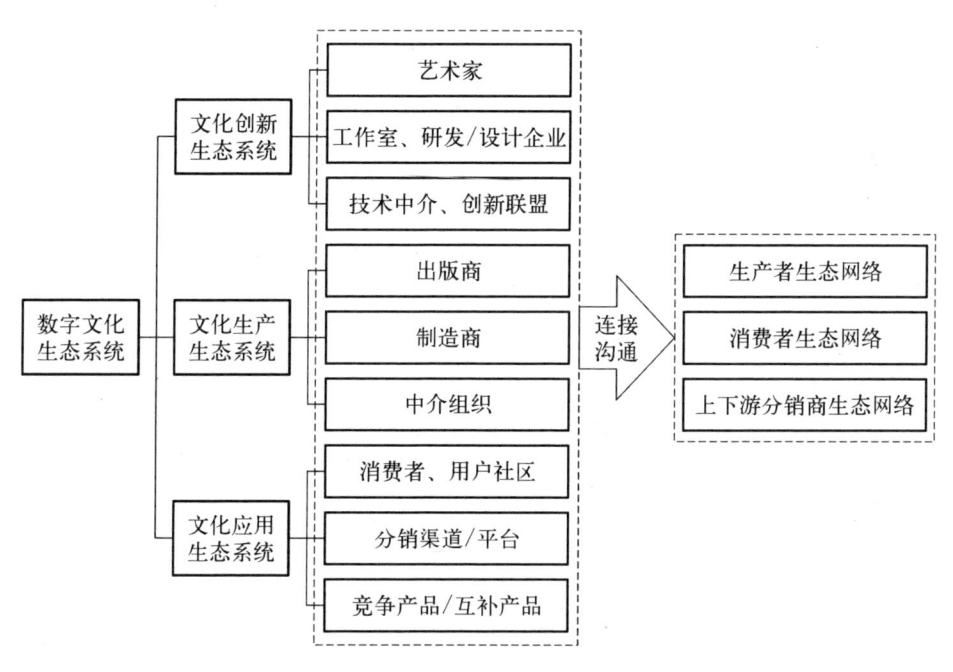

图1-2 文化生态网络的构成

中国的数字文化产业已经步入了Web 3.0的发展时期,与此同时,相关的产业生态系统展现新的发展特征。伴随着数字技术的持续进步和移动互联网的蓬勃发展,数字文化产业的规模在不断壮大,平台经济逐渐占据更重要的地位,对于高质量内容的需求也在持续增加,用户的参与度在广度和深度上都不断拓展。在这个发展阶段,数字文化的产品和服务实现了文化与科技的深度融合,新的业态和商业模式逐渐成熟,成为推动经济效益增加和社会进步的关键因素。消费者生态网络、生产者生态网络以及上下游分销商生态网络都在不断发展壮大，各个主体之间的互动、依赖和联结更加紧密，共同演化的特性更加突出（田蕾，2020b）。

四、文化产业数字化的宏观效应

在全球化和数字化的大背景下，对国家综合实力的评判早已从简单的硬实力本位转化为现在的软、硬实力齐头并进，其中软实力具象化的典型表现就是数字化产业的发展，其产生的新业态会直接作用于市场的供需关系，这有利于平衡国家宏观层面的供需，是实现国家和人民的精神和物质富裕的必经之路（倪建文，2023）。习近平总书记在多次讲话中强调了文化产业数字化对满足人民群众的精神文化需求的重要性。中国政府高度重视数字化的发展，将其视为推动实现共同富裕的重要手段。数字化不仅可以提高产业自身的生产效率和创新能力，而且可以通过文化传播和文化交流，推动社会的和谐稳定。数字文化产业从宏观上看能够为实体经济高质量发展赋能以促进新的业态发展，数字化与实体经济的结合也是加速实体经济发展方式转变的重要方式（左惠，2020；刘洋和肖远平，2021）。中国文化产业由大变强离不开高质量数字文化的繁荣。从文化产业的大背景来看，研究数字化转型是国家层面的重点战略发展目标，对于探索推进文化数字化战略的执行方法和增强文化产业的内生动力是至关重要的。因此，基于文化产业的宏观视角来探讨数字化转型对国家的影响，对于探索推进文化数字化战略的实现路径、增强文化产业发展韧劲具有关键作用。

（一）文化产业数字化和共同富裕

共同富裕是中国特色社会主义的本质要求，也是一条需要党和政府始终如一长期坚持的道路（习近平，2021）。发展文化事业和文化产业以满足人民群众日益增加的多样化、高品质的精神文化需求，国家要顺应数字产业化和产业数字化发展趋势，加快发展新型文化业态，改造提升传统文化业态（习近平，2022）。

中国正位于文化产业数字化进程的快车道上，数字产业化正在逐渐成为中国数字经济和文化产业发展的生力军和新增长点（彭刚和高劲松，2023；张家平等，2021）。文化产业的数字化转型能够有效地刺激不同经济部门在创新和创业方面的潜力，有效地支持新业务的发展，数字技术也可以在不改变基本布局的前提下有效地优化现有活动和流程。在此大背景下，文化产业的数字化正在稳步前进，改变着各个行业，并且出现了一系列数字影音、数字文博等新业态（Lerro

等,2022)。数字技术的蓬勃发展为物质生活的共同富裕提供了先决条件,网络与数字技术打破了收入、时间和空间的三层约束,使得文化产品与服务在消费可能性和生产可能性的同时提高下得到了极大的丰富(罗立彬,2023)。大量的数字文化产品以平价的形式出现在消费者的视野中。数字文化产品的平价主要基于以下原因:第一,数字文化产品供给方的边际成本可以低至零,这样就可以只向一部分愿意享受更高规格文化产品的消费者收取费用,而另一部分消费者可以享受几乎免费的数字文化产品(Seele 等,2021)。第二,数字文化产品供给方希望通过产品的规模性消费和大数据算法引导消费者形成针对消费者个人的独特的消费习惯,并且提供极低定价来吸引消费者(Wolf 和 Portegys,2007; Baggerman,2021)。第三,数字技术的再利用经济实现了对数字文化产品的二次销售,通过扩大消费者基数,供给方可以获取更多的广告收入和订阅费。第四,各大平台的激烈竞争要求平台提供更具竞争力的数字文化产品质量、时长和种类,以获取更多客户忠诚度,比如哔哩哔哩于近两年推出的长视频作者激励计划。移动互联网使得人们可以随时随地进行数字文化产品和服务的消费,同时互联网技术的发展给予了数字文化产品无限的存储空间,可以让供给方最大化地配置消费者的消费时间和空间。综上,通过数字化,文化产业的供给方可以以极低的成本将产品普惠性地传递给大众,进而促进生活领域的共同富裕。

数字文化产业催生了量级的网络平台,增加了文化内容创作者的数量(罗立彬,2023)。网络与数字空间的发展有效缓解了目前艺术劳动者供大于求的局面,大量网络平台为创作者提供了可以实现自我价值的机会(Vallas 和 Schor,2020)。数字技术的进步促使数字创作工具解决多样性与规模性的矛盾,非专业人士也可以轻松创造出体现个人创意的作品,这样,多样化的产品得以以低成本且大批量的形式产出。对于文化供给侧来说,数字空间的出现为其产品的供给提供了高效的渠道,网络与数字空间打破了时间和空间对创作者的约束,令更多文娱作品可以出现在大众面前。近年来,大量文艺剧团,如河南艺术中心剧院,将云端演出作为重要的演出活动之一,提升了大众的欣赏水平,也令国宝艺术找到了一条可持续发展的道路(罗立彬,2023)。数字文化产业带来人人参与、分工细化、勤劳创新致富、缓解赢者通吃的机会,这些机制促使数字文化产业的效率提高、成本降低、收益普惠,成为促进共同富裕的重要力量。共同富裕包括物质生活的共同富裕和精神生活的共同富裕,但精神生活的共同富裕拥有更高的等级。数字文化产业所催生的数字文化内容有效地促进了我国国民精神生活的共同富裕。随着数字文化产业的崛起,文化消费已经转向这一新的方向,逐步成为现代的主导性消费模式。这种转变深刻地改变了中国的文化格局。数字技术在文化产业链中的普及,导致文化生产的方式及其内部关系发生了创新性的调整(王育济和何昭旭,2023)。政策环境、互联网环境和创业新环境的"三管"齐下有效地维护了互联网新业态的成长。以数字文化产品或服务为对象的新型文化消费形态促进了数字文化消费并且拉动了内需市场,带动了国民经济发展,是构建国内外双循环经济新格局的需要和文化产业升级转型的重要契机(韩东林和宣文娟,2022)。

(二)文化产业数字化和高质量发展

数字文化产业可以为实体经济高质量发展赋能,数字化的注入可以促进新业态的发展,数字化与实体经济的融合将加速实体经济发展方式的转变,从"供给驱动需求"向"需求指导供给"过渡,推动创新发展的动力从"规模经济"演变为"范围经济"(左惠,2020;刘洋和肖远平,2021)。文化消费模式的转变加速了文化产业的数字化进程,长尾市场的兴起和发展为商家和消费者带来了新的商机和选择,通过满足长尾市场的多样化需求,利用互联网和技术工具提供个性化的产品和服务,供需双方可以在长尾经济中实现共赢(左惠,2020)。在数字文化产业中,生产端能够有效与需求端相连,以满足不同消费群体的个性化需求和差异化诉求。从需求端来看,智能化的搜索技术和推荐系统,以及在线免费分享和社交功能的引入,极大地扩展了用户的消费空间。互联网提供了对几乎所有现存文化产品和服务的无障碍访问,使得用户可以选择多样化的文化产品和服务,这为文化利基市场的形成提供了有利条件。需求端的例子体现在音乐消费者的行为上。随着音乐流媒体平台如网易云音乐的兴起,用户可以获取几乎所有现存的音乐作品(Kraus等,2019)。这些平台的推荐算法使得用户能够发现更多个性化和利基的音乐,如独立音乐人的作品或者少数语言的歌曲,从而推动了音乐利基市场的形成和发展。从供给端来看,互联网提供了无限的存储空间和多样化的发行渠道,使得文化组织与用户无缝对接。这赋予了文化组织挖掘长尾经济的潜力和动力。在音乐、图书、电影等多个文化产业领域,只要发行渠道足够广泛,利基产品就有可能构成一个与"热门产品"市场相匹配甚至超越"热门产品"市场的市场。数字技术显著降低了文化产品的生产和发行成本,为独立创作者提供了展示其作品的机会;同时,数字化的出版模式降低了文化产品的生产成本和发行成本,提供了一个更大的发展空间(Peng,2016),这也使得市场上的产品数量远超传统时期,文化内容的供应更加丰富多样。由此,数字文化产业作为文化与信息科技交汇的产出,正在深刻地影响人类的生活习惯、工作模式及社会构造,并催生出一个创新的数字文化生态系统。这一产业已经成为全球文化经济高质量发展的重要驱动器。

数字文化产业不仅追求在文化内容和创造方面的应用,而且追求产业链、数字链和价值链的三合一,数字文化产业为实体经济的高质量发展提供了新的发展机遇,进一步促进了经济增长并且有潜力产生长期显著的正面影响(陆建栖和任文龙,2022)。一方面,产业链的逐渐扩张和深化创造了大量就业机会,积极推动了经济的稳定增长。另一方面,这一产业所生成的产品与服务已深入渗透至人们的日常生活,在吸引力和影响力上,对内需的释放和消费的升级产生了积极的推动作用。数字文化产业的高质量发展也是科技创新的重要驱动力。在信息化背景下,文化创作、传播以及消费模式都经历了根本性的转变。例如,传统的影视制作公司和出版社已开始利用大数据、人工智能等尖端技术,对创作内容进行精细化、个性化定制,以满足消费者不断增长的文化需求。这种技术创新不仅提高了产品和服务的质量,而且极大地扩展了市场的范围。数字文化产业在中国显现了新业态聚合现象,这就要求全国统一大市场的建设来促进数字文化产业跨区域、跨层级、跨部门协作以达到聚合新业态的目的,赋能以国内大循环为主体、国内外双循环相互促进发展的新格局。全国统一大市场的建设也有利于数字文化产业的标准化、规范化。通过制定和实施全国统一的行业标准和规范,可以进一步提升数字文化产品和服务的质量,满足消费者的多元化需求;同时,有助于保护消费者权益,打击非法和不良的市场行为,营造健康、和谐的市场环境。

从宏观角度来看,数字文化产业对文化领域高质量发展的主要作用体现在文化产业要素配置的效率上(陆建栖和任文龙,2022)。数字文化产业可以将产业生产、流通以及消费等各个不同环节的资源转化为数据,然后将数据流量化,促使各类数据的流通范围变大,突破原有的时间和空间限制所造成的错配以提高要素配置的效率(石良平等,2019)。数字信息平台有能力集聚资本、人力、土地及设备等各类生产要素与市场主体相关的信息,并依靠先进的算法进行最优化的配对、连接和交易。这种机制不仅降低了生产要素的匹配成本、缩短了流通时间,而且充分开发了生产要素的潜在能力,尽可能地利用常态下处于闲置或者低使用率状态的各类要素和资源。如此,生产要素得以及时转移至生产效率较高的部门,这对提升文化产业生产要素配置的效率具有明显效用。针对过往文化产业在发展中的资源错配、产业结构和产业资源配置问题,数字文化产业可以基于大数据搜集海量产业信息,并通过算法进行处理和分析,使政府具备更具前瞻性、科学性和系统性的整体宏观调控能力。

(三) 文化产业数字化和区域协调发展

在迈向社会主义现代化国家的全新阶段,各个区域的和谐发展遭遇了前所未有的挑战。为了应对这些挑战,国家必须持续探索实现协同发展的新策略和新方法(孙久文和胡俊彦,2022)。区域数字化转型便是其中符合区域协调发展战略的道路,其意义是将数字信息技术渗透到区域经济发展的领域,使地区经济发展模式转变和产业机构变革(陈静等,2024)。数字化转型直接作用于企业层面,有助于其组织关系和研发创新的发展,从而有效地作用于区域经济发展。数字化转型能够推动区域经济高质量发展(Kraus 等,2021)。从宏观层面看,数字化转型对区域内高技术产业的高效发展具有积极的正向作用,是驱动产业融合发展的新动力(陈静等,2024)。

自改革开放以来,非均衡性是中国区域发展的主要特征。反映到文化产业层面,这种区域不协调的问题导致数字鸿沟的产生。数字鸿沟指的是在信息社会中,由于经济、教育、地域等因素的影响,部分人群无法享受数字化带来的便利和优势,形成信息不对等的现象(张家平等,2021)。数字文化产业的快速发展正在逐渐缓解数字鸿沟问题。数字技术催生的新媒体发展使得城乡之间、中东西部的交流加强,为区域协调发展提供了新的可能。从宏观维度上来看区域化数字转型指标的构建,我国利用分层式的策略逐步促进文化产业的数字化转型(陈静等,2024):第一,基础能力指标为基础设施能力和数据实用程度,具体到实施层面就是提升互联网的普及度,并且增加光缆线路长度和互联网接入口,让网络最大化地惠及国民(尹应凯和彭兴越,2020)。第二,核心能力指标主要是创新平台的投入和信息社会发展水平,如增加的国家级科技园和孵化器的数量,以及在线政府指数(杨文溥,2022)。第三,保障指标是要国家持续保证相关研发资金的投入,如信息传输和计算机服务(陈静等,2024)。文化产业的数字化转型可以有力地推动区域创新发展,这为摆脱经济下行和固有资源的束缚提供了一条切实可行的道路。具体而言,发挥文化产业的聚集效应,以城市群为依托使区域的文化发展形成网络化空间组织形式,令各城市群有效地优化各类资源要素并进行组合分布,如一部分集中于民生服务(孙久文和蒋治,2021),在圈定一批国家中心城市、区域中心城市的同时,激发县域经济活力,发展数字文化产业。将区域协调发展升格为统领性的国家战略,遵循整体分散、优势集中的准则,数字文化产业有望达到区域发展总体战略目标。数字文化产业的战略举措支持了区域协调发展,惠及了低集聚地区的文化产业。在欠发达地区,文化产业可以借助数字技术,挣脱物理空间的束缚,采用线上的方式实现虚拟集中,从而提升文化创新的效益。与此同时,政府的相关机构为数字化转型在地区层面的推进设定了基准,这为现代化进程打下了坚实的基础,不仅增强了各地区的数字支持能力,而且降低了文化产业进行数字化改造的难度,提升了其在线集结的效果,为各地文化产业的高品质和共同繁荣提供了有力支撑。

(四) 文化产业数字化和对外文化贸易

在数字经济背景下,数字文化贸易逐渐崭露头角,成为国家对外文化交流的新动力。如今,文化贸易的发展状况已经被视为评估一个国家整体实力的关键指标,它也对国家的经济增长起到了不可或缺的作用(Shin 和 Throsby,2023)。近年来,中国文化产品出口贸易发展迅速,整体呈顺差态势,利用好对外贸易的优势是应对全球贸易摩擦的重要手段。2017 年,《关于推动数字文化产业创新发展的指导意见》明确指出了我国数字文化产业的相关概念,即以数字文化产业和文化创意内容为核心,以数字技术为依托来呈现中国式新时代的发展、供给和消费。2022 年 7 月,商务部联合其他 27 个部门发布了一份关于对外文化贸易高质量发展的指导意见。这份文件强调了数字文化贸易的重要性,旨在提高文化贸易的数字化程度,为新的发展模式打下基础,并助力我国成为文化强国。数字文化贸易的关键在于利用数字技术来加强传统文化产业,培养新的文化业态,从而增强我国文化产品在国际市场的竞争力,进一步完善贸易产品和地域布局(李康化和王禹鑫,2023)。党的二十大报告明确提出了加强现代文化产业体系和市场体系的重要任务,深化文化体制改革,完善文化经济政策,以及实施国家文化数字化战略。报告还强调了推动货物贸易的优化升级,创新服务贸易的发展机制,促进数字贸易,以加速建设贸易强国目标的实现。这表明我国期望我国的数字文化贸易在高品质发展轨道上迈出坚实步伐,并将文化强国建设作为核心导向。

建立数字化平台能够吸引高质量的数据资源,使得公共数据得以开放共享。这不仅能提高文化产业的工作效益,而且能确保资源的精确使用,从而大大降低资源的浪费。数字技术允许文化企业参与企业级的数字基础设施建设并协调发展。此外,数字技术赋能文化领域数字经济生产要素,促进产业互联互通,推动文化产业进行二次创新,从而衍生出更多数字新业态。文化产业中的产品和服务因其独特的文化特质而与传统商品或服务有所区别,它们成为对外文化交流的关键工具。通过数字化手段传播的文化产品可以帮助一个国家在国际舞台上展现其文化魅力,也是该国扩大对外文化影响,争取国际话语权、定价权及控制权的策略中的核心部分(花建等,2023)。近年来,先进的信息技术已深入文化的生产、分发、传播和消费的每一个环节,文化产业已经成为数字化、智能化和信息化影响最为深刻的领域之一。数字化的文化产品和服务逐渐变成国际文化交流的核心方式,进一步丰富了国际文化贸易的内容和形式。同时,一些国际的双边和多边贸易规定对文化贸易做出了详细定义(Zhao,2023)。这为中国创造了一个宝贵的文化传播机会。例如,继中国与其他14个国家签署《区域全面经济伙伴关系协定》(Regional Comprehensive Economic Partnership,RCEP)后,中国于2021年正式提出申请加入《全面与进步跨太平洋伙伴关系协定》(Comprehensive and Progressive Agreement for Trans-Pacific Partnership,CPTPP)和《数字经济伙伴关系协定》(Digital Economy Partnership Agreement,DEPA)。这意味着中国正致力于在一个更为开放且具有更大流通自由度的国际环境中推广中华文化,绘制国际文化交流的新格局。数字化在改造产业的过程中打破了时间和空间的障碍,将国内、国际连为一体,渗透进人类生活的每一个节点,并且跨越行业边界,将生活和工作场景链接起来,创造出新的价值,整合出前所未有的价值链(花建等,2023)。为了增强对外文化贸易的竞争优势并加大对外文化的推广力度,中国需要紧跟数字化的发展步伐,融入全球的互联网络环境。

习近平总书记指出,当今时代,数字技术、数字经济是世界科技革命和产业变革的先机,是新一轮国际竞争的重点领域,我们一定要抓住先机、抢占未来发展制高点(习近平,2022)。数字文化产业有助于中国流畅地进行贸易活动,提升中华文化的国际传播力并紧密跟随国际贸易的主流趋势。利用国内庞大的市场规模,中国具备将快速发展的数字文化产品和服务转化为对外传播的新动力的能力。近几年,数字化及新型文化业态已经成为我国文化产业中增长最迅速的部分,其中"IP+产业"的模式促进了数字化产业向正向的生态化竞争发展,2022年文化企业实现的营收高达121 805亿元,其中新型文化产业(IP+产业)实现营收43 860亿元。[①] 中国的文化产业数字化策略有效地推动了文化消费的提质升级,带来的经济效益进一步助力了数字文化向市场化和产业化的转变。在对外文化贸易方面,中国有能力利用国内数字文化产品和服务的规模优势,提高在国际文化传播中的竞争地位。中国的数字文化产品和服务在全球范围内广泛流通,比如抖音海外版(TikTok)在国外的爆火,带动了中国文化以短视频的方式走出国门,吸引了大量外国游客打卡中国景点,这也有助于舆论的正向循环。一国文化产品和服务的价值流通是一国文化产业实力和魅力的体现。随着时代的发展,国家采纳的各种创新策略能进一步提升中国文化产品和服务的价值,从而有助于平衡全球文化贸易的地域差异。同时,中高端的文化内容传播也是我国值得注意的点,对于文化产业和贸易而言,创新带来的收益是巨大的,既可以满足现代消费者对产品独特化的要求,又有利于增加消费者对产品的体验价值。为了让中华文明更好地走向世界,中国正积极促进对外文化交流和贸易。这一努力的核心是外向型的文化企业,尤其是文化类的跨国一流企业。这些跨国企业不仅是推动文化输出的主要力量,而且是各种对外文化交流活动的基石。中国希望通过发展这些企业,不仅扩大其规模,而且获取关键的策略资源。这既包括与国外伙伴相互学习、合作、竞争,也包括结合海外投资和自主研发的策略来增强对外文化传播的影响力。国际文化贸易的最新动态揭示了其核心联系和基本原则。数字化转型已成为文化贸易的关键,这不仅是为了适应产业进步,而且是为了从创意和价值链中获得更多收益。因此,当中国努力扩大文化输出并提升文化贸易的竞争力时,也应采纳创新的方法,尤其是在数字化进程和新型数字文化业态的发展方面。

综上所述,文化产业数字化已然成为现代社会的重要组成部分,其影响力远超我们的想象。首先,从经济角度来看,数字文化产业通过创造性的产品和服务,为国家经济增长做出了重要贡献。这些产业创造了大量就业机会,也带动了相关产业的发展。在当前全球化和技术进步的背景下,这一点尤为重要。这些产业的发展也符合我们追求共同富裕、高质量发展、区域化协调发展和文化对外

---

① 统计局网站. 2022年全国规模以上文化及相关产业企业营业收入增长0.9%[EB/OL]. (2023-01-30)[2024-05-06]. http://www.gov.cn/xinwen/2023-01/30/content_5739155.htm.

贸易的目标。其次,从社会角度来看,数字文化产业通过传播信息和知识,对社会的思想观念产生了深远影响。这些产业通过提供各种文化产品和服务,促进了文化多样性和社会包容性。这是一个深刻而复杂的过程,需要我们进一步研究和理解。再次,从技术角度来看,数字文化产业是技术进步的重要驱动力。这些产业通过不断创新,推动了信息和通信技术的发展,从而提高了社会的生产力和效率。这一点对我们理解技术与社会的关系具有重要意义。最后,从政策角度来看,数字文化产业对政策制定和执行产生了重要影响。政府需要制定适当的政策来支持这些产业的发展。

五、文化产业数字化的微观效应

作为文化产业体系和市场体系的微观基础,文化企业承载着推动文化产业高质量发展的重要功能,也是文化产业数字化战略的主要执行主体(李雨辰和李妍,2022;潘爱玲和王雪,2021)。文化企业的数字化转型是在文化产品的创作、生产、传播、服务的全流程中,灵活运用各项数字技术,实现对自身业务模式、组织形式及价值创造方式等方面的数字化改造,其本质是企业通过使用新的数字技术来改进企业的核心业务和产品理念,从而蜕变成新型文化企业的过程(宗祖盼,2023)。在这一过程中,文化企业不仅要重新配置内部资源,改变创新模式,布局营销体系,而且要重塑与外部供应链伙伴、消费者之间的联系,从而打造新的价值增长点(潘爱玲和王雪,2023)。因此,基于文化企业的微观视角探讨数字化转型的内在机理与异质表现,对于探索推进文化数字化战略的实现路径、增强文化产业发展的韧劲具有关键作用。

(一)文化产业数字化和企业创新

从创新的角度看,文化企业的核心在于"创意",数字化转型可深化这一核心价值,优化创意人才管理,重构文化创新流程,从而提升文化企业的整体创新能力。首先,创意人才作为文化企业的灵魂,其流动性强且难以管理。数字化技术通过支持远程办公和跨时空交流,创造宽松的工作环境,激发创意灵感,同时降低用工成本,增强人才忠诚度(王丽艳等,2019;潘爱玲和王雪,2023),如谷歌(Google)的"20% 时间"政策鼓励员工尝试新想法。其次,数字化转型对文化创新流程和效果的改变尤为明显。通过运用多类型数字技术,如皮克斯(Pixar)使用先进的渲染技术来创造更逼真的动画,文化企业不仅可以与不同的创新链参与者动态交互,而且可以将全球用户凝聚为具有创造力的群体。在这一过程中,机器学习和语义识别等技术的应用确保了文化资源、文化需求和主流价值链的精准对接,从而增强了创新的精神内涵并避免了闭门造车的创新困境(吕芬等,2022;刘乃千和孔朝蓬,2022)。这种水平的提高可以转变文化企业发展模式,使企业由"重视数量"转向"重视质量",推动文化产品内容的优化与创新,实现高质量发展。最后,数字化转型对商业模式创新产生了明显的积极影响。一方面,文化企业正积极采用在线、智能、交互和跨界等创新手段,不断推出多样性、个性化的高品质产品和服务。以实体书店为例,英国的水石书店(Waterstone's)已经进行了全面的数字化转型,将传统书店变身为多媒体文化空间,为读者提供了更丰富的文化体验。美国电影院线(American Multi-Cinema,AMC)也在转型之路上取得了突破,不再局限于传统电影放映,而是将娱乐体验扩展至多个领域,实现了多元化经营。出版业也不甘示弱,像企鹅兰登书屋(Penguin Random House)这样的出版商正在积极转型为数字内容服务提供商,以适应数字时代的阅读需求。另外,一些传统的经纪公司也纷纷变身为多频道网络(Multi-Channel Network,MCN)机构,与内容创作者合作,以实现更广泛的文化输出。另一方面,文化企业也在垂直、细分和专业领域深耕不辍,创造了更多选择机会。互联网内容生产领域已经涌现专业生产内容(Professional Generated Content,PGC)、专业用户生成内容(Professional User Generated Content,PUGC)、组织生成内容(Occupationally Generated Content,OGC)、人工智能生成内容(Artificial Intelligence Generated Content,AIGC)等多种模式,每一种模式都可以在包装、营销、推广和变现方面进行不同的探索和尝试,为文化企业提供更多业务选择和增长潜力(宗祖盼,2023)。这种多元化的内容生成方式和商业模式创新,使文化企业能够更好地满足不同受众的需求,提升市场竞争力(宗祖盼,2023)。随着技术的不断变革和政策的引导,文化产业正在迈入一个新的发展阶段,需要积极进行结构性调整,推进转型升级和促进产业融合。数字化文化体验已经崭露头角,将线上和线下融合成为文化企业未来发展的新趋势。这一趋势催生了个性化定制、精准化营销、协作式创新、网络化共享等新型商业模式的兴起,为文化企业提供了全新的发展机遇(张振鹏,2022)。

(二)文化产业数字化和渠道变革

数字化转型可以拓宽文化企业营销的广度,提高营销的效率,打造文化产品消费体验的新范式。数字技术的应用首先改变了信息传播方式,使文化企业的营销范围和渠道能够突破地理空间的限制(李炎和胡洪斌,2015)。例如,通过社交媒体TikTok,不仅可以在短时间内全面覆盖国内文化消费市场,而且可以将文化产品和内容推广至海外,搭建文化品牌"出海"的快车道,如中国电影《流浪地球》在国际市场的推广。其次,通过多元化的数字技术,如大数据分析和机器学习,文化企业可以实现对消费者数据的高效收集和利用,敏锐把握用户心理,智能分析用户的喜好特征,不断更新文化产品信息推送的内容和形式,实现个性化精准营销,如淘宝的推荐系统。在此过程中,文化企业的营销方式可以完成从"人找信息"到"信息找人"的转变,提升营销精度和准度,从而大幅降低信息搜集和宣传推广成本。再次,传统营销方式多以文字、图片、广播等为主,消费者较难从这类平面化宣传中体验到文化产品的精神力量并与之共情。数字化转型后,文化企业可以搭建特定的数字平台,利用虚拟现实(Virtual Reality,VR)、AR、声波识别等技术手段,如宜家的AR应用让消费者在家中预览家具,星巴克利用声波识别下单(Tabrizi等,2019)。此外,还可以以更为生动、直观的形式开展交互式、沉浸式场景营销,如博物馆借助VR技术为远程观众提供虚拟展览,增强用户的文化体验与价值共鸣。这种增强的营销能力有助于提高消费者对文化产品的认可度,提升文化企业的品牌形象,从而推动其实现高质量发展,如博物馆与旅行社合作开发虚拟旅游线路等。社交媒体平台的运用使文化企业能够与消费者建立更直接的联系,增强与品牌的情感连接。最后,文化企业可以在数字化营销中展现其对社会责任和可持续性的承诺,从而提升品牌形象。因此,数字化转型不仅为文化企业的营销开创了新的可能性,而且推动了整个文化产业的创新和发展,使之更加适应和引领消费者需求的变化,从而推动文化产业高质量发展(潘爱玲和王雪,2023)。

(三)文化产业数字化和供应链优化

从供应链的角度看,稳定高效的供应链体系是文化产品高质生产和精准投放的现实基础(李有文,2020),数字技术的应用能够加快信息获取速度和共享频率,优化文化企业的供应链体系,更好地满足消费者的个性化文化需求(陈剑和刘运辉,2021)。例如,声破天(Spotify)使用大数据分析来了解用户的听音乐习惯,从而提供更个性化的推荐。大数据和云计算等技术可以迅速收集消费者的文化需求信息,打通消费者与企业之间的信息反馈渠道,加快文化需求信息在供应链网络中的传播与共享,从而提高预测精度和响应速度,高效推出满足人们精神需求的文化产品(李有文,2020)。此外,数字技术的应用可以打破信息和数据传递的空间限制,降低文化企业与供应链合作伙伴之间的沟通成本和交易成本(孙兰兰等,2022)。以前,文化企业之间存在明确的边界和行业壁垒;如今,数字技术和产业的融合打破了这些界限。数字化技术对图片、文字、视频、音频等信息内容的加工、制作和整合,促使不同文化企业的经营范围相互渗透、交叉、跨界和融合。例如,美国奈飞公司(Netflix)与全球各地的内容提供商合作,通过数字供应链系统实时了解消费者的观看习惯,并根据这些数据推动内容制作(Jones等,2021)。数字平台主导的发展模式在文化企业中具有代表性。领先的全球互联网和电信公司不满足于作为文化内容的简单"聚合器",而是采用收购、兼并或自主建设等方式,将业务融入文化产业领域,并借助"硬件+应用+服务"的发展理念,积极构筑自身的行业生态系统,形成了"巨型平台+头部内容"的无边界组织形态。因此,文化企业正在专注于两个方面的整合,即"横向一体化"和"纵向一体化",与相关企业共同构建业务矩阵,以降低风险并提升竞争力(宗祖盼,2023)。总的来说,数字化转型有助于文化企业增强与上下游企业的互联互通能力,突破供应链的地域空间限制,提高文化生产与文化需求的匹配度(潘爱玲和王雪,2023)。

(四) 文化产业数字化和消费者关系

在数字时代,消费者的自我感知和自我意识受到数字环境的深刻影响,催生了文化产业的新模式,并相互影响。在网络社会中,文化身份已经成为符号消费的核心。数字化世界充斥着各种符号和标志,数字时代的个体通过寻找与其文化身份相关的领域,并将这些领域与符号相连接,塑造了数字媒体身份。这种数字时代的"新新人类"通过自我识别和自我塑造形成了独特的态度和偏好并将这些特征投射到他们构建的数字媒体身份上。以"认同"为动力的消费群体能够从文化产品、数字服务和相关基础设施中创造与其社会情境相关的含义,并通过强调文化参与来积极参与符号的创造和再生产过程。这为数字内容的生产创造了新的范式,使个体能够参与文化符号的创造和再生产。因此,随着深度数字化进程的不断推进,文化产业的发展模式正在逐渐向需求侧转变,"认同者经济"将成为文化产业发展的核心动力(张铮和许馨月,2023)。作为文化产业的数字化实践,以"认同"为核心的新型数字文化发展模式注重个体作为行动主体的能力和需求,强调在线与离线的双向互动功能。这一模式不仅着眼于供应方如何创造需求,而且通过个体的认同和参与来引导供应方提供更符合需求的文化产品和服务。这一新模式的经济推动力量非常强大,有助于数字文化产业从"供给创造需求"向"需求引导供给"转变(刘洋和肖远平,2021),进一步提升社会数字化转型的质量和水平。例如,电商经济的崛起推动了直播带货成为一个重要的经济引擎,其中的成功之道在于其建立在网络信任机制的"认同"文化语境下。淘宝直播和快手等知名平台之所以成功,是因为它们能够满足消费者的文化偏好和需求,通过主播的认同与粉丝之间建立信任关系,进而推动商品的销售。总之,以"认同"为核心要素的文化偏好机制极大地促进了文化的生产和再生产,数字个体的兴趣在这一过程中不断巩固,引发了消费链条的再循环。数字技术在文化产业中的广泛应用使文化创作、生产和消费之间建立了精准的链接,数字文化产业的发展已经超越了传统的生产边界,成为推动文化产业转型的重要方式(张铮和许馨月,2023)。

(五) 文化产业数字化影响的调节因素

在文化产业数字化转型的过程中,存在着一些影响效应的调节因素:

潘爱玲和王雪(2023)通过实证检验发现,首席执行官(Chief Executive Officer, CEO)的信息技术背景能正向调节数字化转型与文化企业高质量发展的关系。CEO作为企业经营战略的核心决策者和执行者,其信息技术背景会直接影响数字化转型过程中文化企业对数字技术的应用质量及相关转型措施的执行力度,进而影响文化企业数字化转型的最终效果。烙印理论指出,个体会在环境的影响下带上某些可辨识的烙印,这种烙印能影响个体的价值感知与行为决策。一方面,当CEO具有与信息技术相关的学习与工作背景时,其在实施数字化转型决策时就兼具了专业技能和战略视野,可以通过自上而下的沟通来提高组织内部对数字化变革的认可及理解程度,降低数字化转型过程中的内部阻力,从而使文化企业的各项供应链、创新链和营销链优化行动得以落实(潘爱玲和王雪,2023)。另一方面,具有信息技术背景的CEO更敢于在数字化转型过程中启用最新的数字技术,更加理性地看待数字技术对人的价值观及行为活动的影响效果,并可依据知识储备和过往经验选择合适的专业团队和技术人才,从而进一步推动文化企业发展提速增效(李瑞敬等,2022)。比如,腾讯、阿里巴巴等公司的高层管理者通常具有强大的技术背景,可以推动公司在数字化转型方面取得突破。

相对于国有文化企业,数字化转型更能促进民营文化企业的高质量发展(潘爱玲和王雪,2023)。数字化转型带来的发展动力主要来自数字技术对文化企业自内而外的革新,民营文化企业的管理相对灵活,可以迅速根据所处的经济环境适时调整;相比之下,国有文化企业的各类战略决策需要高度谨慎。民营文化企业如字节跳动等因其灵活的管理体系,在数字化转型过程中展现了更高的敏捷性和更快的响应速度。因此,数字化转型对民营文化企业高质量发展的推动作用更明显。

当文化企业拥有较多冗余资源时,数字化转型对其高质量发展的促进作用更明显。冗余资源是组织中的一种实际或潜在的资源储备,可以为文化企业的数字化转型提供资源支持,从而提高战略变革的成功率。这就意味着,相较于冗余资源匮乏的文化企业,冗余资源丰富的文化企业更加包容数字化转型后的业务流程、合作模式等,并可在资源配置和风险应对方面为供应链、创新链及营销链优化活动提供足够的支持和保障,从而推动自身的高质量发展(Matt 等,2015)。例如,华为公司通过其丰富的资源储备,推动了 5G、云计算等领域的技术创新。

当所处地区文化产业集聚度较低时,数字化转型对文化产业高质量发展的促进作用更明显。传统集聚理论认为,产业集聚带来的劳动力集聚、规模效应及溢出效应能促进文化产业的发展,可能对处于不同产业集聚程度下的文化企业产生异质影响。数字技术的应用破除了文化企业跨区域交流与合作的障碍,企业间的知识共享与技术溢出效应可以突破传统地理空间的限制,削弱文化产业地理空间集聚的重要性与必要性。例如,小米公司在集聚度相对较低的地区通过数字化手段扩大了市场覆盖率,从而促进了自身的高质量发展。因此,相比文化产业集聚程度较高的地区,数字化对文化产业集聚程度较低地区的文化企业的赋能作用更明显(潘爱玲和王雪,2023)。

总的来说,无论是从管理层的技术背景,还是从企业性质、资源储备、地域集聚度等方面来看,文化企业的数字化转型都呈现复杂的调节效应,涉及诸多层面的相互作用和影响。这些因素共同塑造了文化企业数字化转型的多元化景象,不仅展示了数字化转型的内在逻辑,而且揭示了其在现实操作中的具体实现路径和可能遇到的挑战,具体参见表 1-1。

表1-1　　　　　　　　　　文化产业数字化的微观影响

影响范围	影响层面	影响要素	具　体　影　响
企业内部	创新	创意人才管理	通过支持远程办公和跨时空交流,创造宽松的工作环境,激发创意灵感,同时降低用工成本,增强人才忠诚度
		创新流程及质量	通过运用多类型数字技术来与不同的创新链参与者动态交互,还可以将全球用户凝聚为具有创造力的群体
		商业模式创新	以在线、智能、交互、跨界为手段,不断开发优质、多样、个性化的产品和服务,在垂直、细分、专业领域的深耕也形成了更多选择模式
	营销渠道	营销范围	数字技术的应用改变了信息传播方式,使得文化企业的营销范围和渠道打破地理空间的界限
		营销精准度	通过多元化的数字技术来实现对消费者数据的高效收集和利用,不断更新文化产品信息推送的内容和形式,实现个性化精准营销
		营销感染度	以生动、直观的形式开展交互式、沉浸式场景营销,增强用户的文化体验和价值共鸣,提升文化企业的品牌形象;在数字化营销中展现企业对社会责任和可持续性的承诺,以此提升品牌形象
企业外部	供应链	互联互通能力	数据和云计算等技术打通消费者与企业之间的信息反馈渠道,加速文化需求信息在供应链网络中的传播和共享,提高预测精度,加快响应速度
		沟通及交易成本	数字技术和产业融合已经打破了企业间的边界和行业壁垒,促使不同文化企业之间更加轻松地进行合作和互动。通过数字化技术,各种信息内容,包括图片、文字、视频、音频等,可以被加工、制作和整合,从而实现了文化企业之间的经营范围相互渗透、交叉、跨界、融合
		供应链体系	领头企业通过收购、兼并或自建模式渗透到文化产业领域,采用"硬件+应用+服务"的发展理念,积极构建自己的行业生态系统。这种模式重新定义了传统的供应链体系,形成了"巨型平台+头部内容"的无边界组织,加速了文化产业的数字化转型和创新

续表

影响范围	影响层面	影响要素	具 体 影 响
企业外部	消费者	文化企业认同	作为文化产业的数字化实践,以"认同"为核心要素的新型数字文化发展模式强调个体作为行动主体的能力和需求,强调线上和线下的双向互动功能。这一模式不仅强调供应方创造需求,而且通过个体认同和参与来引导供应方提供更符合需求的文化产品和服务,有助于数字文化产业从"供给创造需求"向"需求引导供给"转变
其他调节因素		CEO信息技术背景	当CEO具有与信息技术相关的学习和工作背景时,其在实施数字化转型决策时就兼具了专业技能和战略视野,可通过自上而下的沟通来加深组织内部对数字化变革的认可及理解程度,降低转型过程中的内部阻力
		企业性质	数字化转型带来的发展动力主要来自数字技术对文化企业自内而外的革新,民营文化企业的管理相对灵活,可以迅速根据所处的经济环境适时调整;相比之下,国有文化企业的各类战略决策需要高度谨慎
		企业资源储备	相较于冗余资源匮乏的文化企业,冗余资源丰富的文化企业更加包容数字化转型后的业务流程、合作模式等,并可在资源配置和风险应对方面为供应链、创新链及营销链优化活动提供足够的支持和保障
		地域集聚度	传统集聚理论认为,产业集聚带来的劳动力集聚、规模效应及溢出效应能促进文化产业的发展,可能对处于不同产业集聚程度下的文化企业产生异质影响,当所处地区文化产业集聚度较低时,数字化转型对文化产业高质量发展的促进作用更明显

六、文化产业数字化治理

(一)数字文化治理相关概念的梳理

为了更好地理解数字文化治理的相关内容,需要对一些基本概念及相近概念进行梳理,这些概念包括治理、公共治理、文化治理、数字治理、数据治理、数字文化管理等。理论渊源和概念为数字文化治理提供了重要参考。这些理论包括

A. 葛西兰（Antonio Gramsci）的"文化霸权"理论、米歇尔·福柯（Michel Foucault）的"治理术"概念，以及托尼·本尼特（Tony Bennett）的"文化的治理性"观点等。此外，台湾学者廖世璋也早早涉及了文化治理的概念（沈杨雅淇，2016）。详见表1-2。

表1-2　　　　　　　　　　　　　相关概念对比

概　　念	相关学者	主　要　观　点
治理	Foucault(2009)	强调治理的多元性、多层次性和多向度性；数字文化治理需要关注具体的策略、机制和机构的运作，以确保数字文化资源的有效治理技艺是动态的、有机的
公共治理	Osborne(2010)	从"共同的善"向"公共利益"的转变，强调了政府和其他社会合作伙伴的参与，以实现数字文化的公共利益
文化治理	Bennett(2006)	文化既是治理的对象，又是治理的手段和工具；文化被视作历史性生成的机构性嵌入的治理关系的特定系列，以广大人民的思想、行为转变为目标
数字治理/数据治理	Abraham等(2019)	数字治理指对数字资源的治理，以及基于数字资源的治理。数据治理通过对数据资产管理行使决策权和职责的分配来增加数据的价值，并将与数据相关的成本和风险降到最低
数字文化管理	杨滟和田吉明(2020)	强调数字文化资源拥有者在规章制度下的管理职能的执行，侧重于数字文化资源管理
数字文化治理	杨滟和田吉明(2020)；郑建明和王锰(2015)	不仅涉及资源管理，而且包括基于资源的治理；数字文化与技术环境息息相关，既涉及传统文化形态在数字环境下的拓展问题，又囊括技术环境下文化的新样态

1978年2月1日，法国哲学家米歇尔·福柯首次在法兰西学院的演讲中引入"治理术"的概念，详细阐述了"治理的艺术"（The Art of Governance）。米歇尔·福柯认为，治理可分为三个层次，包括自我治理、家庭治理和国家治理。他强调，成功治理国家的个体首先必须掌握自我管理的技巧，然后才能扩展到更高层次，即管理家庭、财产和土地等。这一理念强调了治理不仅涉及对个体或物体的管理，而且包括对个体与物体关系的管理。治理的范围不仅包括人类对物质的支配，而且包括治理过程本身以及治理关系的协调。米歇尔·福柯治理思想的关键点包括以下几个方面：第一，治理艺术具有多元性、多层次性和多向度

性。治理的对象、内在机制以及目标取向都是具体而多样的,因此治理并不是单一的自上而下的单向度控制。第二,治理技艺是动态的和有机的,强调了治理机制内部层次之间的相互关系,以及治理对象自身的主动性。治理也被视为一个具有历史性动态演进特征的过程。第三,治理问题与一系列微观技术、策略、机制以及机构等密切相关,这些因素共同影响治理的实施和运作(徐一超,2014)。

文化治理是公共治理的一部分,尽管与社会秩序维护有一些共通之处,但也存在一些差异。在深入讨论文化治理之前,有必要对公共治理的内涵进行梳理。公共治理作为一种新型的社会管理模式,更加侧重于社会管理的制度基础。特别是在处理涉及"公共性"的问题时,公共治理具有一些显著特点。它不仅解决了新公共管理中因引入私人部门而导致公共性流失的问题,而且改变了传统公共行政实现公共性的方式。不同于完全依赖政府,公共治理将政府的合作伙伴纳入实现公共性的过程中(Osborne,2010)。在这一领域,可以明显看出公共治理的演变过程。它在工业化和现代化的进程中逐渐形成,是从追求"共同的善"向强调"公共利益"的转变所产生的结果。与"共同的善"不同,"公共利益"更加注重个体的利益,最终以个体的利益为出发点,并包括了"公共性因素"(李慧凤,2014)。

文化治理是根据文化自身的内在规律对文化资源和文化权力进行有效配置,以充分发挥文化在社会发展中的重要作用。文化治理包括两个关键方面:一是对文化领域的规范管理;二是通过文化方式进行治理,包括人文化、民主化以及科学化的治理方法。现代国家治理涵盖多个领域,包括经济、政治、文化、社会和生态等,文化治理与其他治理领域相互关联、相互制衡。文化治理与政治治理和经济治理不同,它更加注重软性治理并构成治理的基础,其覆盖范围更广,影响更深远。我国在文化治理方面面临复杂的挑战,需要全面实施文化治理建设的"三大任务"[①](潘雁,2018)。

随着互联网的不断发展,个人和组织借助网络工具建立了基于信息环境的数字时代价值观,涌现了开源文化、草根文化、自媒体文化等各种数字时代的文化现象。这些文化现象反映了数字时代文化结构的变革和文化生态的演变,导致了传统文化结构的调整和文化格局的变化。在数字化时代,文化治理与数字治理密切相关,尽管它们存在根本区别。数字治理关注的是数字资源的有效管理以及基于数字资源的治理,而文化治理更注重文化领域的管理和引导(郑建明

---

① "三大任务"是指现代化文化市场体系、公共文化服务体系、文化管理体制机制。

和王锰,2015)。

数字资源通常以各种数据的形态展现,因此,数字治理与数据治理常常是相辅相成的。数据治理,如 Abraham 等(2019)所述,是一种通过分配决策权和职责来管理数据资产的方式,旨在提升数据的价值,同时将与数据相关的成本和风险降至最低。至今,数据治理领域已经发展出多个成熟的治理框架,如国际数据管理协会(Data Management International,DAMA International)的数据管理框架(2009)、数据治理研究所(Data Governance Institute,DGI)的数据治理框架等(杨滟和田吉明,2020)。2018 年 3 月,全国信息技术标准化技术委员会大数据标准工作组发布的大数据标准化白皮书中也提出了大数据标准体系框架。由于数据是数字资源的核心载体和表现形态,而数字文化治理的核心对象是数字文化资源,因此,现有的数据治理框架能够为构建数字文化治理体系提供技术框架的参考。

数字文化治理不同于数字文化管理。数字文化管理往往只局限于数字文化资源拥有者在现有规章制度下管理职能的执行,重点是如何有效管理数字文化资源。而数字文化治理要考虑科技与人文的有效融合,不仅包括对数字文化资源本身的有效管理,而且需要研究与数字文化资源相关的多元主体协同参与和需求问题、技术手段应用问题以及环境影响问题等。因此,有效管理只是数字文化治理中的一项任务(杨滟和田吉明,2020)。

在探讨数字文化时,我们不能仅从文化的角度或发展的角度进行讨论,而应具备战略视野,全面考虑数字文化自身的发展规律,以及它与经济、政治、技术等多个因素之间的复杂关系,明确其所处的地位和能够发挥的作用。显然,这不是仅依靠数字文化的自发性就能解决的问题,而是需要进行宏观层面的规划和布局,这就涉及数字文化治理的必要性。这一点与国家对文化建设的重视是一致的。中共十九届五中全会特别强调了文化产业的数字化改革,文化和旅游部也推出了有关数字文化产业高质量发展的改革意见,为改革的系统性、整体性和协同性提供了明确方向。本书认为,文化建设不但需要中观和微观层面的文化管理策略,更加需要宏观层面的文化治理战略。

(二) 治理领域的相关理论

考虑到数字化治理的复杂性、多方参与等特点,不是单一主体治理的问题,本文探讨了协同治理理论和合作治理理论。

协同治理理论是一个新兴的交叉理论,其基础包括自然科学中的协同论和社会科学中的治理理论。简言之,协同治理是在开放系统中寻找有效治理结构的过程。这一理论涉及研究在开放系统中形成有效治理结构的过程。从另一个角度来理解,协同治理理论采用协同论的知识和方法来重新审视治理理论。因此,协同治理理论的发展对提高治理效果,实现"善治"的治理目标具有重要的参考价值(李汉卿,2014)。

合作治理借鉴了多个领域的公共管理实践和研究成果。本书通过文献扩展了一套概念框架,并将其构建成一个综合的合作治理框架。这一框架包括一个宏观系统情境、合作治理机制以及能够影响和适应系统之间关系的内部协作动态和行动。该框架用于定位和研究跨界治理系统的各个组成部分,包括政府间合作、与非政府利益相关方的合作、以地方为基础的区域合作以及公私伙伴关系。该框架还整合了关于个人动机和集体行动障碍、协作性社会学习、冲突解决过程以及跨界协作制度安排等方面的知识。这一框架是通用的,可以用于分析不同规模、不同政策领域和不同复杂程度的情境(王浦劬和臧雷振,2017)。

数字化治理,在一定程度上是一个技术问题,这里有必要回顾技术治理主义。20世纪末,在欧美兴起的技术治理主义流派坚信科学技术在现代社会发展中发挥着关键作用,并对此持积极态度,对社会的未来充满信心。

技术治理主义理论主要涵盖三个方面,以下以托斯丹·邦德·凡勃伦(Thorstein B. Veblen)的理论为例来阐述。首先,他审视了现代科学技术对当代社会的影响。凡勃伦认为科学技术在根本上改变了现代社会的面貌,特别是在19世纪下半叶,这一趋势使得西方发达国家,尤其是美国,迈入了工业社会的阶段。然而,他也指出,资本主义体系,尤其是价格机制和高度精密的工业运作机制,与这一新兴工业社会存在着一定的不协调性。其次,他深入探讨了如何以科学的方式来应对这种冲击。托斯丹·邦德·凡勃伦认为只有精通工业系统的工程师才能够有效地运作这个新型工业社会。他主张将社会的控制权从以牟取利润为目标的资本家手中移交给工程师,让他们根据科学原理和技术方法来管理社会的运转。这里的工程师不仅包括科学家和技术专家,而且包括管理专家和经济学家等。最后,他思考了如何实现全社会的技术治理。托斯丹·邦德·凡勃伦提出需要通过一场非暴力的"工程师革命"来颠覆资本家的统治,将社会的掌控权交给工程师。他设想各级别的"技术人员苏维埃"将会负责社会的管理,最终实现资源的高效利用和社会的高效运转(刘永谋,2017)。

(三) 关于文化治理策略的相关研究

文化和旅游部于 2020 年 11 月发布的《关于推动数字文化产业高质量发展的意见》(以下简称《意见》)强调了发展数字文化产业的重要性,并提出了一系列推动措施。其中,重要的方向包括促进文化产业与数字经济、实体经济深度融合,扩大优质数字文化产品供给,构建数字文化产业生态体系,促进消费升级,以及积极融入"双循环"新发展格局(余俊杰和陈爱平,2020)。基于《意见》的相关要求及我国文化产业数字化生态系统还存在的若干问题,这里有必要探究我国文化产业数字化生态系统治理的相关策略及对应的评估体系。对于治理的有效性评估需要回答以下三个基本问题:治理主体是谁?治理机制怎样?治理效果如何?

治理的最终目标是产生理想的治理效果,这一点在国家文化治理中同样重要。从市场主导型文化治理模式的角度来看,美国一直被视为成功的典范,为其他国家提供了学习和借鉴的经验(汤莉萍等,2006)。这种模式注重市场的自由竞争和文化产业的自主发展,同时,政府制定政策和法规以保护知识产权和维护市场秩序。美国文化产业蓬勃发展,涵盖了电影、音乐、电视、娱乐、文学等多个领域,不仅在国内市场上取得了成功,而且在国际市场上具有重要地位。类似地,英国的文化创意产业也取得了显著的成就(刘悦笛,2008)。英国在文学、戏剧、电影、音乐等领域具有丰富的文化传统,并且通过政府支持和文化政策的制定,促进了文化创意产业的发展(参见表 1-3)。因此,对治理效果评估体系的研究是本书的重点之一,结合中国国情,需要综合考虑社会效益、经济效益等方面。

表 1-3　　　　　　　　　国外主要文化治理模式的梳理

治理模式	代表国家	治 理 主 体	治 理 机 制	治 理 手 段
市场主导型	美国	治理主体的"虚置"。美国从未颁布任何全国性统一的文化产业政策且从未设立联邦政府文化部。"文化一般论"是美国的一贯主张,该理念宣称"硅片和土豆片没有任何区别"	治理体制的中介性。政府并非无所作为。美国每年用于文化领域的拨款虽然巨大,但具体实施是通过国家艺术基金会等特定机构来进行,而非文化部门。这体现了一种特殊的文化制度设计理念,即"政府不能创造伟大的艺术"	治理手段的宏观性。美国政府主要通过对内立法、对外加入国际公约等宏观手段来支持文化产业的发展,而极少直接介入文化产业的日常运营。这种宏观性的治理手段与"小政府"的理念相符,强调市场的自由竞争和文化产业的自主发展,同时保护知识产权和维护市场秩序

续 表

治理模式	代表国家	治理主体	治理机制	治理手段
政府主导型	法国	中央政府主导。1959年法国文化部的成立标志着法国文化政策的成熟。文化部代表国家主要履行立法与规制、直接管理文化机构、资金的再分配以及活跃文化氛围等职能	治理机制的直接性。政府通过直接拨款的方式对一些重点文化机构和团体以及重要文化活动提供补贴和资助,强调了治理手段的微观性——政府对文化领域的具体干预	治理手段的微观性。1981年颁布的《图书统一价格法》就是一例。这部法律通过规定图书的售价,保护了独立书店,并防止了价格竞争对图书市场的不利影响。这部法律类似于中国的"新书限折令",虽然引发了一些争议,但它对中小型书店的生存和保障图书市场的充分竞争起到了积极作用
混合型	英国	在文化领域的资源配置中,政府和市场都发挥作用,但政府仍然是主要的治理主体	"一臂之距"的治理机制。"一臂之距"原则以"分权"为基本要义,强调政府与文化事务保持"适当"的距离——既非直接接任,也非放任自流。在英国,国家所有大型文化单位不隶属于任何行政部门,而是独立运作。文化项目的评估由社会中介机构,通常是由专家学者组成的准官方机构负责。文化传媒与体育部是中央政府的文化主管部门,负责政策制定和资金拨付。政府可以通过政策调整来体现对文化艺术的目标管理和重点支持领域,但不能直接介入某一具体项目的资助	

总体而言,在过去四十多年的全面经济社会发展中,我国文化治理取得了显著进展。这期间,中国文化治理经历了深刻的变革,形成了更为综合和成熟的体系,包括文化产业的繁荣、法治建设的完善、治理主体的多元化、政策优化、权力向社会的让渡、市场壮大等方面的成就。但也应该看到,我国文化治理领域仍存在诸多体制机制性障碍,制约和困扰着文化领域的发展。政府角色定位模糊、政企不分、治理结构不完善等问题仍然突出,尤其是在数字化背景下,我国文化生态系统出现了如前文所述的诸多问题,这对我国文化治理提出了更多挑战,相应的文化治理策略及效果评估体系需要系统研究。这正是相应课题需要重点解决的问题,也是数字文化治理的难点所在。

第三节 结构安排与研究内容

一、主要结构安排

文化产业的数字化进程对社会、企业和消费者等均产生一系列影响。从宏观层面上看,文化产业数字化生态改变内容产品、体系和企业等方面的运行决策,从而影响文化生态的运行效率;从微观层面上看,文化产业数字化生态会对文化产品的生产、传递、激励和消费者自我呈现的运行产生影响。在加快构建数字中国的背景下,如何通过合理的数字治理或运用恰当的管理工具去规范文化产业数字化,并确保产业生态的正常运行,正是本书尝试解决的问题。

基于此,本书的研究共设计了十一章,除去第一章绪论和第十一章研究总结与研究展望以外,其余九章主要围绕如何构建文化产业数字化生态、如何构建数字化的文化产业产品和商业模式、数字文化产业的溢出效应、文化产业如何驱动消费者行为、如何进行数字激励,以及如何进行文化产业数字化治理这几个方面展开详细探讨。从整体上看,本书按照"通过文献综述厘清思路——通过现状分析提出问题——通过理论阐述与实证检验分析问题——问题总结"的技术路线对文化产业数字化生态构建及其治理进行了评估。研究框架如图1-3所示。

具体来说,本书从以下几个部分进行相应的探讨:

第一,从生态构建的全局视角考察如何打造文化产业的数字化生态,对应第二章的内容。面对文化产业数字化进程中凸显的内容原创力缺位、消费撕裂、企业数字赋能不足、产业共生联动匮乏、治理机制缺失等问题,本书明确了以企业为主体、消费为主导、内容为核心、业态为架构、治理为总纲的文化产业生态系统,确立了以数字融合创新为核心的构建运作机理,厘清了"消费链+产业链+生态链+治理链+技术链"五链融合的转型升级思路。最终,从主体融合、数字融合、渠道融合和指标融合四个方面提出协同性政策建议,以促进文化产业数字化生态系统积极融入国内大循环和国内国际双循环相互促进的新发展格局,实现可持续发展(张焕波等,2021)。

第二,从产品视角探讨数字化对文化产业的影响,对应第三章的内容,主要以中国具有一定代表性的数字文化发展的实践和探索——"物东来"为例展开讨论。文化品牌向消费者传递品牌力的关键是挖掘消费者对文化艺术的感知因

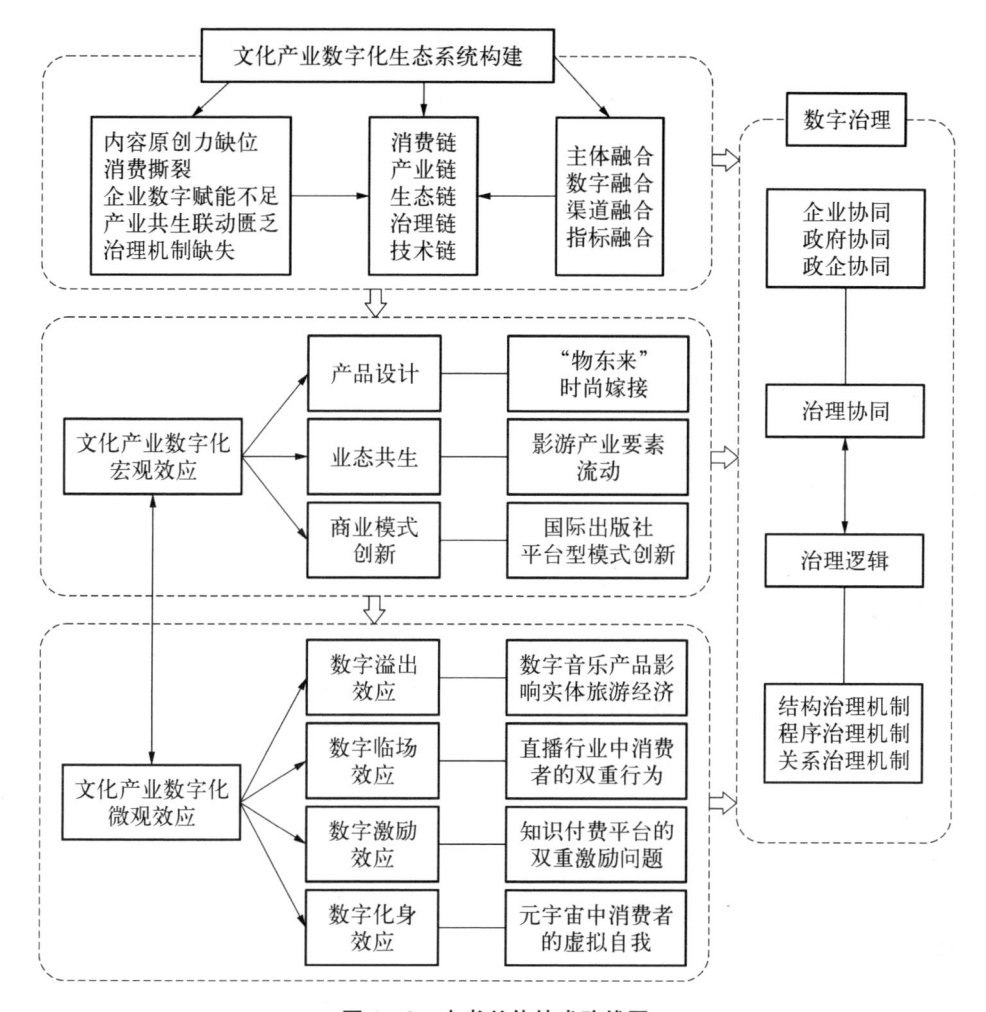

图 1-3　本书总体技术路线图

素,运用其赋能品牌的产品内涵,有主题、有互动、与时尚嫁接,在消费者心目中树立起能够在文创品行业中具备行业标杆地位的品牌形象,从而让消费者在思考购买相关产品时产生品牌联想和记忆,并愿意去这个品牌的实体店或线上店铺中浏览和体验相关产品和服务。

第三,从业态共生和商业模式设计的角度考察数字化对文化产业的改造作用,对应第四章和第五章的内容,分别从共生系统构建和数字商业模式两个方面展开探讨。共生系统的建构是现阶段文化产业融合的主要目标。如今,文化产业间技术、人才和美学等要素的流动已形成规模化和常态化,培育了有利于共生系统生长的土壤环境。但是,版权资产受到知识黏滞属性的限制,极易衰变为不稳定能量,成为影响产业协同发展的关键阻力。文化产业亟须建立版权经济的全局思维,使两者的关系由缺乏产业互信的离散模式转向相互依存的共生模式,构建起能量高效传递、运转平稳有序的共生系统。同时,数字技术的迅猛发展对文化行业带来了巨大的冲击,但也为行业带来了前所未有的机遇。为了积极应对这些挑战,文化行业正在采用平台型商业模式。这一商业模式的核心思想是充分利用数字技术,重新组合行业内的核心资源,构建基于网络的平台,以更灵活、高效的方式提供内容分发和交流服务,吸引消费者和创作者参与(季丹,2023)。

第四,从微观效应的角度进一步探讨,对应第六章至第九章的内容。以数字技术培育文化产业新业态,以数字文化助力文化产业的消费升级,正在成为新阶段文化产业高质量发展的关键动能(吕德胜等,2022)。该部分不仅从文化产业的溢出效应来解释数字产品对区域经济增长的影响及内在机制,而且从双重消费行为的驱动视角,选取合适的理论框架来解释文化产业数字化背景下的消费行为,即探究网络直播用户的社会临场感通过用户承诺对持续使用和推荐意愿的作用机制,并解释基于数字平台的多重激励问题,针对文化行业中消费者版权意识不足、文化分销商监管缺位从而引发的盗版猖獗等问题,构建了三方利益主体的行为决策演化博弈模型,分析并模拟了各主体策略抉择的影响因素。此外,消费者在数字世界中的数字人如何影响消费者对文化行业的接受度和虚拟化自我呈现也是该部分尝试探讨的问题。

第五,从数字治理的角度进行分析,对应第十章的内容,从制度设计的角度讨论如何规范数字治理。不仅从文化产业数字化生态系统的治理协同探析企业和政府所发挥的重要作用,而且从结构治理机制、程序治理机制和关系治理机制三个方面解析了数字治理的内在逻辑,有效化解文化产业数字化所带来的潜在风险,这也是未来文化产业进行数字化健康发展的重要保障。

二、研究内容

本书各章的主要内容如下:

第一章对文化产业数字化生态及其治理研究进展进行了文献梳理,从文化产业数字化概念、表现及其作用形式,文化产业数字化的宏观影响和微观影响,以及文化产业数字化的治理等几个方面对现有研究成果进行归纳和总结,了解研究的前沿动态,并结合现有研究的优势和不足寻找切入点。

第二章探讨了文化产业数字化的生态域。在理论分析部分,通过分析国内文化产业数字化的现状和问题,指出我国文化产业应该发展的方向;在政策分析部分,从五链融合的角度阐述了文化产业数字化的生态构建和治理逻辑。

第三章探讨了数字化视角下,文化产业品牌和产品的数字化升级。以"物东来"品牌建设整合为案例,以品牌化和数字化为切入点,分析了文化产品品牌的数字化转型之路,结合品牌线上数据和品牌战略规划,总结出适应数字文化行业的可借鉴的品牌升级之路,从而为后续品牌的发展研究提供参考。

第四章探讨了影游行业的共生问题。通过分析影游行业目前存在的要素流动与能量交换,指出文化产业生态中融合的必要性和使然性,进而从理论层面分析了版权黏滞在不同业态之间融合中的阻碍作用,进一步指出全局思维和故事世界可以有效帮助不同业态之间形成生态共联。

第五章探讨了数字化商业模式创新问题。以国际出版业为考察对象,分析推动数字化驱动下商业模式变革的动因。基于成本可加性、数字内容提供方式和新进入者进入几个方面梳理了不同的前置影响因素,继而从资产、社区和运作等提出打造国际出版业的新型商业模式。

第六章探讨了数字产品的外溢效应。首先通过理论分析,假设虚拟经济对实体经济的推动作用;然后基于中国281个城市2005—2019年的面板数据,将数字音乐产品发行作为"准自然实验",运用多期双重差分等模型多维度检验了数字音乐产品对区域旅游经济增长的影响及内在机制;最后对理论模型进行扩展,进一步考察了相应模型影响的内生性和异质性。

第七章探讨了文化业态转变中,直播行业中消费者行为的驱动机制。首先构建了包含社会临场感理论、关系营销理论和技术接受模型的综合影响过程模型,从理论上解释社会临场感如何以及何时影响消费者的持续使用和推荐;然后结合第一手的调研数据,讨论了社会临场感通过对关系的影响作用于消费者的最终行为。

第八章探讨了数字环境中的激励问题。通过构建包含消费者、创作者和数字平台的三方演化博弈模型,讨论了不同条件下三方的动态均衡问题,并在此基础上得出了不同状态的动态变化规律。然后利用假设数值进行仿真模拟,得出了在数字激励情境中三方行为的变化趋势。

第九章探讨了元宇宙中消费者的自我呈现。首先从虚拟数字人的分类和历史角度分析虚拟数字人在文化产业结构中的重要位置,然后进一步考察了虚拟数字人的理论推进,最后结合元宇宙的趋势分析了虚拟世界中数字化身的未来发展。

第十章探讨了文化产业数字化的治理问题。经验分析部分分析了我国文化产业数字化存在的障碍,并探讨了数字治理与其他方式治理的区别和联系。政策分析部分采用理论推演,基于主体协同和治理逻辑对数字治理如何以及何时影响文化产业数字化的高质量发展提出建议。

第十一章是对整体研究结论的总结和对未来研究的展望。遵循规范分析方法,以前文研究的各个板块的理论分析和实证检验结果为基础,结合我国国情,从"顶层设计"角度提出了相应的战略和对策。

第四节 创新与边际贡献

一、研究问题选择上的创新

近年来,我国数字经济和文化产业呈现快速发展的趋势,文化产业数字化生态成为一种新型的经济业态,因此,我们迫切需要分析文化产业数字化生态,并寻求管理文化产业数字化生态的有效方式,以确保文化产业数字化生态正常运行。总的来看,文化产业数字化生态是一个复杂的系统,其中既涉及宏观的品牌转型、业态融合和商业模式设计,又需要讨论微观层面的消费者行为和多重激励,更有政策和制度层面存在的风险隐患及其治理问题,而且这些问题错综复杂,需要构建一个完整的分析框架。结合目前的研究来看,有关文化产业数字化生态的探讨大多集中在两个方面:一是文化企业的数字化转型路径或者方式;二是数字化影响的量化分析,如分析数字化技术对企业绩效的影响等。侧重于从生态视角进行整合的数字化研究较少,研究内容具有较大的局限性。

本书从文化产业数字化生态出发,不仅结合我国目前的数字经济和文化产业的发展情况,详细探讨了文化产业数字化的宏观和微观作用以及效应,而且对如何进行数字治理进行了一定的讨论,探讨了如何高质量发展我国的数字文化产业。本书从微观和宏观的双重视角对文化产业数字化生态的宏观效应、微观作用和数字治理进行了系统性的考察,突破了现有研究的局限,在一定程度上丰富了我国文化产业数字化的研究,扩展了文化产业数字化的研究领域。更为重要的是,这是目前针对我国文化产业数字化生态进行的首次系统性的研究,有助于推动我国社会主义文化强国建设。

二、研究视角与学术观点方面的创新

(一) 多维度生态域研究的新方向

在全球数字化浪潮不断冲击文化产业的当下,本书的创新之处在于不仅关注文化产业数字化的宏观影响,而且通过深入探讨生态域的构建、治理逻辑和跨领域融合,实现了对文化产业数字化全局影响的全景式认知。这种多维度的研究方法,贯通了数字化生态从宏观到微观的各个层面,从而帮助我们更好地理解数字化背景下文化产业的内外因素交织对发展的影响,为未来的政策制定和实践应对提供了思路。

(二) 生态共联的理论新探索

本书在探讨影游行业共生问题时,通过突出全局思维和故事世界的作用,提供了新的理论视角。这种生态共联的理论探索超越了传统产业边界,强调了不同业态共同创造价值的重要性。借助全局思维,不同领域的资源、创意和技术能够相互交融,创造出更丰富的文化产业生态,从而更好地适应数字化时代的挑战和机遇。

(三) 数字化商业模式的前瞻性新思考

通过对国际出版业的考察,本书不仅分析了数字化驱动下商业模式变革的动因,而且基于前置影响因素提出了新型商业模式。这种前瞻性思考将数字化商业模式的变革置于更宏观的发展背景下,从多维度视角探索未来商业模式的可能性。这为文化产业在数字化时代的长期发展提供了可行的商业模式路径。

(四) 数字文化产品对区域经济影响的新研究

在讨论数字产品的外溢效应时,本书的相关内容采用定量研究方法,深入分析数字音乐产品对区域旅游经济增长的影响。通过运用多期双重差分等模型,对数字音乐产品的影响机制进行了多维度检验,为数字产业在区域经济中的实际作用提供了实证支持。这种定量研究对数字产业在区域发展中的定位和贡献提供了更精准的界定。

(五) 基于数字激励的三方演化博弈模型的构建

在讨论数字环境中的激励时,本书通过构建三方演化博弈模型,深入探讨了三方的动态均衡。这种模型的构建将多方利益相关者的互动置于一个博弈框架下，分析了不同条件下三方之间的相互影响和博弈策略。这为数字产业中的合作与竞争关系提供了全新的理论视角。

（六）对数字化治理的深入探索

本书在第十章探讨了文化产业数字化的治理问题，其中的创新点在于深入分析了数字治理的实际应用和效果。通过经验分析和政策分析，本书初步明确了我国文化产业数字化存在的障碍，并为数字治理提供了实际建议。这种深入探索将理论与实践相结合，为文化产业数字化的可持续发展提供了更有针对性的治理方案。

三、研究方法和分析工具的创新

（一）关键性问题的研究方法改进与创新

在关键性的具体问题分析上，从不同的研究角度进行了研究方法及分析工具上的改进和创新。比如，在数字激励的研究中，使用演化博弈的方法，更好地刻画了不同利益相关方的行为变化规律；在数字经济产品对实体经济的溢出效应的研究中，采用双重差分模型，更为细致地分析外部冲击对经济发展的影响；在预测消费者在直播中的双重行为的模型中，结合传统回归方法，增加中介模型分析，增强了模型的预测能力。

（二）多学科综合性研究方法的运用

鉴于文化产业数字化生态及其治理不仅涉及理论层面，而且涉及重要的应用层面，本书采纳了多个学科的研究理念和研究方法。比如，不仅运用了计量经济学、人口学、管理工程学等管理学的相关研究范式，而且结合了新闻传播学、情报学、社会学等非管理学科的研究方法。从整体上看，本书有效融合了各个学科的方法来探讨文化产业数字化生态及其治理的宏观效应和微观效应，有助于更全面地分析与评估所研究的问题。

综上所述，本书通过理论分析和实证检验相结合、微观基础与宏观政策相联系，对现有研究进行了有益补充、扩展与创新，较为清晰完整地呈现了文化产业数字化生态及其治理的作用机理，为高质量发展数字文化产业提供了理论支撑。

第二章
数字文化产业生态系统构建与转型研究

第一节 问题的提出

习近平总书记曾经指出:"我们要运用信息革命成果,加快构建融为一体、合而为一的全媒体传播格局。"[1]中国共产党十九届五中全会审议通过的《中共中央关于制定国民经济和社会发展第十四个五年规划和二〇三五年远景目标的建议》明确提出了实施文化产业数字化战略,以促进新型文化企业、文化业态和文化消费模式的快速发展(张婧,2020)。突如其来的"新冠"疫情对世界各国的文化和科技交流合作造成了冲击,引致世界力量格局发生进一步调整,制约了国际范围内的文化产业数字化融合、升级和发展,增加了中国优秀数字文化产品"出海"和国际贸易的不确定性及困难度。因此,我们需要紧跟数字产业化和产业数字化的发展趋势,推动文化产业在多个方面进行数字化转型,加速新型数字文化内容产品的发展,升级数字文化消费模式,改造并提升传统文化业态,建立健全文化产业数字化生态系统,即围绕主播、区块链等数字技术所构建的融合"多元素内容""多参与主体""多治理结构",实现全社会文化创新要素合理配置和高效利用,培育壮大文化创新主体并推动各个主体相互协调和良性互动,充分实现创新目标的整体数字文化产业生态运行。

本章响应国家重大战略需求,将数字化带来的相应影响纳入文化生态系统

---

[1] 习近平.加快推动媒体融合发展 构建全媒体传播格局[EB/OL].(2019-03-15)[2024-05-06].http://www.xinhuanet.com/politics/leaders/2019-03/15/c_1124240350.htm.

分析(Dattée 等,2018;Koellner 等,2010),并进一步探讨相应的协同融合性政策建议(蔡武进,2020;Osborne,2010)。具体来说,本章以"构建文化产业数字化生态系统"为目标,在详细分析数字化背景下文化产业研究的现状与问题的基础上,从内容、消费、企业、业态和治理五个方面深入阐述了文化产业数字化生态系统的构建运作机理与升级转型思路,聚焦禀赋深化、表达共融、主体兼容、渠道互通、情感共振等核心点,以数字化融入文化产业为重要支撑,构建文化产业数字化生态系统,提出了"四个融合"的协同性政策建议。

本章的贡献体现在以下三个方面:一是聚焦全生态视角,梳理内容产品、消费者、企业和业态的现有研究,识别文化产业数字化内容弱势、消费动力缺失、创新不足、业态分离、治理失衡等现有问题,为后续通过生态思维建模驱动文化产业和谐共生、良性循环和整体进阶提供了理论与现实基础;二是通过系统抽象数字化生态特征和理论建模,明确文化内容"价值驱动"、文化消费"赋能"、文化企业"使能"、文化业态"共生"和文化生态"治理"五项文化产业数字化的核心特征,厘清了"消费链+产业链+生态链+治理链+技术链"五链融合的升级转型路径,为文化产业数字化战略和理论应用提供研究启示,也为优质文化导向和产业发展提供创新性研究视角;三是建立整体协同性治理思维,在政府监管中引入社会参与和企业自我治理以构建具有前瞻性的协同共生治理模式,为灵活的文化规制和产业监管提供参考,丰富了经济转型过程中宏观产业政策的工具箱,并有效激发了微观主体活力。

第二节 数字化背景下文化产业研究的现状与问题

在国家数字化战略的指引下,借助大数据、区块链、云计算和人工智能等新一代数字技术的支持,文化产业创新发展和文化产业结构加速转型已成必然趋势。然而,目前的传统文化业态、服务方式以及文化企业尚未完全适应科技的发展和时代的要求(徐子超等,2021),数字运营和原创能力薄弱,品质高端、创意独特和沉浸式体验的高附加值数字文化产品稀缺,服务消费价值错配,缺乏匹配国家实力、具有世界级影响力和全球文化产业主导权的数字文化内容产品、品牌、平台和业态,治理机制失衡,具有辐射溢出效应、引领产业发展和掌握前沿技术的数字文化产业生态体系有待完善。具体如下：

一、文化内容的数字创造力缺位，国际竞争力不足

在文化内容数字化进程中，一方面存在数字原创力不足，"同质化"与"抄袭"现象严重的问题，没有把握和利用好中国元素，另一方面存在缺少对数字化技术的运用和创新的问题。

在文化创造力方面，刘勇和张弛（2013）提出，原创性是文化类产品的核心和基础，对于实现文化建设和社会主义文化转型具有重要作用。虽然已有研究针对创造力发展出诸如数字创造力（Lee 和 Chen，2015；Seo 等，2013）、数字化创新（Nambisan 等，2017）、数字赋能（孙新波等，2020；潘善琳和崔丽丽，2016）以及数字使能（荆浩等，2017）等相关概念，但关于文化内容的数字化创造力概念的界定仍存在争论，文化内容的创造力评价指标不够成熟；同时，缺乏对数字文化内容创造力驱动机制的实证研究。在文化内容国际化方面，Rauch 和 Trindade（2009）指出，本国文化产品的消费的增加和生产规模的逐渐扩大，对本国文化产品的对外贸易顺利进行具有积极影响。根据国家统计局的数据，我国目前文化产业的增加值占 GDP 的比例尚未达到 5%。与美国、日本、英国、韩国、欧洲等地文化产业占比超过 10% 甚至接近 30% 的情况相比，我国文化产业对国民经济的贡献和影响明显较低。数字化驱动的供给侧转型和升级动能不足，影响了国民经济的持续转型升级和提质增效。此外，相对于欧美，中国文化产业整体上还没有充分利用数字技术进行价值创造。这使得中国文化企业在参与国际竞争方面的竞争力相对较弱，在全球产业链分工中处于相对不利的地位。这对于国家在全球舞台上宣扬中国文化和增强国家文化软实力构成了不利因素（孙林霞，2021）。

二、文化消费发展不均衡，数字鸿沟凸显

在文化消费数字化进程中，存在着个体层面价值缺失，消费者无法接触到先进的文化产品的现象。例如，文物产品通常只在一、二线城市展出，处在三、四线城市的消费者无法接触到这些内容。

此外，个体层面存在一些文化消费行为的问题，表现为"娱乐泛化"的倾向。欧翠珍（2010）指出，现今文化消费中娱乐性、享受性、消遣性精神文化消费所占比例较大，而发展性、智能性的文化消费相对不足。这种不均衡可能部分归因于不同群体对文化资源的接触和互动存在差异。马海宁等（2013）对不同收入水平

下个体的文化消费倾向进行了深入分析,发现随着个体收入的增加,在文化娱乐服务方面的消费比重逐渐增加,而对文化娱乐用品、通信和教育的边际消费倾向呈下降趋势。此外,随着收入的增加,个体对文化娱乐服务消费的增加远远超过对文化娱乐用品、通信和教育消费的增加(李晨阳,2018)。这表明在一定程度上,个体在文化消费方面更倾向于选择娱乐性和消遣性的项目,而相对较少投入发展性和智能性文化消费。王仕勇(2007)分析网络环境下大学生网络文化消费行为的特征,发现其消费偏重于追求娱乐和流行,对自我发展的重视不够。陈端计(2012)和王萌等(2011)通过对农民工文化消费的调查发现,这一群体的文化消费品质较低,文化资本积累不足;社会层面存在城乡"二元分化"以及区域"非均衡化"问题。黄倩妮(2011)的研究聚焦于演艺业,选取了北京、上海和长沙三个城市作为研究对象,通过比较分析了这些城市居民的文化消费水平和消费偏好,结果显示中国的文化消费在不同城市和地区之间存在显著差异。不同城市的居民在文化消费方面表现出明显的差异。周莉等(2013)引入了扩展线性支出系统(Extend Linear Expenditure System,ELES)模型,以研究文化消费支出与家庭年收入、家庭消费水平之间的关系。具体来说,他们发现农村居民的文化消费需求相对滞后于他们的收入增长,这表明农村居民在提高文化消费水平方面面临一定的挑战。此外,在农村城镇化过程中,农村居民可能面临文化消费需求与城市生活方式难以融合的问题(王昕等,2016)。孙巍和陆地(2018)的研究指出,中国居民的消费需求逐渐从追求数量转向追求质量,但区域发展不均衡使得不同地区的居民文化需求呈现差异化和阶梯化趋势。随着数字化技术的发展,如果文化或者文化产品无法搭载数字化技术以实现及时供给,就会进一步加深不同群体关于文化消费和文化产品的数字鸿沟。

三、文化企业创新赋能不足,付费生态缺失

在文化企业数字化进程中,存在创新惯性锁死引起的低效供给问题,以及付费生态危机导致的价值错位问题。

尽管已有研究对创新价值链(屈海涛,2020;王伟光等,2019;Hansen 和 Birkinshaw,2007)和文化价值链(朱欣悦等,2013)进行了一定的探讨,但当前的问题在于文化企业仍然面临文化产品供给效率低下的挑战。文化市场仍然存在大量同质化和低层次的文化产品和服务,难以满足人民群众日益增长的多样化、多层次、多方向的精神文化需求。更严重的是,与诺斯(North)提出的"路径依

赖"(Path Dependence)现象类似,在文化市场中也可能存在类似的"创新惯性锁死"现象,即一些首先进入市场并流行的文化产品,由于规模效应、学习效应、固定成本的转化成本以及协调效应,可能占据市场主流,甚至成为"超级明星"(Superstar)产品或"重磅炸弹"(Blockbuster)并挤占其他类型文化产品的空间,导致文化企业产品的低效供给问题更加严峻。同时,国内数字文化付费生态落后,用户的付费习惯亟待培养。举例来说,电子书阅读器在中国经历了爆发式增长,但与国外电子书市场上亚马逊(Amazon)等公司实行的"设备+内容"的盈利模式不同,国内的电子书厂商主要在电子书设备上盈利,而在数字出版内容建设方面相对滞后。这种情况反映了一种路径依赖,即企业习惯于从硬件设备中获取利润而忽视了数字内容的重要性。这可能限制了中国文化产业数字化发展的全面性和深度。又如,尽管取得了会员数的持续增长,但国内头部流媒体平台爱奇艺在2019年和2018年亏损超过200亿元。相比于从一开始就形成封闭式付费生态的奈飞等美国企业,爱奇艺等国内文化企业面对国内尚未对数字文化内容建立付费习惯的用户群,采用的是先用免费或低价积累用户,达到一定基础后再试图流量变现的中国式互联网思维。可以说,国内数字文化企业尚未建立良好的正循环付费生态,存在聚焦生产消费却忽视研究开发的文化价值错位问题。

四、文化业态联动演化困难,数字共生匮乏

在文化业态数字化进程中,存在数字化基础设施不足、业态间合作模式单一且目标不一致的联动发展不协调问题。

文化产业与高新信息技术的融合、文化产业的升级及其与其他产业的融合已成为当前发展的主要趋势。这一趋势不断演进,使文化产业的范围得以扩展、内涵得以充实、业态得以创新。通过梳理国内相关业态的文献可知,我国对文化业态理论的研究尚处于初级阶段,偏重于政策分析和个案分析,机制研究和实证研究不足(吕庆华和任磊,2012)。在数字化技术的加持下,文化产业业态的内涵发生了改变,但还没有研究系统科学地分析该新内涵的核心、外延和特征。此外,对数字化赋能下各个业态的发展路径、发展层次和演化、业态之间的联动体系的研究相对匮乏。基于产业关联理论(苏东水,2005),现今的文化产业业态之间的联动与共生模式仍存在问题——数字资源投入不足,相关基础设施薄弱,业态间产业"各自为政",合作创新模式仍处在初级阶段(胡正荣,2007),缺乏区域协同效应。以京津冀城市群为例,这些地区在经济水平、科技和文化发展程度方面存在显著差异,各自的文化发展目标也有不同,甚至存在矛盾。所有这些因素都增加了数字文化产品跨区域协同生产的复杂性。目前,协同联动主要停留在签署合作框架协议、倡议书和备忘录等层面,缺乏可行性强的具体行动指南(田蕾,2020a)。因此,关于从内部的衍生整合扩展到产业间的交叉渗透,最终拓展到与其他产业多维关联的文化业态演化路径,其关键耦合因素、核心资源、联动与共生模式,以及数字化带来的技术要素流如何赋能等问题仍存在学术空白,需要未来的研究进行分析和解决。

五、文化治理机制不明晰,利益协调失衡

在文化业态数字化进程中,存在着由于秩序混乱、管控失效、鸿沟凸显和评价缺失四大难点导致的结构之困、制度之失、组织之囿和标准之白四大痛点。

基于对数字文化治理的探索(杨滟和田吉明,2020;王锰和郑建明,2015)以及对市场主导型文化治理模式的研究(王海冬,2011;郭灵凤,2007)能够看出,我国文化治理领域存在诸多体制机制性障碍。首先,传统文化产业的边界正在不断被打破,这导致了文化产业秩序的混乱和文化市场体系构建的结构性困难(潘雁,2018)。其次,数字技术推动了内容独立性的变革,但这一变革的规律尚不明确,缺乏稳定的商业模式和产业生态,使得传统的管理方法变得无效,文化制度的整体创新机制也显得不足。再次,网络社群的隔离性加大了文化鸿沟,需要公共文化服务机构在文化理念、资源配置、人员管理、制度设置和组织结构等方面进行大规模调整和变革,以应对这一挑战(胡惠林和陈昕,2017)。这些问题需要我们共同努力来解决,以推动文化产业的可持续发展。最后,在文化产业数字化生态系统下,文化治理效果评估不是单一地评价某个主体、某个地区或者某个手段那么简单,在这个系统中,网状结构、多维度结构的治理系统和方式同时存在,需要将经济利益与社会效益统一起来,更综合地考虑其治理效果。因此,传统的治理效果评价体系不再适用,而新的数字文化治理标准目前几乎是空白的。

六、小结

本章将数字化背景下文化产业研究的现状与问题总结如图2-1所示。可以看出,文化产业数字化的发展面临诸多障碍:依托中国底蕴的优秀文化内容产出不足,国际竞争力不足;文化内容消费浅数字化,个体、群体和社会三个层面的发展极度不均衡;企业数字化赋能创新水平不足,付费生态尚未成型;业态间

协同薄弱且目标错配,尚未建立有效的文化产业共生型生态;数字文化治理机制缺失,管控失衡。因此,只有充分调动和发挥数字化赋能对文化产业生态上各个生态位的主体的引导和融合作用,文化产业生态数字化才能落地生根生效。

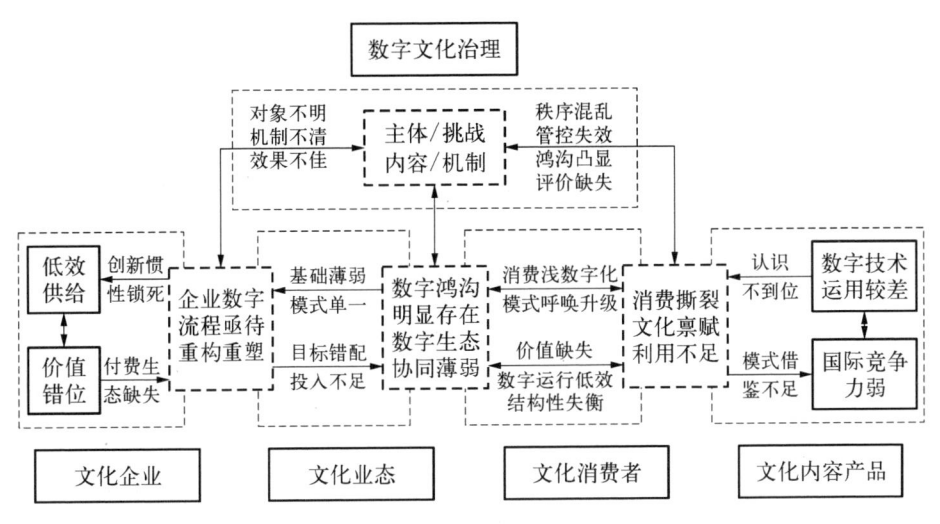

图 2-1 数字化背景下文化产业研究的现状与问题

第三节 文化产业数字化生态系统运作机理与转型升级思路

文化产业具有生态系统的态势,即文化的创新、生产、应用与治理之间的相互影响和协同决定着整个文化的发展方向。因此,单独讨论文化的生产、消费、企业或业态的数字化转型对实现文化产业数字化战略意义不大,只有从多角度分析把握文化生态的本质内涵,重构良好的文化生态体系,探析文化产业数字化生态系统转型升级思路,才是数字时代文化产业高质量发展的应有之义和提升突破口。为此,厘清以下三个问题至关重要:文化产业数字化生态体系是什么?如何构建和运作文化产业数字化生态体系?如何实现文化产业数字化生态体系的转型升级?

一、文化产业生态系统的内涵

基于生态学和生态系统理论(Ecological Systems Theory)的研究,生态系统强调生态主体和生态环境构成一个整体,其中各个生态主体与生态环境相互影响、相互制约,并在一定时期内保持相对稳定的动态平衡状态(任鹏燕,2022)。中国文化产业数字化生态系统指的是在区块链、5G等数字技术环境中构建的融合"多元素内容""多参与主体""多治理结构",实现全社会文化创新要素合理配置和高效利用、培育壮大创新主体并推动各个主体相互协调和良性互动、充分实现创新目标的有机生态结构,具有开放、协调、动态等特征。

具体来说,作为文化产业的微观主体,企业履行着满足消费者文化需求和生产文化内容的重要责任,也是文化产品价值的最直接供给者;业态是有效培育和创造产品价值的协同机制,科研院所、高等院校、中介机构、银行和风险基金作为整个生态中的其他参与者,也为文化生态的建设提供了必不可少的基础设施;文化内容产品是文化消费的载体和文化企业的产出,是连接企业和消费者的桥梁;文化治理则引领整个文化产业健康有序发展,其中涉及政府的规制和管理等。在整个文化产业生态中,无数这样的参与主体进行着专业化分工和网络化分工,进行着相应的价值创造。在数字化导向的生态系统构建体系内,只有数字文化治理主体(如政府)的管制责任落实、监督和引导其他参与主体进行数字化技术开发和转化,文化企业才能发挥更大的交易作用。

通过整个社会环境对文化企业的培育、扶持和规制等,创新主体(企业)可以重塑其结构价值,使得企业的数字化创造力大幅提升,并有效地进行文化内容生产,继而为消费者创造独特的价值,使得错位的价值观重新匹配,并通过突破"惯性锁死"的桎梏来有效缓解低效供给的现状。扩展到整个文化业态中,微观文化企业组成的业态形式满足了消费者多样化的需求,并形成共生型的驱动形式。数字化在文化消费端的应用可以激发市场活力,提升消费市场对人才、资金、场地、设施和信息等关键资源的有效配置。这可以刺激各个价值创造的参与主体,通过数字技术交流、数字技术合作和数字技术变革,实现数字文化生态体系的构建。这一过程涉及市场客观需求、主体战略要求、政府辅助推动、科研院所技术支持以及互联网企业的服务支持,还可以借助先进的数字技术,如地卫链、量子计算、区块链、大数据和人工智能等(谢家平等,2022)。

针对我国当前文化产业数字化存在文化内容数字创造力缺位、文化消费鸿沟明显、文化企业供给效率不高、文化业态合作不协调、文化治理实施困难等问题,文化产业生态系统的构建可以以"创新投入—创新能力—创新体系—创新产出—创新转换—创新生态—创新治理"的全生命周期数字化创新生态体系为总目标,并将其细化为五个部分,即构建数字整合下体验型内容产品升级体系、优化数字赋能和使能的文化企业创新生态、健全数字融合导向下的共生型文化产业业态、重构数字驱动下的文化消费模式、建立数字化生态视角下的文化治理体系。

二、文化产业生态系统运作机理:数字融合创新

基于数字化背景下文化产业的问题以及数字文化产业创新生态的目标,数字化赋能和使能的文化产业生态系统必须以企业为主体、消费为主导、内容产品为核心、业态为架构、治理为总纲,实现文化产业的多主体深度数字化合作与融合。文化产业生态系统的构建和运作机理如图2-2所示。

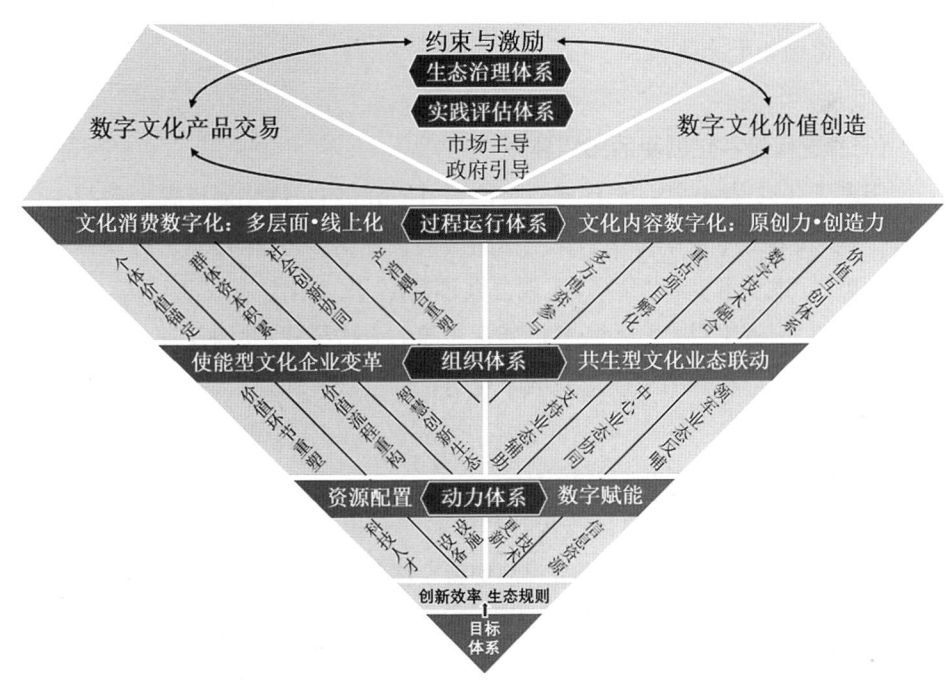

图2-2 数字化赋能和使能下文化产业生态系统的构建和运作

(一)明确树立数字化创新的目标体系

文化产业生态系统要兼顾政府和市场的作用,在政府既定的约束下提升创新效率,设定数字化技术的生态规则。充分尊重市场的主导作用,让消费决定资源的配置,并激发各个主体的积极性,弥补政府在方案选择、数字化技术研发和研发资金投入不足等方面的局限。通过共生型的文化业态联动,强化数字创新

的重要性,并根据相应评估场景识别、遴选和优化,选择相应的技术转化方案,通过业态的升级推动整个生态的转型,实现价值链和创新链上的资源优化配置。

(二)搭建数字化创新的动力体系

一方面,在政府规制和市场引导下完善和创新资源配置,通过数字创新的交易和支持,引导行业、企业、产品采取多元化的数字化技术,提升消费者的体验,激活行业、企业、产品的数字化技术需求,指引数字技术和文化生态的可持续发展、转化和沉淀,进而实现人才、设备和设施等资源的市场化有效配置和重点扶持;另一方面,建成以数字化为基础,具备企业网络结构、数据智能融合、信息集成共享、信息迭代弥合、生态创新活力、行业实践运用、文化引领意识等特征的数字赋能文化产业生态体系。

(三)重构数字化创新的组织体系

侧重于探讨以临时组织、横向竞合联盟、网络纵向一体化促进各个参与主体的合作,形成多主体合作的数字化创新网络模式和生态;发挥相应平台或行业协会的优势,促进资源、技术共享,实现公共创新服务、文化设备托管服务,探究价值环节重塑、价值流程重构和智慧创新生态等的合作模式;共同促进文化企业的数字化变革,健全和保障组织适应数字化时代的挑战并抓住机遇。

(四)优化数字化创新的过程运行体系

构建各创新主体对数字化技术及其产品的全生命周期的运作体系,通过文化消费的产业与消费融合,有效实现消费者个体的价值锚定和群体的资本积累,最终在社会层面实现创新协同。在文化消费数字化的前提下,刺激文化内容的数字化呈现,让文化内容产出可以有效吸收技术链中的先进技术,实现卓越的价值互创。与此同时,兼顾重点项目的孵化和多方参与主体的价值与技术博弈,实现文化生态的全局最优,从而完善整个数字化生态各个节点的结构,平衡创新链条的串联作用,激活技术生态的使能作用,实现开发、研究、孵化和产出的贯通融合。

(五)健全数字化创新的生态治理体系

数字化创新的生态治理体系包含数字化技术创新的市场牵引机制、数字化技术实现的激励机制、数字化技术创新的市场开发合作机制、数字化创新的服务机制、数字化创新的规范和惩戒机制等,以确保各主体充分参与符合社会主义核心价值观的文化活动,确保责任主体和创新主体之间的公平、公正和公开,以信息透明、健全文化市场交易为目标实现各主体之间的有机协同。

(六) 完善数字化创新的实践评估体系

对数字化技术创新政策和创新绩效进行全方位的评估和评价是为了将各种不同的创新主体、创新要素、创新环节、创新结果以及实践应用纳入文化产业的数字化创新过程,以支持文化生态的建设。优化行业、企业、产品的数字化创新指数,促进创新成果的转化和运用,进行政策组合情景仿真模拟和选择,评估相应的数字化创新效果,丰富数字化创新的评估体系,以促进文化产业数字化生态的最终实现。

三、文化产业数字化生态体系的转型升级思路:五链融合

随着数字产业化和产业数字化双轮驱动,国家文化产业数字化战略逐步实施并初见成效,同时存在着"认识不到位,方法论缺失;数字资产偏少,生态结构亟待优化;数字鸿沟明显,数字生态协同薄弱"等痛点和难点。因此,单纯推动数字化文化产业生态系统的构建无法满足国内日益增长的文化需求和文化"出海"的国家战略。只有同时考虑文化产业数字化战略"供给侧"和"需求侧",透析文化产业数字化生态系统内涵,厘清"消费链+产业链+生态链+治理链+技术链"五链融合路径,在多链有机融合视角下推动文化产业数字化转型升级,促进文化产业数字化生态系统积极融入以国内大循环为主体、国内国际双循环相互促进的新发展格局,上述局面才能得到根本性的扭转。具体思路如图2-3所示。

(一) 通过体验型内容体系重构文化消费链

实现文化产业数字化生态系统的转型升级,首先是生产优质文化内容以覆盖更广泛的消费群体。在数字化时代,所有互联网用户都是数字文化内容生产的主体(Olson,2020),因而存在着超越"价值共创"的"价值互创"概念。以前的营销文献着重强调企业不再是产品价值的唯一创造者,消费者也不再是产品价值的被动接受者,而是双方建立了一种合作共赢的关系,实现了企业与消费者之

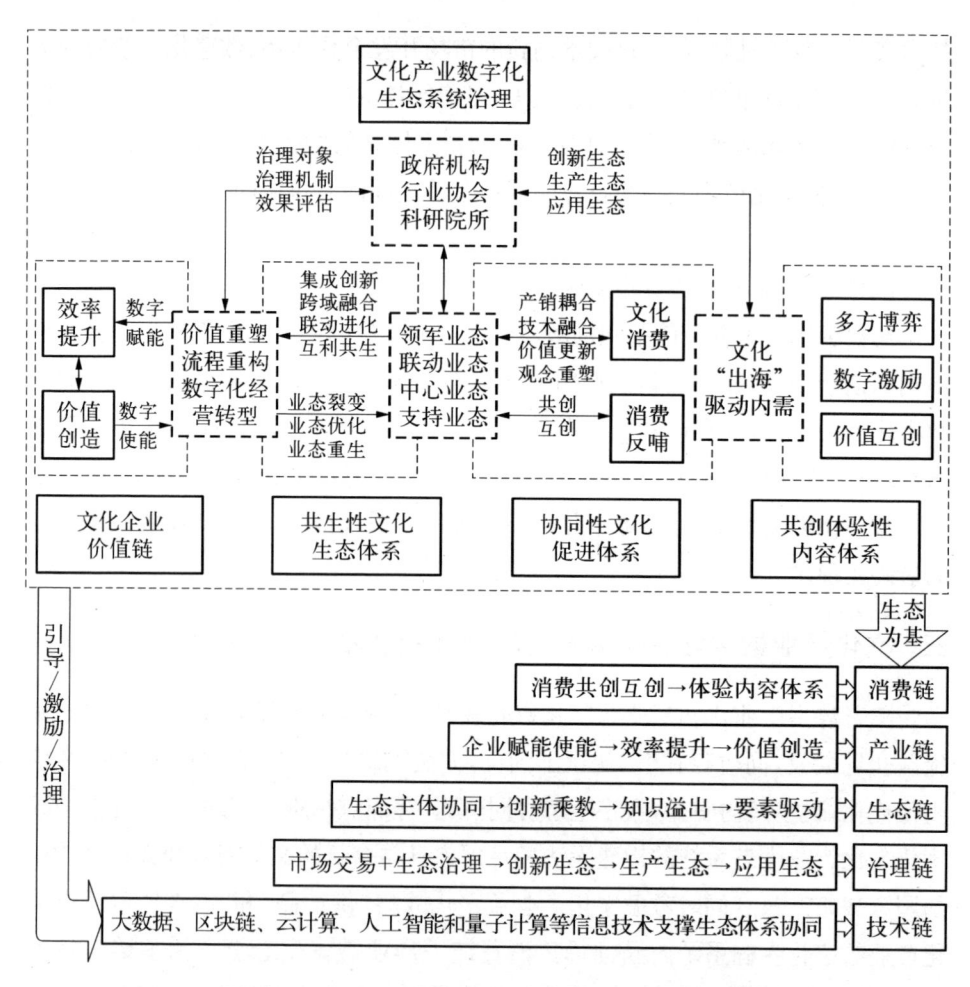

图 2-3　文化产业数字化生态系统转型升级总体思路

间的价值共创(张建锋等,2022)。然而,鉴于文化内容产品的瞬时性和体验性(李震,2019),文化内容产品的创新往往关系复杂,涉及多个参与方。因此,生态系统的转型升级应该跳出先前的"消费者中心"的价值审视模式,从更加全面和宏观的视角审视价值创造的过程和机理,以"价值互创"这一概念来反映文化产品生产过程,即让消费者通过数字化技术接触先进文化内容产品,进而推动文化产品的数字化转型,提出全新的文化内容价值互创的理论体系和概念逻辑。然后,通过数字化技术来使企业和消费者相互沟通,打造消费者喜爱的全新数字产品(如数字艺术品),最终实现由共创互创到体验型内容体系的消费链重构。

（二）在解构和重建文化产业链与生态链的同时升级技术链

实现文化产业数字化生态系统的转型升级，应该在更新技术链的基础上，以文化产业链上的主体为重，包括消费模式、文化企业和文化业态，从数字化赋能的视角，满足企业的数字化技能提升，提出生态链上企业和业态转型升级的驱动机制、发展方向和运行模式等。就消费端而言，针对数字鸿沟问题，建立数字技术驱动的消费赋能方式和模式，从而达到"1＋1＞2"的均衡发展机制，从不同方面推动产销耦合、技术融合、价值更新和观念重塑，使得数字技术可以惠及每一个普通消费者。就文化企业而言，在厘清重塑与重构（表现形式）、赋能与使能（实现路径）、渐进式创新与颠覆式创新（模式）这三组概念内在联系的基础上，针对数字化时代文化企业创新生态的变化，推进文化品牌的数字化转型，让文化要素可以自由流动，有效帮助企业实现防御型目标和进取型目标，为实现文化企业基于创新的"乘数效应"、基于知识的"溢出效应"以及基于要素的"驱动效应"提供数字化驱动力。由于目前数字文化业态中存在大量流动的自由创造者，因此也要考虑数字激励，以适当的方式营造生产者、消费者和平台型企业的三方均衡。就文化业态而言，应转型升级，走出广播电视、新闻出版、影视制作等"小文化"业态，向包含旅游产业、体育产业、零售产业等的"大文化"业态发展。通过对文化企业的价值重塑、流程重构和数字化经营转型，充分运用从数字化赋能到数字化使能的驱动效应，提升效率和创造价值，实现产业链的跃升。同时，实现数字技术链各要素的资源优化配置，推动技术链更新升级以支撑生态体系协同，最终，实现文化业态的裂变、优化和重生，实现"大文化"产业背景下业态间的集成创新、跨域融合、联动进化、互利共生，从而实现文化生态链的解构和重建。进一步，需要深入挖掘数字文化产业对实体经济的溢出效应，打造协同文化促进体系，使得数字文化经济融入中国经济的发展，实现数字文化与文化的总体协同。

（三）通过设计文化产业数字化生态系统治理策略来完善治理链

文化、政策、市场以及创新活动资源等环境因素都对文化产业的各个主体和产业系统的发展产生影响。数字文化治理围绕数字资源获取、数字风险管控、数字资源应用、数字资源服务等方面确定治理目标，为文化产业各个主体转型升级提供了动力和约束力。因此，需要采取顶层设计、政策引导、标准制定以及配套保障等措施，明确治理的对象、机制和效果评估，构建文化产业数字化生态系统的治理体系。这将有助于数字文化产业与外部环境的相互作用，实现文化产业数字化系统的自我调节、自我适应,优化配置文化科技资源(范周,2017)。数字文化治理机制设计不只是对制度的设计,数字化特征的存在使得数字文化资源的全生命周期管理也被纳入其中。因此,在外部政策、技术和市场环境变化的过程中,数字化时代的文化治理需要融合科技与人文的特点,从区域、行业和企业的不同视角构建文化产业社会效益和经济效益的评价指标体系,以帮助各主体降低创新、生产和应用的成本及风险,从而将完善的文化产业治理链有序嵌入全面深化改革的国家顶层设计整体格局,实现数字文化产业的可持续发展。

第四节 结论与启示

在文化领域,能否更新理念、确立正确的发展路径,不仅是有序融入全面深化改革的国家顶层设计整体格局所需,而且关系到文化产业是否能够实现长期可持续发展(顾江等,2021)。要实现文化产业数字化生态系统的构建与转型升级,就需要系统思考建立技术、历史、世界和未来的"四位一体"整体性思维,正视文化与科技融合、国际国内联动的必然趋势,兼顾各个主体发展和国家战略实现,从"主体融合""数字融合""渠道融合"和"指标融合"四个方面综合考虑,实现文化产业数字化生态系统的经济效益和社会效益的有机统一,为建成社会主义文化强国保驾护航。具体而言,本章形成了如下几点政策性启示。

一、主体融合

文化产业多态化和复杂化使不确定性增加,为了快速响应市场需求,文化主体必须不断融合创新,并柔性适应外部环境的压力。文化产业数字化生态系统的形成改变了传统的文化业态,信息更加复杂,每一个人或组织既是文化的生产者,又是文化的接收者和传播者。在文化治理方面,主体不再是政府或市场某一方,甚至无法判断政府和市场哪一方更重要。一方面,政府的文化部门不可能涉及数字文化的每一个角落;另一方面,民间文化组织缺少足够的力量和权威去掌握和治理数量庞大的数字系统。因此,文化产业数字化生态系统主体的协同融合至关重要。根据国家出台的《意见》,数字文化产业的生态系统构建和转型升级需要关注以下几个方面:

第一,培育具备核心竞争力的企业:生态系统的构建应着重培育具有较强核心竞争力的数字文化企业,这些企业可以成为产业的龙头,引领数字文化产业的发展方向;同时,需要支持中小微企业,以促进多样性和创新。

第二,强化创新驱动:为了推动数字文化产业的创新,可以建设以企业为主体的数字文化产业创新中心,这样的中心可以促进产业界和学术界的合作,加速技术创新成果的转化和落地。

第三,创新与创业结合:通过孵化和投资来支持数字文化产业的创新,可以建立线上线下结合的数字文化"双创"服务平台,为初创企业提供资源和支持,从而推动创新创业的发展。

第四,主体融合:主体融合是生态系统构建的重要组成部分,需要发挥大企业的带动作用,同时支持中小微企业的成长,还需要促进高校和研究机构与企业的合作,将科技创新成果转化为实际应用。政府和中介机构也应发挥催化作用,降低创新主体之间的沟通成本,连接消费者,促进新的创新主体涌现(范周,2017)。

二、数字融合

数字融合被视为文化产业的有力助推器。随着信息技术的迅猛发展,我们已经步入以数字化为主导的新时代。数字技术不仅为文化产业带来了新的机遇,而且催生了全新的文化创新、生产和传播方式。然而,目前社会对数字文化产业的理解仍相对有限,数字技术的整合能力也有待提升,从而制约了文化产业竞争力的提升。因此,文化经济迫切需要数字融合,这包括新技术、新思维和新模式的整合(张晓欢,2020;Chakravorti 等,2019)。具体来说,数字化创新技术包括前端的数字化技术开发、中端的数字化技术转换、后端的数字化技术运用。数字与文化的融合不仅能够在后端市场上填补政府在方案选择和技术推广方面的不足,根据市场需求选择更适合消费者偏好的数字技术,而且能够在前端研发阶段吸引更多创新资源和资本的投入,弥补政府在资金方面的不足(乐祥海和陈晓红,2013);同时在中端转换环节,可以根据市场需求进行科学匹配。习近平总书记指出,"文化和科技融合,既催生了新的文化业态、延伸了文化产业链,又集聚了大量创新人才,是朝阳产业,大有前途"[①]。因此,新时期文化产业数字化生态系统构建的数字融合,取决于技术、市场和政府的协同作用,需要妥善处理它

---

① 求是网.文化和科技融合大有前途[EB/OL].(2023-01-16)[2024-05-06].http://www.qstheory.cn/dukan/qs/2023-01/16/c_1129283414.htm.

们之间的关系。一方面，技术和市场应充分合作，确保每家企业都能充分享受新技术带来的好处，创造公平竞争的创新环境，推动企业提升数字创造力，从而激发产业和业态的数字化内生动力。另一方面，政府在战略规划、政策支持和协调方面发挥着关键作用，应加强财政、税收和法律的引导，加大数字化支持力度，增强市场和技术的服务能力，以解除文化企业在数字化创新过程中的后顾之忧（白春礼，2020）。最终，通过数字化要素对文化产业的赋能效应来实现数字文化产业基于技术创新的"乘数效应"、基于知识的"溢出效应"以及基于数字化要素升级的"驱动效应"。

三、渠道融合

从"文化强国"和"文化出海"双战略规划视角可以看出，意在增强国内国际联动效应的出口与内销渠道融合势在必行。根据国家统计局的数据，2019 年我国文化产业增加值为 4.5 万亿元，占 GDP 的 4.54%，特别是"新冠"疫情暴发以来，数字文化产业成为拉动经济、提振信心的"新引擎"。与此同时，品质高端、创意独特和体验完美的高附加值数字文化产品稀缺，沉浸体验、高效互动、个性定制等智能化文化产品供给市场空间巨大，人民群众日益增长的多样化、多层次、多面向的精神文化需求亟待满足，"讲好中国故事，展示中国形象，弘扬中国精神"的高质量文化供给有待增强。为了构建并推动文化产业数字化生态系统的转型升级，一方面要驱动内需，满足国内市场日益增长的文化需求；另一方面要树立文化自信，实现出口与内销的渠道融合，以满足国内市场和文化"出海"的需求。作为文化内容的最终体现和向消费者传递价值的载体，结合现有的国内外形势，渠道融合可重点关注以下文化产品：

第一，具有意识形态导向的文化类产品。文化在很大程度上构建了意识形态的土壤，强化新时代意识形态工作的文化底蕴对于增强意识形态的凝聚力和引领力至关重要（胡伯项，2018），如引领社会主义核心价值观的电影和音乐等。

第二，弘扬中国文化特色的文化产品。中国文化有着五千年的沉淀和积累，要创造出相应特色的文化内容，体现中华民族的文化特色与内涵是必需的，如打造中国独特文化的故宫文创产品，以及普及历史文化知识、引领文化衍生设计的《上新了·故宫》。

第三，富含国际影响力的文化产品。中国文化产业的国际化是建设社会主义文化强国的必经之路。事实上，借助大数据和人工智能等技术可以更好地帮助国外消费者了解中国,如优兔(Youtube)中国文化博主李子柒产出的文化输出型视频内容。

四、指标融合

指标融合是通过顶层设计、政策指导、标准制定、配套保障的方式,促进文化产业数字化生态系统的构建,其最终目标是在数字文化产业与外界环境相互作用的过程中,实现数字文化产业自我调节、自我适应的生态发展。针对文化产业数字化生态系统中各类评价指标体系缺失的现状,需要分别从内容、消费、企业、业态及治理视角融合构建多维度网状结构的文化产业社会效益和经济效益评价指标体系。具体而言,评价体系的构建遵循科学性、可获取性、完整性和非冗余性的选取原则,并通过经过筛选的三个步骤即海选、初选和理性补充来完成。指标体系海选时,可以综合联合国教科文组织(United Nations Educational, Scientific and Cultural Organization, UNESCO)、中科院、中国传媒大学等国内外机构设计的相关评价指标,从文化生态遗传性、变异性和多样性的角度出发,构建初步的文化产业数字化生态指数。开展具体评价时,需要通过专家的合理判断提出相关性较强的指标,并结合产业特点理性补充被误删、高频的指标,形成最终的评价指标。运用云模型构建文化产业数字化生态指数评价模型,分析文化产业数字化生态的差异水平、关键指标,找出不足并进行指标体系的持续融合优化。以文化消费为例,可以考虑从数量和质量两个维度,通过评估数字文化消费者数量的消费者增量(Increasing)、高价值消费者增量(Highlighting),以及评估数字文化消费者质量的消费者耦合创新率(Coupling)、高价值消费者活跃率(Advancing)这4项指标,来衡量文化消费者的数字化发展程度及其增值效率。

第三章
数字文化产业的内容产品升级研究

第一节 问题的提出

2022年8月16日,中共中央办公厅、国务院办公厅印发了《"十四五"文化发展规划》,提出要推动文化产业高质量发展,推进国有文化企业转型升级。进入新发展阶段,必须进一步发展壮大文化产业,强化文化赋能,充分发挥数字技术在文化产业中的赋能作用(新华网,2022)。不同于传统实物产品,数字文化产业中的产品与数字技术的结合更紧密,可以通过数字技术触达更多消费者,并满足人民日益增长的美好生活需要。例如,消费者可以通过VR技术来参观故宫博物院,并与其他消费者互动以了解更多关于产品的历史文化知识,从而更好地在消费时与文创企业共同创造故宫文创产品的价值。中国特色社会主义的持续发展使得数字文化产业的产品升级成为塑造、促进、充实人民群众文化需求的关键因素。在这一进程中,不断扩大优质文化供给,借助数字技术赋能文化产业产品的迭代升级,旨在为人们提供更加充实、更为丰富、更高质量的精神文化生活。这已经成为当前文化产业数字化产品升级和转型的重要目标。

在数字文化产业生态的构建过程中,生态中的企业作为重要参与者,其产品的升级迭代是生态构建的关键。产品作为连接企业和消费者的重要交换介质,起着为消费者重新定义和创造数字文化体验的重要作用。例如,在文化数字化建设的大背景下,许多具有教育意义的社会公共机构亟须通过数字技术推出全新的VR/AR体验产品以提升消费者对文化产品的体验。随着社会经济形态向体验经济的转型,消费者对精神文化的需求日益增长,催生了文化产业的新兴消费业态。以沉浸式博物馆为例,据《幻境2020中国沉浸产业发展白皮书》统计,

2019年,中国沉浸产业总产值达48.2亿元,2020年在"新冠"疫情大范围波及下,产值仍有60.5亿元,同比增长25%。可见,数字文化生态中内容产品升级对文化企业和消费者均具有重要意义。

我国文化产业生态中产品的数字化升级离不开国家及地方政府相关利好政策的不断出台。据不完全整理(如表3-1所示),中央政府发布的相关顶层设计和产业规划,如《"十四五"文化产业发展规划》中提出"大力发展数字文化贸易,促进艺术品展示交易"的发展战略,打造中国文化独特的国际话语权,加快形成区域性国际市场。在此号召下,地方政策积极响应,推出了多项落地的支持和补贴举措,从而不断推动产业内上下游各环节的完善,为行业带来蝶变。

表3-1　　　　　　　　　　数字文化产业相关政策梳理

级别	时间	名称	重点内容
国家	2021年5月6日	"十四五"文化产业发展规划	支持文化文物单位、景区景点等运用文化资源开发沉浸式体验项目,丰富体验内容,提升创意水平,发展沉浸式演艺、沉浸式展览、沉浸式娱乐体验等业态,鼓励沉浸式体验与城市综合体、公共空间、旅游景区等相结合
	2021年5月22日	关于推进实施国家文化数字化战略的意见	到"十四五"时期末,基本建成文化数字化基础设施和服务平台,形成线上线下融合互动、立体覆盖的文化服务供给体系,如发展数字文化消费新场景,大力发展线上线下一体化、在线在场相结合的数字文化新体验等措施
	2021年5月11日	关于推进博物馆改革发展的指导意见	强化科技支撑:加强对藏品当代价值、世界意义的挖掘和阐发,促进研究成果及时转化为展览、教育资源 优化传播服务:深化博物馆与社区合作,推动博物馆虚拟展览进入城市公共空间,鼓励有条件的博物馆错峰延时开放,服务15分钟城市生活圈
长三角	2019年12月1日	长江三角洲区域一体化发展规划纲要	大力推动服务业跨界发展,在旅游等领域探索跨区域合作新模式,提高文化教育等资源的供给质量和供给效率

第三章　数字文化产业的内容产品升级研究

续 表

级别	时间	名称	重点内容
上海市	2022年6月12日	上海市数字经济发展"十四五"规划	数字内容：鼓励打造具有沉浸式体验、智能交互特征的云展会、沉浸式视频等应用场景，加快打造积极向上的数字IP生态，坚持内容为王，鼓励原创，支持基于新交互体验的新模式，鼓励发展泛娱乐、泛教育等多元业态融合的数字内容产业
	2022年6月13日	2022年度徐汇区文化发展专项资金扶持项目申报指南	以元宇宙等新领域为重点，支持创新型、服务型、流量型文化创意企业和项目，推动与数字经济和互联网紧密结合的文化新业态

本章以数字文化转型创新的典型案例——"物东来"品牌为例，分析中国文化创新企业的内容产品升级路径和逻辑。在现代服务业领域，作为一种形成时间相对较晚、发展要素较新的产业形式，文化创意产业有很强的发展潜力和活力。通过数字化来升级内容产品是文化品牌发展的前提条件，其中具有适应性的数字文化设计是品牌发展的核心，文化设计会让品牌在诸多优质产品中脱颖而出，通过文化与消费者产生情感共鸣来引导消费者的购买行为。品牌建设应拥有根据市场和消费者需求而变化的创新延伸能力，即不断进行文化创新。品牌的建设是动态的，除了自身产品的品质变化因素外，市场变化、社会变化、政治变化都能诱发企业品牌建设的变化，即在产品品质不变的情况下，外界因素的变化会影响消费者对品牌的看法。在这种背景下，掌握品牌建设需求，在现有的战略规划基础上进行文创设计优化，以适应时代发展的要求，适时反映消费者的审美偏好和价值观念，是构建文化产业数字化生态的基础，也是理解文化产业数字化生态的应有之义。

第二节 相关文献回顾

一、数字文化内容产品

数字和互联网技术给文化内容生产带来了三次显著变革。首先，它们使得传统文化内容经历了数字化和网络化的革命,将文化资源转化为数字形式并通过互联网进行传播。其次,在 Web2.0 时代,原创内容繁荣兴盛,推动了 PGC 和 UGC 并存,丰富了文化内容来源。最后,多源头、多形式的文化内容在跨平台、跨网络的创作、交流和合作中蓬勃发展,文化内容的生产方式变得更加多元化。总结以上分析,数字文化生产指的是在网络经济和数字技术环境下,各利益相关方利用文化资源进行文化产品或服务的生产活动。这个定义包含了三个关键要点:第一,文化生产的主体不再局限于特定的文化从业者或特定群体,而是包括了每个人,任何人都有机会参与文化生产。第二,数字经济和数字技术环境为网络生产和数字文化产业的发展提供了背景支持,网络经济的崛起为数字文化生产提供了盈利机会,数字技术环境为数字文化生产提供了必要的技术支持。第三,数字文化生产的结果是文化产品或服务,这已成为当前文化产业发展的重要组成部分,如网络文学、网络音视频等。互联网的广泛应用大大扩展了长尾效应在文化内容生产、推广和消费中的适用性。虽然某些类型的文化内容仍需要进行大规模的大众化生产,但越来越多的文化内容产品生产企业更加关注品牌升级,以满足大众对数字文化内容产品不断提高的要求(王爽,2020)。

相比传统产品,文化内容产品更注重"内容",即更加强调在文化产品生产过程中投入的创意和构思等无形商品(戴和忠,2014)。所有社会劳动产品都包括精神内容和物质形式,在数字文化内容产品的生产过程中,物质载体起到了将创意具体化的关键作用。所以,戴和忠(2014)认为,内容的创造是数字内容产品的核心,创造力是区分信息和内容的具体指标,也是产品能够商业化的关键。例如,一串无意义的随机生成数字只能被称为信息,而圆周率则凝聚了人类的创造力,属于内容的范畴。若将无意义的随机生成数字出版为电子书,则不能称之为文化内容产品;而将圆周率出版成书,则可称之为文化内容产品。王萌等(2009)强调数字文化内容产品以创意为核心,以互联网等通信技术为载体,它们是精神产品。这一定义突出了思想性内容和物质形式两个要素。思想性内容不具有实体性,如创意、构思、概念和想法等,当这种思想性内容被载体承载时,就会变为数字内容产品。在这种生产过程中,投入的要素是创意和技术,产出的形态则是承载思想性内容的具体体验型产品。也有学者将数字文化内容产品的范围扩大。例如,罗戎和周庆山(2015)认为数字文化内容产品的范围非常广泛,包括移动内容、动画、游戏、影视、数字出版、数字创作、数字馆藏、数字广告、互联网、信息服务、咨询、中介、数字化教育、内容软件等领域。在营销学中,Kannan

等(2009)抓住数字文化内容产品的营销特征,指出数字文化内容产品的特点之一是可替代性较强,并且可以进行部分产品的预览(Provision of Samples),使得消费者可以利用这部分免费样品来替代完全产品,从而导致产品的解体效应(Cannibalization)。他们在研究中使用了国家学术出版社的数字图书产品作为研究范例进行证明。

从发展的角度来看,Dawson(2002)的研究提出,数字文化产业是信息技术发展的高级阶段,信息技术发展将进入数字内容发展的新时代。数字文化内容产品具有传统的信息产品和数字产品的基本特征,即数字文化内容产品以非物质为载体,占用空间较小,包含信息量较大,功能丰富。但数字文化内容产品存在区别于信息产品和数字产品的特点(戴和忠,2014),尤其是电子内容产品,其极度依赖网络,所以消费者面临更大的不确定性,产品生产端也面临更激烈的竞争。随着"数字中国"等概念的提出,我国把数字文化产业当成未来经济发展的牵动力和突破点。综合来看,"数字内容产品"这一术语的含义相对于其他名词更加强调"数字"和"内容",相关分析着重于探讨数字内容产品与传统物理产品或者其他网络产品的区别;此外,本书考量了数字文化内容产品对经济、社会和环境等多方面的影响。

二、艺术衍生品

艺术衍生品是指由艺术作品衍生出的产品,它们具备一定的艺术附加价值。艺术衍生品的出现打破了传统艺术作品价格高昂和独一无二性的局限,为艺术的发展提供了更广阔的空间,也丰富了一般大众的生活。近年来,艺术衍生品市场迅速崛起,成为中国艺术品市场不可或缺的一部分,并且使中国成为全球最大的艺术品市场之一。这个市场的崛起对提升中国在全球艺术衍生品产业中的地位具有重要意义。目前,全球艺术衍生品产业正在经历一轮全面的产业链重塑,在中国,消费结构正在快速转型,文化消费尤其是艺术衍生品及相关服务的消费正在快速增长。国务院和相关部门出台了一系列关于文化产业的政策,涵盖了设计服务、特色文化产业、文化金融、文化科技等领域。这些政策将直接促进艺术衍生品产业的发展,为其提供有力支持。此外,中国具有强大的制造能力和丰富的民族文化艺术资源,这为中国的艺术衍生品产业提供了独特的战略机遇和资源平台。中国的制造能力可以支持艺术衍生品的生产和制作,丰富的文化艺术资源为艺术衍生品的创意和设计提供了源源不断的灵感(刘广,2018)。

近年来,艺术衍生品市场呈现多元化的发展趋势。这包括人文类艺术衍生品,如主题展览和主题沙龙;发行类艺术衍生品,如邮票和邮币;穿戴用品类艺术衍生品,如服装、披肩和丝巾;生活用品类艺术衍生品,如瓷器和茶具;纪念品类艺术衍生品,如明信片、挂件、书签和扇子(刘广,2018)。多元的艺术衍生品丰富了人们的生活,使艺术更加贴近大众。为了确保艺术衍生品真正深入人心,融入广大民众的日常生活,需要从多个方面着手。首先是创意的重要性。尽管艺术衍生品的数量持续增加,但高品质的精品相对较少,艺术表现形式较为单一、缺乏创意。其次是价格应该具备亲民性。艺术衍生品应被视为艺术消费品,价格应合理,以让更多人买得起。最后是实用性。艺术衍生品不仅应该具备艺术性,而且应该具备一定的实用性,以满足人们的日常需求。

三、数字艺术品的概念和分类

数字艺术品的概念由中国上海浦东文化自贸数艺提出,并总结了以下四个品类:数字藏品(Non-Fungible Token,NFT)、非同质化权益(Non-Fungible Rights,NFR)、原生数字艺术品和群组数字艺术品(Non-Fungible Art,NFA)(如表 3-2 所示)。

表 3-2　　　　　　　　　　数字艺术品品类及特点

品　　类	权　　利	特　　点
原生数字艺术品	数字资产 13 项著作权(复制权、发行权、出租权、展览权、表演权、放映权、广播权、信息网络传播权、摄制权、改编权、翻译权、汇编权及应当由著作权人享有的其他权利)(可商用)	数字绘画、多媒体艺术、影像艺术等
群组数字艺术品		依据人工智能算法产生相同主题下不同风格、拥有专属编号、独一无二的 NFA
非同质化权益	物权的拥有权及部分著作权(若有)	通过数字孪生,铸造生成非同质化权益数字凭证,数字凭证不是实际资产,只是代表实际资产的拥有权
数字藏品	3 项著作权(复制权、信息网络传播权、展览权)(非商用)	数字艺术品的限量衍生品,一般生产多份

原生数字艺术品和群组数字艺术品统称 NFA，即非同质化艺术/数字艺术品，其主要形式是虚实交互的，拥有者可以进行收藏、投资，或者应用于各类商业场合。NFA 的作品版数具有唯一性，拥有者是拥有其全部所有权，并且受到艺术品拍卖监管，有较强的法律保障，拥有数字资产价值"锚定物"，不易发生资产泡沫。

非同质化权益的主要形式是以虚助实，投资属性较强，作品版数不明确，国内并未禁止二次交易。由于其性质是数字凭证，因此其拥有部分版权，相关的监管制度较完善，也有相应的法律保障。

数字藏品为非同质化代币/虚拟货币，其主要形式是脱实向虚，金融属性较强，作品版权数为开放式，但在国内禁止二次交易。到目前为止，由于没有实体，国内对此还没有相关监管制度和法律保障，因此不可商用。

第三节 数字艺术品购买行为驱动机制

一、研究目的

近几年随着区块链和元宇宙的概念在国内迅速扩散，人们的生活和工作方式由线下逐渐转为线上，对艺术品的投资、收藏需求也渐渐向线上转移，数字文化产业由此大放异彩。例如，2021 年 NFT 头像在海外强势出圈，时尚界和艺术界的各类明星、艺术家纷纷涉足，名人效应推动了普通人的入圈，NFT 强势崛起。在 NFT 头像系列中，鼻祖当属加密朋克（CryptoPunks），加密朋克是一种 24×24 像素的数字艺术图像，由算法生成，总量为 10 000 个，每个都在以太坊链上记录，且保证独一无二。加密朋克早期上线时可以免费领取，现在只能通过市场购买，从官网了解到目前最低价格是 43 以太币，最高价达到 4 434 以太币，超过 1 300 万美元。

数字艺术品是文化与科技融合后产生的新型数字文化产品，随着此类数字藏品交易范围和金额的不断扩大，其商品属性和金融属性越来越强。支付宝、微博等各类平台纷纷推出自己的数字艺术品。消费者逐渐将数字艺术品和传统艺术品相提并论，注重数字艺术品的价值。消费者通过购买、收藏、交易数字艺术品可以满足其艺术欣赏、文化认同、愉悦精神、社交炫耀以及投资等需求。相应地，新兴事物的兴起必然伴随一些问题的出现，其具体表现为交易对象的身份认证是否可查、交易货币背后的经济利益是否合理、平台是否合规合法,以及是否有相应的法律监管等。为了更好地探究消费者对"物东来"的购买受到什么因素驱动,本章拟深入探究数字艺术品的市场需求,找出各类因素,并分析其与达成购买之间的关系,最终探索出适合数字艺术品商业化的途径。

二、研究模型

基于对研究文献的整理,结合技术接受模型(专门用来描述使用者对特定信息系统接受情况的经典模型,解释各种可能影响用户对新系统接受情况的因素,了解外部因素对使用者的主观态度、行为动机、使用习惯等方面的影响)和价值接受模型(基于消费者对感知价值的定义,专门用于对移动互联网使用行为的研究),同时涵盖数字艺术品 NFA 的新性质,本章形成以"投资性""收藏性""应用性"为前因变量,以"感知价值"为中介变量,以"合规性""风险性"为调节变量,以"达成购买"为因变量的数字艺术品购买影响因素模型,如图 3-1 所示。

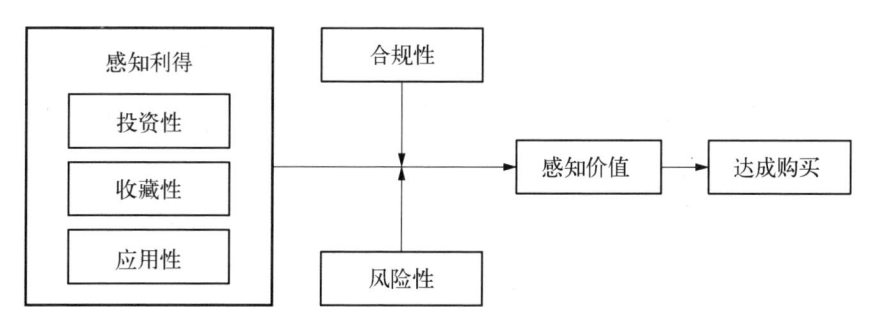

图 3-1 消费者购买数字艺术品影响因素模型

三、研究假设

(一) 感知利得对感知价值的影响

数字艺术品不仅是普通消费品,而且是具有一定金融属性的商品。投资性与感知价值是金融投资中两个重要的概念,它们之间存在一定的关系。投资性是指资产或投资品的投资回报潜力和风险特征,是投资决策的重要考虑因素。投资性的提高会增加投资品的价值,从而提高其感知价值。例如,在股票投资中,一家公司的盈利能力、成长潜力和估值水平等都是影响其股票价值的关键因素,这些因素的提高会增加股票的投资性和感知价值。因此,本章提出以下研究假设:

H1：投资性正向影响感知价值。

收藏性是指消费者在购买某个产品或服务时,基于产品或服务的特定属性或形象而选择将其保留或展示给他人的行为。艺术品的收藏性对感知价值的影响是非常显著的,因为艺术品本身就具有一定的独特性和艺术价值,收藏性又可以进一步提高其感知价值,传统的艺术品就有这样的特征,具体表现如下:

第一,收藏性提高艺术品的价值。艺术品的收藏性是其价值的一部分,可以提高其艺术价值和市场价值。当某个艺术品被收藏起来,尤其是被知名的收藏家或机构收藏,就会对其价值产生积极影响,从而提高其感知价值。

第二,收藏性增加消费者的参与感和归属感。艺术品的收藏性可以增加消费者的参与感和归属感,使消费者更加愿意购买和收藏该艺术品。当消费者拥有某个艺术品,并将其收藏起来或展示给他人时,会产生一种自豪感和归属感,从而提高其对该艺术品的感知价值。

第三,收藏性提高消费者的满意度和忠诚度。当消费者将某个艺术品收藏起来或展示给他人时,会对该艺术品产生一定的情感联系和认同感,从而提高其对该艺术品的满意度和忠诚度。因此,本章提出以下研究假设:

H2：收藏性正向影响感知价值。

应用性是指产品或服务的功能特点及其对消费者实际需求的满足程度,直接关系到消费者购买此产品或服务的后续价值。该产品或服务的可应用性或者可商用性越强,消费者会认为该产品或服务的价值越高。相应地,应用性决定了产品或服务的使用体验和满意度,从而直接影响其感知价值。当产品或服务能够很好地满足消费者的需求,提供良好的使用体验和满意度时,消费者会更加愿意使用和推荐该产品或服务,从而提高其感知价值。因此,本章提出以下研究假设:

H3：应用性正向影响感知价值。

(二) 合规性、风险性在感知利得与感知价值之间的调节作用

在一件新型产品或一个新型产业兴起时,只有少数内行以及投机者会积极尝试,直到盘子越做越大,相关监管逐步跟上,此时有了相关法律法规的保护,更多的投资者或者收藏家便会进入相关市场。相关保障越完善,崩盘的可能性越小,价值越不会流失。因此,本章提出以下研究假设:

H4：合规性在感知利得与感知价值之间起正向调节作用。

我们在投资性对感知价值的影响中提到,数字艺术品不只是普通商品,它作为投资品就一定存在风险,投资风险是产品在买卖过程所产生的不稳定因素(古明秋,2023)。市场发展处在不断变化中,数字艺术品市场尚处于不太大众、不太稳定的状态,市场发展也属于未知的范畴,一部分风险和产品的收益之间是否存在关系很难进行科学的预测。因此,本章提出以下研究假设:

H5:风险性在感知利得与感知价值之间起正向调节作用。

(三)感知价值对达成购买的影响

感知价值和达成购买之间存在着密切的关系。感知价值是指消费者对产品或服务的感受和认知,达成购买则是指实际购买行为。感知价值在消费者决定购买前起到关键作用。消费者通常会在购买前通过各种途径来了解和评估产品或服务的感知价值。如果他们对产品或服务的感知价值印象深刻,就可能选择购买。因此,本章提出以下研究假设:

H6:感知价值正向影响达成购买。

四、问卷与数据

(一)问卷设计

本问卷基于模型和相应变量,分为以下两个部分:

第一部分为填写者的基本信息,包括性别、年龄、学历、职业、年收入;是否了解数字艺术品;是否购买过数字艺术品,如果购买过,大多用于什么方面。

第二部分为变量测量,为了便于调研的开展和数据的后续分析,需要明确本次研究所涉及的各类变量的操作定义。结合对资深人士的访谈和文献的阅读梳理,本研究模型中各类变量的操作定义如下:

投资性:某产品的购买目的不仅是使用和消费,而且包括投资和资产保值增值。本研究中的投资性是指数字艺术品是否具有升值的空间,以及相较于其他投资品,是否有一席之地。

收藏性:某物品因其稀有、珍贵而被人们收藏,使人们获得自豪感及归属感。本研究中的收藏性是指数字艺术品作为一种区别于传统艺术品的新形式的艺术品,在消费者心中是否具有一定的收藏价值。

应用性:某个产品的功能特点及其对消费者实际需求的满足程度直接影响

消费者的满意度。本研究中的应用性是指数字艺术品的可应用程度或者可商用范围,这与之前的传统文化产品有较大的区别。

合规性:某行为是否有成熟的法律法规等条款或者相关部门的监管。本研究中的合规性是指数字艺术品拍卖有一定成熟的国家法律保障和相关监管,使得这一行为合规。

风险性:某项决策的不确定性,并且这种不确定性会带来损失。本研究中的风险性是指数字艺术品作为一种新型的数字资产,在市场不确定的情况下,会产生资产泡沫,导致消费者的利益流失。

感知价值:消费者购买某产品前的价值评估,这种评估主要为自身的付出与回报的比较。本研究中的感知价值是指购买数字艺术品的后续价值超出前期付出的本金。

达成购买:消费者对某商品评估后,达成交易。本研究中的达成购买即消费者愿意购买数字艺术品。

此部分采用李克特(Likert)五点式的问答方法,研究变量的测量试题如表3-3所示。

表3-3　　　　　　　　　数字艺术品测量试题

变量名称	测量试题
投资性	您认为数字艺术品更具有创新性
	您认为数字艺术品更具有前瞻性
	您认为数字艺术品可作为长期投资
	有投资需要时,您会考虑数字艺术品
	有投资需要时,您会优先考虑数字艺术品
收藏性	您认为数字艺术品更便于收藏和展示
	您认为数字艺术品能更好地展现艺术品的艺术属性和文化属性
	您认为数字艺术品有收藏价值
	您认为数字艺术品比其他艺术品更有收藏价值

续 表

变量名称	测 量 试 题
应用性	您认为数字艺术品比其他艺术品更容易获取/交易
	您认为数字艺术品更具有可玩性/娱乐性
	需要时,您会考虑将数字艺术品用于商用
	需要时,您会优先考虑将数字艺术品用于商用
合规性	现有拍卖法、著作权法下,您认为数字艺术品交易是合规的
	若有相关行规、法规出现,您就更愿意接受数字艺术品
风险性	您认为数字艺术品价格是合理的
	您认为数字艺术品交易是比较透明的
	您认为数字艺术品比数字藏品更安全
	您认为数字艺术品比普通艺术品更安全
感知价值	您认为数字艺术品是有价值的
	您愿意花更多时间了解数字艺术品
	您愿意参加数字艺术品拍卖等活动
	您认为数字艺术品将来会成为主流艺术品
达成购买	当有购买艺术品或相关需求时,您愿意购买数字艺术品
	您会推荐别人购买数字藏品

(二) 数据收集

本调查采取网络问卷(借助国内典型网上数据收集网站 Credemo)的形式,通过微信、朋友扩散,收集了 307 份问卷,根据有关准则对回收的问卷进行筛选:超过 10% 的题目没有作答的被剔除,有连续 10 题都为一个答案的被剔除,在填写问卷时所花费的时间非常短的也被剔除。通过剔除无效数据,得到的有效问卷为 288 份,有效问卷回收率是 93.81%。表 3-4 为被调查人员的基本信息。

表 3-4　　　　　　　　　人口统计特征描述性分析

变　量	属　性	频　数	百分比
性别	男	124	43.06%
	女	164	56.94%
年龄	20 岁以下	5	1.74%
	20～30 岁	133	46.18%
	30～40 岁	126	43.75%
	40～50 岁	22	7.64%
	50 岁以上	2	0.69%
学历	高中及以下	3	1.04%
	专科	19	6.60%
	本科	150	52.08%
	硕士	111	38.54%
	博士及以上	5	1.74%
职业分布	学生	48	16.67%
	自由职业者	26	9.03%
	企业基层	87	30.21%
	企业中层	78	27.08%
	企业高管	24	8.33%
	体制内	20	6.94%
	艺术相关	5	1.74%
年收入	10 万元以下	64	22.22%
	10 元～20 万元	85	29.51%
	20 元～50 万元	107	37.15%
	50 元～100 万元	26	9.03%
	100 万元以上	6	2.08%

五、数据分析与结果

(一) 描述性分析

为检验问卷调查所获数据的分布情况是否合理,现对本研究的主要变量,即前因变量——感知利得(投资性、收藏性、应用性),调节变量——合规性和风险性,中介变量——感知价值,因变量——达成购买,进行描述性统计分析(如表3-5所示)。

表3-5　　　　　　　　变量描述性统计分析

变量	个案数	最小值	最大值	均值	标准差
投资性	288	1	5	3.313	1.015
收藏性	288	1	5	3.341	1.040
应用性	288	1	5	3.566	0.916
合规性	288	1	5	3.622	0.941
风险性	288	1	5	3.256	1.039
感知价值	288	1	5	3.361	1.035
达成购买	288	1	5	3.245	1.180

从表3-5所获得的统计结果可知,量表采用的是五点计分,分值从1到5,中位数是3,获得的平均值均在3以上,说明调查对象能够为本章的分析提供数据参考。

(二) 信度分析

根据国内外多数学者的观点,克隆巴赫α系数(Cronbach's Alpha)一般不应低于0.6。若克隆巴赫α系数高于0.8,就意味着量表具有非常高的内部一致性和可信度,表明问题项之间的相关性非常强,量表可以稳定地测量所涵盖的概念。具体结果如表3-6所示。

表 3-6　　　　　　　　　　变量量表信度分析

变　　量	题　项　数	克隆巴赫 α 系数
投资性	5	0.896
收藏性	4	0.864
应用性	4	0.805
合规性	3	0.812
风险性	4	0.866
感知价值	4	0.878
达成购买	2	0.811

从表 3-6 可以看出,通过对数字艺术品各变量量表的信度进行分析可知,该量表的整体和不同变量的克隆巴赫 α 系数都在 0.8 以上,因此数字艺术品量表的信度较好。

(三) 效度分析

通常,我们使用因子分析方法来评估量表的建构效度,这一过程通常包括巴特利特(Bartlett)球形检验和 KMO 检验[①]两种方法。对于 KMO 检验,其结果值位于 0.6 以下意味着不太适合进行因子分析,0.6～0.7 表示一般适合,0.7～0.8 表示适合程度中等,0.8～0.9 表示相当适合,0.9～1 则说明非常适合用于因子分析。Bartlett 球形检验的显著性在 0.05 以下说明可以做因子分析。本章探究的变量关系是在理论层面上推出的,设置的变量量表都是已经被广泛使用的权威性量表,在量表形成的阶段经过专家的探讨以及意见的征询,所以问卷的内容效度有一定的保障。本章先对变量进行了 KMO 分析,结果显示:数字艺术品分析变量 KMO 值为 0.966,处于 0.9～1,Bartlett 球形检验显著性概率都是 0.000,这个数值在临界值 0.05 以下,可知问卷效度是满足要求的,也表明因子之间的相关性良好,非常适合做因子分析。

此外,公因子方差是指每一个变量都可以用公因子表示,其大小就是公因子

---

① KMO(Kaiser-Meyer-Olkin)检验统计量是用于比较变量间简单相关系数和偏相关系数的指标。

方差表中的提取值,提取值越大说明变量被公因子表达得越好,一般大于 0.5 就可以被表达,大于 0.7 说明变量可以被公因子更好地表达。本章对变量进行了公因子方差分析,结果显示:数字艺术品分析变量的公因子提取值均在 0.5 以上,部分变量的公因子提取值在 0.7 以上,表明此问卷的效度较为合理。

(四) 回归分析

表 3-7 中,t 检验的显著性水平均为 0.000(<0.05),说明本次回归方程的系数是显著的,具有统计学意义。消费者的性别、年龄、学历、职业、年收入并不会对感知价值造成混杂干扰,本章将不考虑人口学变量对消费者购买意愿的影响。因此可以得出:假设 H1、H2、H3 均成立。

表 3-7　　　　　　　　　感知价值对感知利得的回归结果

模　　型		未标化系数	标准错误	标化系数	t	显著性
1	(常量)	−0.048	0.119		−0.404	0.686
	投资性	0.262	0.057	0.256	4.554	.000
	收藏性	0.431	0.060	0.433	7.192	.000
	应用性	0.309	0.045	0.274	6.893	.000

表 3-8 中,t 检验的显著性水平均为 0.000(<0.05),说明本次回归方程的系数是显著的,具有统计学意义。因此可以得出:假设 H6 成立。

表 3-8　　　　　　　　　达成购买对感知价值的回归结果

模　　型		未标化系数	标准错误	标化系数	t	显著性
1	(常量)	−0.111	0.114		−0.968	0.334
	感知价值	0.998	0.032	0.876	30.733	.000

(五) 中介效应分析

为了进一步验证中介效应,本章对中介效应进行了分类,包括部分中介效应和完全中介效应。当引入中介变量后,如果因变量与自变量之间仍然存在非常显著的相关性,就可以认为存在部分中介效应;相反,如果因变量和自变量之间不再具有明显的相关性,中介变量的影响就可以被视为完全中介效应。

从表3-9和表3-10可以看出,投资性直接效应的置信区间为(0.175,0.390),投资性间接效应的置信区间为(0.531,0.743),收藏性直接效应的置信区间为(0.189,0.420),收藏性间接效应的置信区间为(0.492,0.763),应用性直接效应的置信区间为(0.056,0.271),应用性间接效应的置信区间为(0.633,0.882),均在同侧,说明效应均显著,并说明了中介变量的影响是部分中介效应。

表3-9　　　　　　　　　感知利得对达成购买的直接效应

变量	$Effect$	se	t	p	$LLCI$	$ULCI$	c'_cs
投资性	0.282	0.054	5.193	0.000	0.175	0.390	0.243
收藏性	0.304	0.059	5.187	0.000	0.189	0.420	0.268
应用性	0.163	0.055	2.987	0.003	0.056	0.271	0.127

表3-10　　　　　　　　　感知利得对达成购买的间接效应

变量	$Effect$	$BootSE$	$BootLLCI$	$BootULCI$
投资性/感知价值	0.641	0.053	0.531	0.743
收藏性/感知价值	0.624	0.070	0.492	0.763
应用性/感知价值	0.754	0.064	0.633	0.882

(六) 调节效应分析

进一步对合规性、风险性的调节效应进行验证,先对数据进行中心化处理,基于此解决共线性问题,再通过多元回归分析检验。本章检验的过程中,保持合规性、风险性为调节变量,依次将投资性、收藏性、应用性放入自变量中进行回归,通过p值与0.05的大小比较来判断调节效果是否显著。分析结果如表3-11至表3-13所示。

表 3-11　　合规性、风险性对投资性的调节

变量	R^2-chng	F	df1	df2	p
X*W	0.004	4.696	1	282	0.031
X*Z	0.002	2.012	1	282	0.047
BOTH	0.002	1.093	2	282	0.037

表 3-12　　合规性、风险性对收藏性的调节

变量	R^2-chng	F	df1	df2	p
X*W	0.001	1.319	1	282	0.252
X*Z	0.001	0.835	1	282	0.361
BOTH	0.001	0.66	2	282	0.518

表 3-13　　合规性、风险性对应用性的调节

变量	R^2-chng	F	df1	df2	p
X*W	0.011	9.538	1	282	0.002
X*Z	0.006	4.918	1	282	0.027
BOTH	0.011	4.771	2	282	0.009

分析发现,合规性和风险性对投资性和应用性的显著性 p 值均小于 0.05,可以看出,合规性和风险性对投资性和应用性的调节效应都是显著的,但在对收藏性方面,显著性 p 值大于 0.05,表明调节效应并不显著。如此说明,购买者如果更加注重数字艺术品的投资性和应用性,那么合规性、风险性的影响就更加重要,因为这可以评估一项投资或应用是否值得去做;但对收藏性来说,这些因素就没那么重要了,因为购买者通常更注重产品的美学和历史价值,而不是投资回报或实际应用效益。

六、主要发现

根据对模型的实证分析,以数字艺术品为例,可以得出数字艺术品的感知利

得(投资性、收藏性、应用性)均正向影响感知价值,感知价值进而正向影响达成购买。合规性、风险性(低)在感知利得与感知价值之间起到部分正向调节作用,在收藏性方面的调节作用则不太显著。

数字艺术品的感知利得(投资性、收藏性、应用性)让消费者感受到价值,进一步达成购买。感知价值在其中的中介作用是不言而喻的,无论购买什么产品或者服务,首先都是全方位分析利弊,当有利可图或者能感受到利得时,消费者就会自愿买单。合规性和风险性(低)产生部分调节作用的原因可能是收藏价值主要基于个人审美以及精神层面的富足,与艺术品本身的投资价值、商业价值关系不大。但是艺术品的各类价值是不会独立存在的,一个数字艺术品必然集聚投资性、收藏性、应用性,人们对一个数字艺术品的价值感知和价值期望也是多方面的,因此,合规性和风险性(低)必然起着不可缺少的调节作用。

数字艺术品有别于以往消费者对数字藏品的刻板印象,其投资性、收藏性、应用性有了大幅度的提升。通过实证分析证明,这些影响因素尤为重要,应该通过各种方法和渠道让消费者感知到这样的变化。

数字艺术品的投资性:第一,作品价值的升值潜力。近年来数字艺术品市场在不断发展,一些知名数字艺术家的作品的价格也在不断攀升,这使得数字艺术品成为一种新的投资品。一些投资者购买数字艺术品,期望未来获得更高的价值。第二,艺术家的声誉和影响力。像其他艺术品一样,数字艺术品的价值与艺术家的声誉和影响力有关。一些知名数字艺术家的作品被广泛认可和赞赏,这使得他们的作品价格更高。第三,稀缺性。数字艺术品的稀缺性是其投资价值的重要因素之一。鉴于数字艺术品的技术特性,每件数字艺术品都是独一无二的,这使得数字艺术品具有稀缺性和独特性,从而增加了其投资价值。

数字艺术品的收藏性:第一,独特性和历史价值。数字艺术品作为一种全新的艺术品形式,具有独特性和历史价值,可以更好地展现历史文化。一些数字艺术家的作品在数字艺术品收藏市场上备受追捧,一些数字艺术品也成为收藏家的心头好。第二,艺术品的审美价值。数字艺术品作为一种新的艺术品形式,具有新颖的审美价值和艺术魅力,这是数字艺术品受欢迎的原因之一。第三,投资价值。数字艺术品的投资价值也是其收藏价值的重要组成部分。一些收藏家购买数字艺术品,期望未来获得更高的价值,从而获得经济上的利益。

数字艺术品的应用性在新型数字艺术品权利方面有了更多的发展空间,包括复制权、发行权、出租权、展览权、表演权、放映权、广播权、信息网络传播权、摄制权、改编权、翻译权、汇编权等，以及其他应由著作权人享有的权利。这些权利的增多为数字艺术品的广泛应用提供了机会，从而提升了消费者在后续使用过程中的体验。

第四节 数字艺术品平台品牌定位的消费者调查

在上一节中，我们研究了消费者对数字艺术品达成购买的影响因素。基于上述研究结论，为了设计符合消费者购买动机的响应营销战略，我们以中国具有代表性的数字艺术品平台——"物东来"数字平台为研究对象，在前述消费者数字艺术品购买内在驱动机制研究的基础上，拟设计一个独特且富有艺术感的品牌标识，并确定品牌的视觉、产品和理念等要素。这些体验要素应与品牌的核心价值和目标受众相匹配。有必要通过强调品牌文化元素的方式进行尝试，即在产品设计中融入具有文化特征的元素，让消费者能够直观地感受到产品所蕴含的文化。例如，在产品包装上印上古代的文字、图案，或者在产品命名中加入与文化相关的词汇，都能够让消费者感受到品牌所传达的文化信息。此外，在产品设计中使用艺术语言，让消费者能够感受到品牌所传达的艺术氛围；再通过与消费者的情感共鸣，让消费者能够感受到品牌所传达的情感内涵。

"物东来"要在品牌建设初期让一个不懂文创产品的普通消费者认为该品牌是艺术的、文创的，首先就要了解对普通消费者来说，什么是符合他们心目中的文创品牌形象的特征因素。本节拟检验"物东来"的试验模型——文创特征元素→消费者的内在意义驱动或外观设计驱动→购买意愿，分析不同的文创特征因素对消费者购买意愿的作用机制，其理论意义主要体现文化特征因素、消费者购买意愿和产品特征之间的关系。本节设计这样一个统计模型来研究这个问题，并达到以下两个目的：

目的1：本调研问卷通过收集普通消费者心目中对文创消费类品牌的特定感知因素（如博物馆、咖啡、图书、地域文化、戏剧、国潮等）和消费者购买意愿度的数据集，建立特定感知因素与文创类产品购买意愿的定量关系，以预测文创消费类市场趋势及文创消费类品牌战略方向，为如何让一般消费者在想到文创产品品牌的时候第一时间想到"物东来"提供品牌形象调整策略的理论依据。

目的2：通过收集问卷中普通消费者在第一次听到"物东来"这个品牌名称后的联想和感觉来分析和制作"物东来"的品牌概念图，从而为"物东来"文创品牌延伸提供理论支持。

一、消费者问卷调查

根据本次收集的 263 份问卷统计分析,发现女性消费者占 57.63%,消费者年龄在 40 岁以下的消费者占 81.92%,基本与天猫店后台数据吻合。在学历方面,问卷对象中本科及以上学历者占 85.44%,以公司/企业职员为主。月收入超过 2 万元的占 31.16%,8 000～12 000 元的约占 34.23%,8 000 元以下的约占 34.61%,比较均衡地反映了各个收入段消费者的真实购买意愿(如表 3-14 所示)。

表 3-14　　　　　　　　　　问卷变量说明

数据分类		变量名	描述及含义	问卷题号
连续型	定量	文创品牌文化属性认同度得分	每位用户对文化属性描述的认同数量之和	题 5.1
	定量	文创消费特征认同度得分	每位用户对文创消费特征描述的认同度得分之和	题 7
	定量	认知文创品牌数量得分	每位用户了解文创品牌的数量之和	题 9
分类型	定性	性别分类	用户性别:1. 男;2. 女	题 1
	定性	职业分类	用户职业:1. 学术;2. 公司/企业职员;3. 政府机关/事业单位职员;4. 家庭主妇;5. 农民;6. 军人;7. 私营业主/个体户;8. 离退休人员;9. 自由职业者;10. 其他	题 2
	定性	有无购买历史	用户是否购买过文创产品:1. 是;2. 无	题 3
	定性	购买渠道分类	用户从什么渠道购买文创产品:1. 实体店;2. 微信、抖音等自媒体;3. 天猫等电商平台;4. 其他	题 4
	定性	品牌属性分类	1. 博物馆相关;2. 书店周边;3. 古典建筑相关;4. 国潮相关;5. 地域风俗;6. 民族服饰;7. 音乐周边;8. 歌剧/话剧周边;9. 咖啡相关;10. 地理天文;11. 花草园艺;12. 萌宠风格;13. 日式风格;14. 动漫周边;15. 游戏周边;16. 潮玩相关;17. 网红打卡;18. 伴手礼相关;19. 祈福类相关;20. 摄影摄像相关;21. 娱乐周边;22. 美食周边	题 5.1

续表

数据分类	变量名	描述及含义	问卷题号
分类型	定性	品牌属性下的期望消费金额分类	分为4档：20元以内，200元以内，500元以内，500元以上。1.有选择；2.未选择	题5.2
	定性	品牌属性下的购买动机分类	1.看重意义；2.看重设计形象	题6
	定性	文创消费特征分类	1.非常不同意；2.不同意；3.一般；4.比较同意；5.非常同意	题7
	定性	购买预算区间	1.20元以内；2.100元以内；3.200元以内；4.300元以内；5.400元以内；6.500元以内；7.500元以上	题8
	定性	认知品牌分类	1.泡泡玛特；2.杂物社；3.国博/故宫博物院；4.得物；5.museum&more；6.葱葱商店；7.niko and …；8.物东来；9.其他	题9
	定性	对"物东来"的品牌印象分类	1.国潮品牌；2.杂物市集；3.日系风；4.文艺范；5.潮玩	题10
	定性	用户性格分类	1.外向型；2.内向型；3.外向/内向不稳定型	题11
	定性	用户文化程度	1.初中及以下；2.高中/中专；3.大专/本科；4.硕士及以上	题12
	定性	用户年龄段层级	1.18～25岁；2.26～30岁；3.31～40岁；4.41～50岁；5.51岁以上	题13
	定性	用户月收入层级	1.3 000元以下；2.3 001至8 000元；3.8 001至12 000元；4.12 001至20 000元；5.20 000至30 000元；6.30 000元以上	题14

根据问卷调研的结果，博物馆相关和国潮相关的文化特征因素占据主流地位，地域风俗、音乐周边和咖啡相关也是消费者更倾向的文化特征因素。这表明，消费者在选择文创产品时不仅注重其文化内涵和设计感，而且注重与生活场景相关的文化因素。从各个特征因素的消费意愿度来看，基本消费意愿在200元以内。这表明，在文创产品市场中，消费者对产品的价格有一定的心理预

期,这也反映了文创产品的成本和价格竞争的激烈程度。具体如表 3-15、图 3-2 至图 3-4 所示。

表 3-15　　　　　　　　　期　望　频　数

特征因素	20 元以内	200 元以内	500 元以内	500 元以上	总　和
博物馆相关	24.49	49.70	23.28	16.53	114.00
国潮相关	19.98	40.55	18.99	13.48	93.00
音乐周边	17.83	36.19	16.95	12.03	83.00
咖啡相关	16.11	32.70	15.32	10.87	75.00
地域风俗	16.97	34.44	16.13	11.45	78.99
古典建筑相关	16.54	33.57	15.73	11.16	77.00
歌剧/话剧周边	18.69	37.93	17.77	12.61	87.00
书店周边	12.03	24.41	11.44	8.12	56.00
民族服饰	18.26	37.06	17.36	12.32	85.00
地理天文	9.67	19.62	9.19	6.52	45.00
动漫周边	4.51	9.16	4.29	3.04	21.00
花草园艺	4.51	9.16	4.29	3.04	21.00
伴手礼相关	3.01	6.10	2.86	2.03	14.00
萌宠风格	3.22	6.54	3.06	2.17	14.99
潮玩相关	2.79	5.67	2.66	1.88	13.00
祈福类相关	3.22	6.54	3.06	2.17	14.99
游戏周边	2.36	4.80	2.25	1.59	11.00
美食周边	2.36	4.80	2.25	1.59	11.00
日式风格	1.72	3.49	1.63	1.16	8.00
摄影摄像相关	2.15	4.36	2.04	1.45	10.00
娱乐周边	1.50	3.05	1.43	1.01	6.99
网红打卡	1.07	2.18	1.02	0.72	4.99
总　和	202.99	412.02	193.00	136.94	944.95

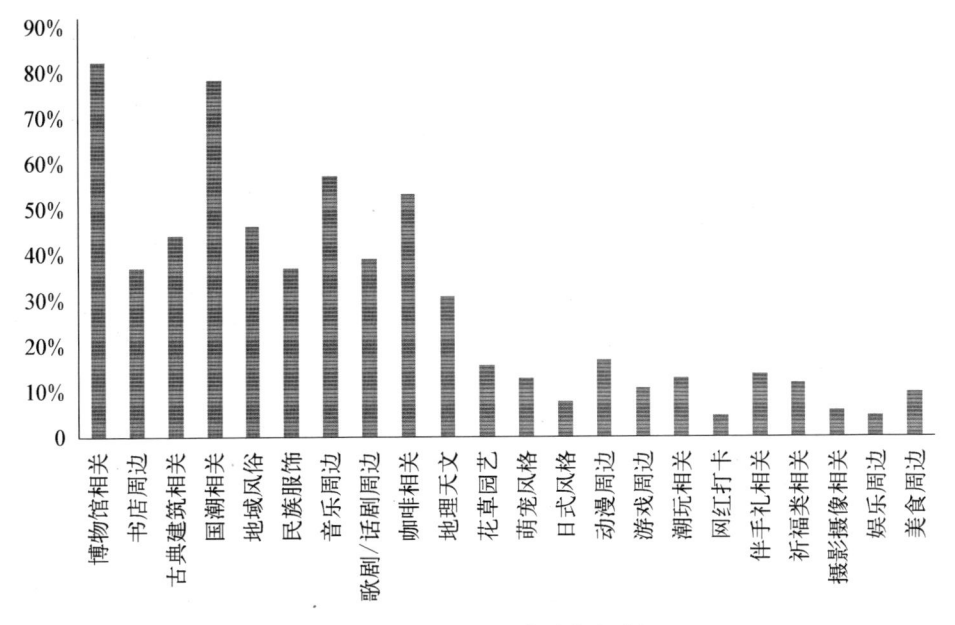

图 3-2 数字文化平台消费者感知

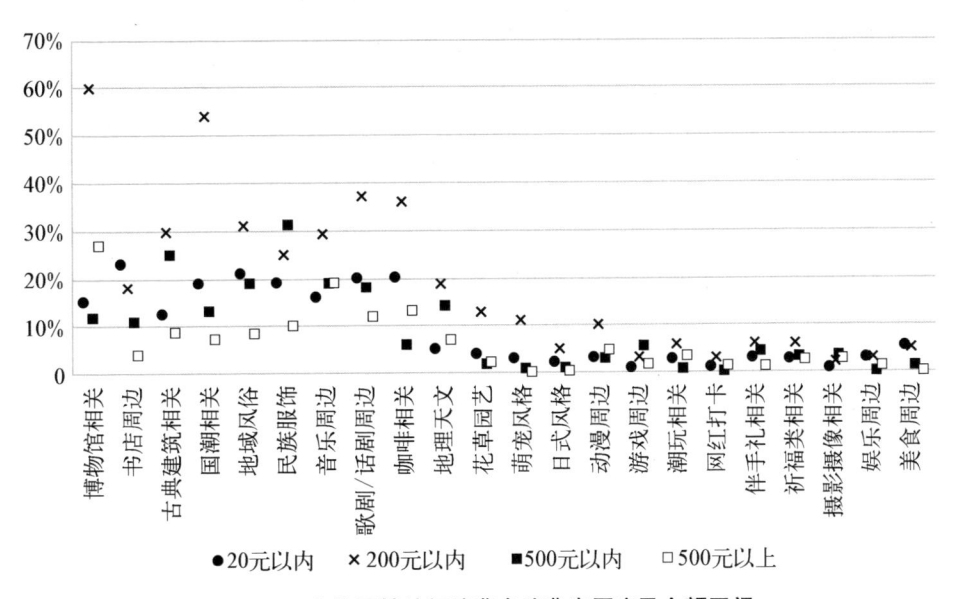

图 3-3 文化属性特征消费者消费意愿度及金额区间

第三章 数字文化产业的内容产品升级研究

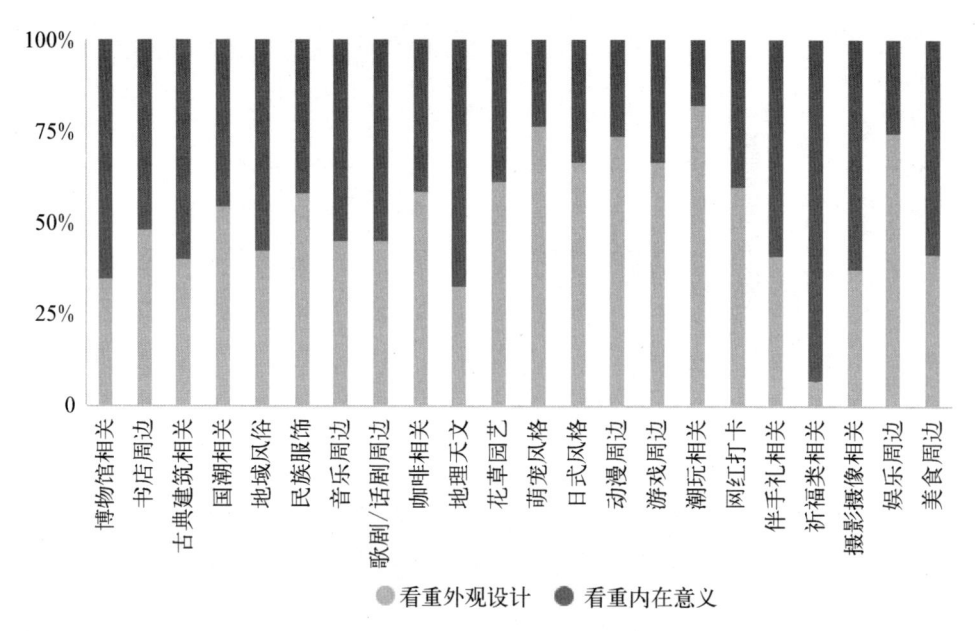

图 3-4　消费者内在意义与外观设计感知

根据以上调研结果可知，对不同的特征因素，消费者看重的方面不一。对博物馆相关、祈福类相关、地域风俗，消费者更看重内在意义；而对潮玩相关、萌宠风格、咖啡相关等，消费者更看重设计外观。内在意义：在产品设计中注重文化内涵的表达，通过文化元素的还原和再现、历史场景的呈现、文化价值的传递等方式，让产品更具有文化内涵和情感共鸣。设计外观：在产品设计中注重设计感和视觉效果，通过独特的造型、鲜艳的色彩、创新的图案等方式，让产品更具有视觉冲击力和吸引力。调研结果可以帮助"物东来"的产品设计在文创市场中更具差异性，以满足消费者不同的关注点，从而提升市场竞争力。在金额方面，消费者对文创类产品的消费意愿（平均金额）在 200 元左右，其中有 23% 的消费者有意向采购 500 元以内的文创产品，另有近 7% 的高端消费者有能力和意向消费 500 元以上的文创产品。这表明，在文创市场中，价格仍是消费者考虑的重要因素之一，不同层次的消费者对文创产品的价格预期有所不同。

二、品牌联想图

根据问卷调查结果对"物东来"品牌名称的联想反馈，我们制作了如图 3-5 所示的品牌联想图。根据消费者对文创品牌名称"物东来"所联想到的结果可以看出，对该名称的联想和理解存在一定的分歧和多样性。

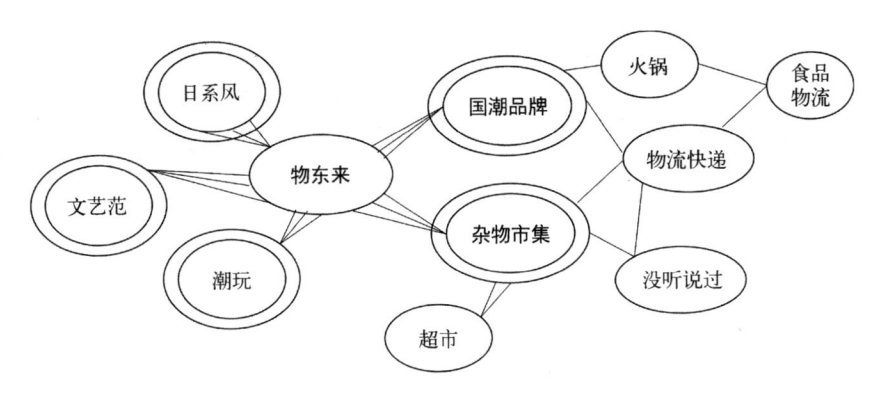

图 3-5　数字平台"物东来"的品牌联想

在该图中,国潮品牌、杂物市集、潮玩、日系风、文艺范这些联想暗示了与文化、艺术和设计相关的含义。消费者将品牌与时尚、创意和个性化等元素联系在一起,显示了该品牌在传递文化和创意方面的潜力。

"火锅"这个联想与文创品牌的预期存在一定的偏差。消费者将品牌与火锅餐饮业务相关联,这可能是因为品牌名称中的"东来"在中国餐饮行业中常用于形容火锅料理,这种误导可能导致品牌形象和定位的混淆。"物流快递""食品物流"这些联想与文创品牌的预期完全不符。消费者将品牌名称与物流行业相关联,可能是因为名称中的"物"和"东来"这些词汇与物流业务有关。这种误导可能导致品牌定位不清晰,让消费者对品牌的含义产生困惑。"没听说过"表示消费者对品牌名称不熟悉,说明该品牌在市场上的知名度低。

由此可见,品牌名称"物东来"在一部分消费者中产生了与文创品牌预期相符的联想,与文化、艺术和创意相关联,具备一定的识别度和个性。然而,一些消费者的联想结果与文创品牌的预期存在偏差,这可能导致品牌形象和定位的混淆,需要进一步的品牌传播和定位优化。品牌在市场上的知名度较低,一些消费者甚至没有听说过该品牌,说明该品牌需要加强宣传。

第五节　数字艺术品消费者购买行为线上平台分析

为了进一步证明研究结论的可靠性,本节结合"物东来"平台运营后台的消费者数据进行分析。

一、消费者人群定位分析

根据研究团队从企业方调取的天猫店铺的运营数据,截至2023年6月,在近一年内已经在天猫店铺内消费过的用户中,有65.18%为女性消费者。此外,年龄在35岁以下的消费者占据了67.21%(如图3-6和图3-7所示)。由此可见,目前线上消费者以35岁以下女性为主。

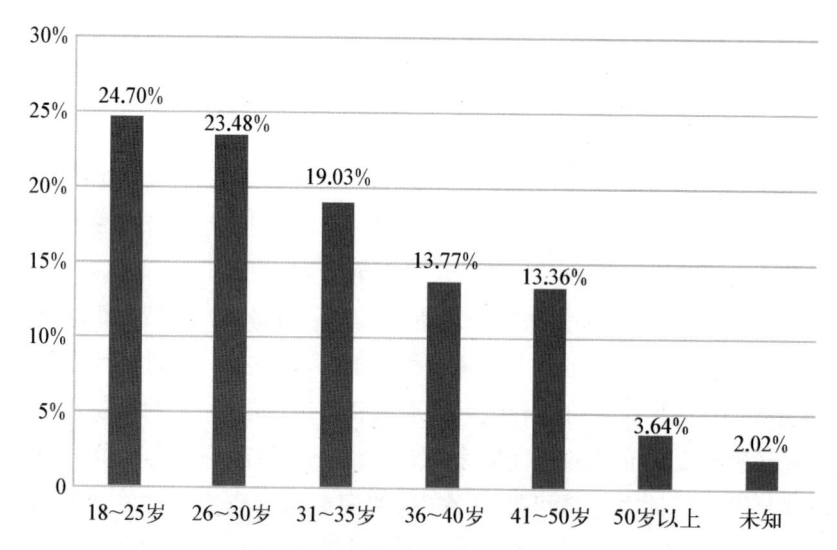

图3-6 天猫店后台数据年龄分布

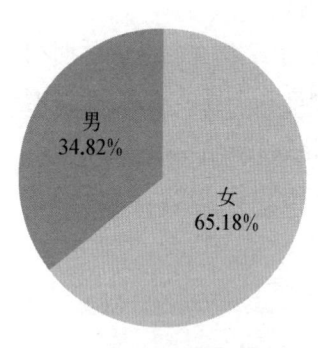

图3-7 天猫店后台数据性别分布

从天猫店产品的客单价来看线上消费者的消费层级,发现有89.2%的客单价低于215元,其中20元以下的客单价占比为32.3%,这说明线上消费者群体以中低消费阶层为主,且属于价格敏感型消费者(如图3-8所示)。

由此可知,在线上营销和推广过程中,天猫店应该重点关注中低消费阶层的消费者,设计更有吸引力的优惠活动和折扣,以此吸引更多价格敏感型消费者;同时,可以考虑拓展更多低价位的产品线,以满足市场需求。我们建议天猫店在继续深入了解线上消费者的需求和偏好后,不断创新和优化产品及服务,提升消费者满意度和忠诚度;通过持续不断地提升产品质量和服务水平,使天猫店得到更多消费者的信赖,进而获得长期稳定的发展。

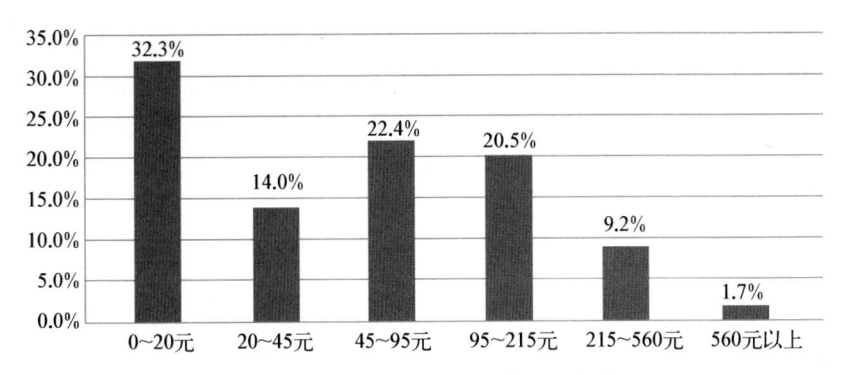

图 3-8　线上消费者的消费层级分布

二、构建消费者画像

通过网络爬虫软件,我们对艺术浦东代运营的三家博物馆文创天猫旗舰店——"故宫文具""国家图书馆"和"中国国家博物馆"的热销产品榜单数据进行采集,其中,对排名前二十位的产品采集近1年的真实消费者评论数据。本次分别从"故宫文具"旗舰店爬取了371条评论数据,从"中国国家博物馆"爬取了618条评论数据,从"国家图书馆"爬取了1316条评论数据。

为便于统计评论中出现的高频词汇,我们使用了词频分析软件提取消费者评论关键词,从中筛选词频次数超过10的有效词汇(剔除"了""的""好"等无效词汇),总计提取95个有效关键词,绘制词云图如图3-9所示。

图 3-9　利用爬虫软件获得的线上消费者评论反馈

对关键词进一步细分,按使用场景/对象、产品属性类和评价类三个维度分组,按词频次数从高到低绘制柱形图。从图3-10可知,在使用场景/对象类关键词中,"朋友"和"送人"两个关键词出现的频率最高,这说明消费者购买文创产品大部分是在送礼的场景下,赠送对象包含朋友、孩子、同学、女朋友、闺蜜等。当然也有相当一部分消费者选中"自己"或"收藏"。这一结论在企业访谈时得到证实。

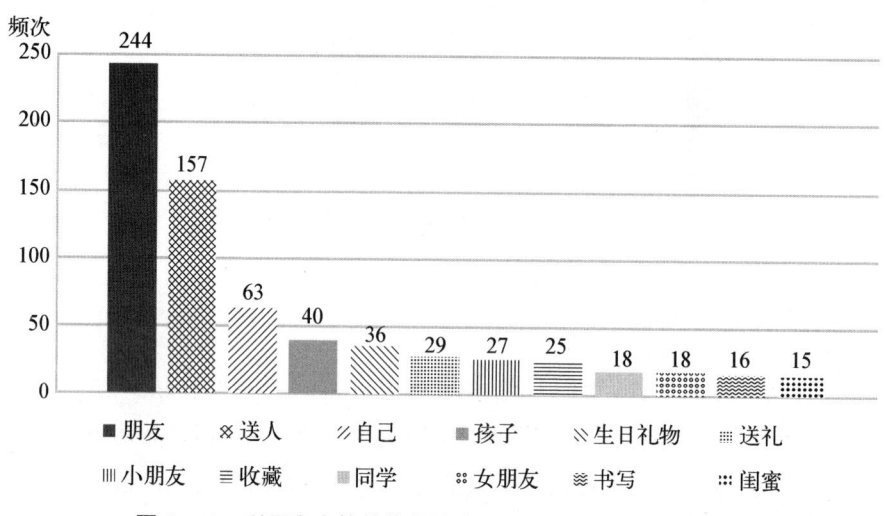

图3-10 利用爬虫软件获得的使用场景/对象类关键词排序

由图3-11可知,在产品属性类关键词中,"包装""质量""礼物""做工"等词汇出现的频率较高,这是因为产品的外包装和品质涉及"面子效应",当消费者购买文创产品赠送给亲友时,包装越精美,送礼的成功率越大。因此文创产品的包装精美度对消费者是否会成功下单购买发挥着重大作用。而"寓意""文化""中国""故宫""国博"等关键词的占比并不靠前,这说明消费者在评估文创产品时,文化含义因素有一定的影响,但其权重仍然排在品质相关的因素之后。同时,有部分消费者提到"物流""服务态度"和"体验"等关键词,说明消费者即使在线上购买,无法事先触摸到产品,也很重视整体的购物体验,这对"物东来"未来发展线上线下双渠道的购物平台有着重要参考意义。

由图3-12可知,在评价类关键词中,"喜欢""好看""精致""可爱"等正面词汇出现的频率最高;"实用""性价比"出现的次数也排在前列。仅有小部分消费者给出"失望""差评""破损"等负面反馈词汇。由此可见,文创产品的颜值和精致度对消费者购买行为非常重要。给予"物东来"的启示是,在后续产品开发中,需更加注重设计的美观性和创意性,同时兼顾产品的实用性和性价比,避免消费者产生"买椟还珠"的负面情绪。

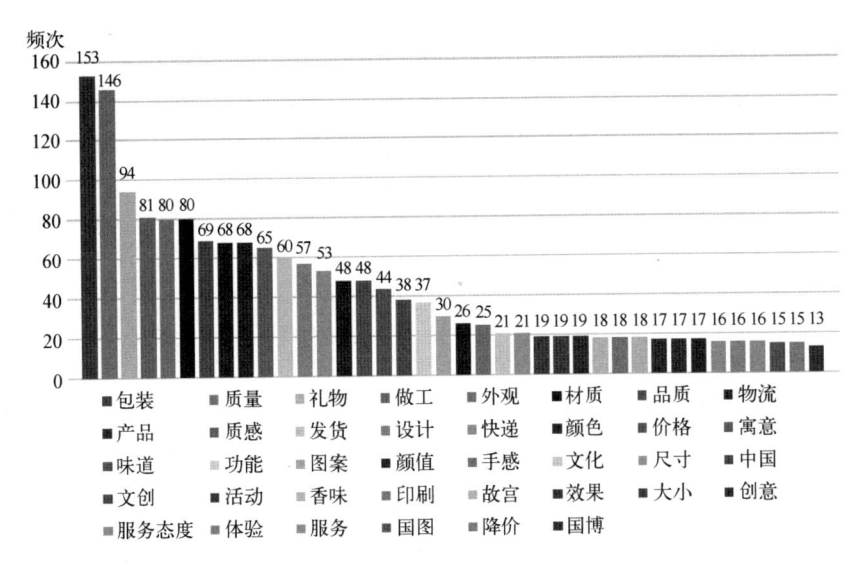

图 3-11　利用爬虫软件获得的产品属性反馈关键词排序

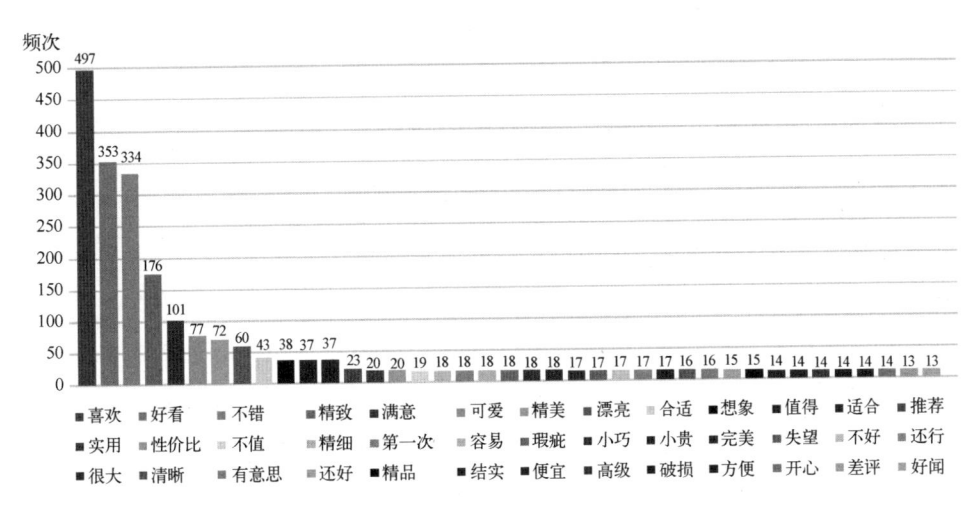

图 3-12　利用爬虫软件获得的线上消费者评价类关键词排序

基于以上数据，我们建议线上店铺在建设时考虑以下方向：针对"喜欢"和"好看"这两个方面，店铺可以在商品选择、展示方式、物流配送等方面提升消费者的购物体验，比如提供更多精美包装和配送服务；针对以"朋友""送人""礼物"为目的的消费，店铺可以在商品选择和营销推广方面加强礼品的元素，同时提供更多礼品包装和赠品服务，以此吸引更多礼品消费者。

第三章　数字文化产业的内容产品升级研究　　089

第六节 数字艺术品平台的品牌定位

一、国内文创产业的发展现状

在现代服务业领域,文创产业作为一种相对较新的产业形式,具有强大的发展潜力和活力。该行业的增长速度迅猛,前景广阔。近年来,各具特色的文创企业在全国各地迅速崛起。文创市场数据显示,2021年,全国范围内有超过6.5万家规模以上的文化及相关产业企业,其营业收入总额达到119 064亿元,较2020年增加了20 550亿元,同比增长20.86%。[①] 这一行业的增长潜力非常巨大。

据不完全统计,截至2021年底,中国拥有超过40万家文化及相关产业企业,比2020年底增加了15万家以上,文创企业数量大幅增加,发展势头强劲。文创产品主要涉及旅游纪念品、动漫游戏、影视音像、传媒出版、书画艺术和工艺美术等领域(邓淳兰,2022)。在这其中,有许多具有卓越品牌形象和业绩的企业,如故宫文创和国家博物馆文创等。

二、数字艺术品牌——"物东来"的品牌定位

浦东文化是浦东新区目前唯一以"文化及传媒"为经营领域的第一层面国有独资企业。在习近平新时代中国特色社会主义思想和新区区委宣传部领导下,该公司致力于新区文化产业项目的开发和投资,文化资源的整合、经营和管理,以及政府重大文化事业和文化产业项目的代理建设、运营和管理。近两年,浦东文化更是顺应"数字中国"的国家战略,大力将自己推入整个上海文化产业的数字生态中。"物东来"是浦东文化推出的文创类试点品牌,旨在弘扬中国传统文化(尤其是上海海派文化),并借助浦东文化的战略合作伙伴推出全新的数字文化产品。"物东来"品牌本身代表着优秀的文化内容产品的发展方向,其产品涵盖多个文化产品类别,并将文化与创意型产品结合。"物东来"的文化发展也涉及文化产业业态中多个产品形态和企业形态的联动。对该品牌的研究可以为其他相关企业提供品牌文化内容产品转型升级的思路。

[①] 智研咨询.2021年中国文化产业发展现状分析[EB/OL].(2022-02-18)[2024-05-06]. https://www.chyxx.com/industry/202202/995880.html.

通过前述数字艺术品消费者购买驱动机制、消费者端品牌感知调查、"物东来"数字艺术品平台二手数据以及对企业高管的走访调查，本节梳理总结出企业对数字文化品牌转型的规划，主要有以下三个方面：

(一) 偏向销售的文创品牌第一平台

"物东来"不仅是一家售卖文创产品的购物平台，而且是国内首个集合式文创品牌，东方生活美学的缔造者。"物东来"的品牌形象体现了东方文化的深刻内涵，其手握国内一线博物馆资源，具有独家正版合作授权，为消费者带来具有历史性、文化性和艺术性等多重内涵的创意礼品。"物东来"将东方文化植入中国消费者的日常生活，培养消费者对历史文化的兴趣，并帮助他们提升审美素养。

(二) 能够让消费者第一时间想到的，值得信赖的文创购物平台

作为与全国头部博物馆官方合作的企业，"物东来"的产品和销售渠道具有品质保证。"物东来"与各家博物馆自设的礼品店最大的不同是，其提供了"一站式"东方文化购物体验平台。消费者在这里可以云游览全国各家博物馆，将各地喜闻乐见的文化艺术衍生品轻松带回家。消费者在这里不用担心上当受骗，因为"物东来"的设计均有正版博物馆授权，别处无法轻易仿制贩卖。强大的供应链资源也保证了"物东来"的产品品类丰富度和价值感。例如，一般的博物馆通常考虑开发冰箱贴、钥匙圈等较为廉价的小商品，而"物东来"凭借强大的设计研发资源，可以开发高价值感的小家电、首饰甚至家具等。此外，"物东来"作为国有企业，有国企资质做背书，这也是其未来获得消费者信任感的极大优势。

(三) 整合创新能力

"物东来"手握国内多家博物馆 IP 资源，能够从中国千年历史、文化艺术的角度进行高效整合和创新。目前博物馆文创的头部品牌，如"故宫文创"和"敦煌文创"，仅能对自己馆内藏品进行衍生品设计研发。而"物东来"站在更高的平台角度，能够为消费者带来多元化的文化艺术体验。比如它可以"一站式"提供全国各家博物馆的亮点产品，或者结合上下五千年、东西南北中的文化进行整合营销。

就"物东来"的品牌定位而言，结合目前市场竞争品牌，创建如图 3-13 所示的品牌感知图，以帮助企业了解其目标受众对其品牌的感知和认知情况。图中存在三个主要方面：在文化衍生方面，品牌强调"国潮""东方""美学""博物馆"

"文物""珍藏"几个关键词;在礼品衍生方面,品牌强调"一站式"平台、便捷、可信赖、价值感、高端性、体面(避免小商品、便宜、大众化);在体验衍生方面,品牌强调沉浸式、生活方式、美学、休闲、课程、会员服务。

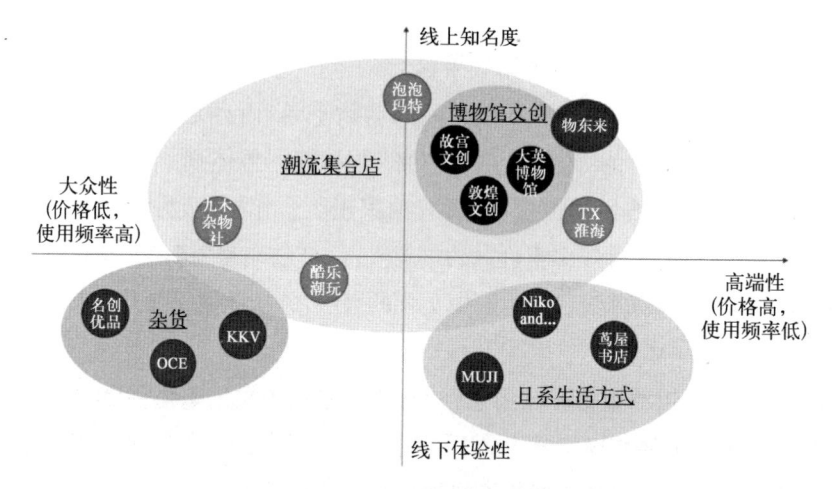

图 3-13 品牌感知图

根据企业访谈内容描述和以上品牌感知图的定位,相较于市场其他品牌,"物东来"是一个具备一定高端性和线上知名度偏博物馆类型的品牌。高端性体现在"物东来"品牌定位相对较高,注重品质和精致度,目标受众主要是有一定消费能力的中高端消费者。线上知名度则体现于该品牌在电商平台取得的较高知名度,且与众多知名博物馆维持合作关系,进而树立了较好的形象。

作为国博故宫、吴昌硕美术馆等 IP 的线上代运营商,与市场其他文创品牌相比,"物东来"更注重历史文化传承和艺术价值,产品种类也相对更加丰富,涉及多个领域,包括文物、书画、手工艺品等。品牌需要继续保持高端形象和线上知名度,同时加大营销和推广力度,以进一步扩大市场份额和影响力。

第七节 启示与展望

一、主要启示

(一)东方美学特色赋能博物馆文物

无论是从企业访谈内容、天猫店后台数据的反馈,还是从线下调研问卷的结果来看,"物东来"的品牌定位都有这些关键词:从文化衍生、从体验衍生。这表明,品牌的潜在客户在偏好高端、体面、沉浸式和美学等特点的同时,其潜在消费意向依旧是出于对国潮、东方美学的追求,并希望品牌提供博物馆文化衍生品"一站式"平台、便捷和可信赖的服务。企业应在文创领域注重国潮传递的价值感并提供高品质的符合东方美学的产品和服务。

选择不同特征因素的消费者看重的方面:选择博物馆相关、祈福类相关、地域风俗的消费者更看重内在意义,而选择潮玩相关、萌宠风格、咖啡相关的消费者更看重设计外观。品牌应该根据消费者的喜好和反馈,根据不同的元素特征,侧重于不同的表现方面,有些应注重产品的外观设计,以满足消费者对"好看"的需求,有些则应侧重于产品内在意义的表现。

消费者数据:65.18%为女性消费者,89.2%的客单价在215元以下,其中20元以下的客单价占32.3%,"喜欢"和"好看"是反馈的主流,以"朋友""送人""礼物"为目的的较多;消费者对文创类产品的消费意愿度(平均金额)在200元左右,其中有23%的消费者有意向采购500元以内的文创产品,另有近7%的高端消费者有能力和意向消费500元以上的文创产品。这些数据显示了品牌在女性消费者中的受欢迎程度和价格敏感性,以及产品在礼品市场的潜力。品牌方可以考虑将产品定位于礼品市场,强调"朋友""送人"和"礼物"的用途,以吸引更多消费者购买。

(二)品牌名称设计预期内涵和消费者反馈

虽然企业访谈中提到的品牌定位关键词与调研问卷中消费者关注的方面基本一致,都涉及文化、艺术、设计、生活方式等方面,表明品牌在市场上的定位与消费者需求存在一定的契合度,但企业访谈中强调品牌与文化、艺术时尚、创意和个性化等元素联系在一起,而调研结果显示消费者对品牌名称的设计与文创行业的符合程度的认知没有达到企业的预期。

调研结果显示,消费者对品牌名称"物东来"的联想和理解存在分歧和多样性,与企业访谈中强调的品牌含义存在差异。一部分消费者认为该品牌与文化、艺术和创意相关联,另一部分消费者则将其与火锅餐饮、物流等行业联系在一起,这可能对品牌形象及其定位造成混淆。相对而言,国博/故宫博物院、泡泡玛特等品牌在消费者中已有一定的品牌印象植入度,具备较高的辨识度和知名度,而对于品牌名称"物东来",消费者的联想结果存在一定的偏差,部分消费者甚至不认同这个品牌名称是做文创的。品牌方需要加强品牌内涵的宣传和推广,提高品牌知名度,并优化形象和定位,以减少消费者对品牌概念的混淆。

(三)基于消费者感知视角的文创产品营销

研究结果发现,对于文创产品,无论是哪种消费者感知到的文化特征属性,均对消费者的购买意愿起正向影响作用,因此,要时常关注主要消费群体对文化特征属性的诉求,如本调研问卷中提出的"萌宠相关"文化属性特征,品牌方就可以迎合以年轻女性消费者为主体的文化消费市场特色,紧跟"萌宠文化"的时代潮流,将原本在故宫博物院中陈列的威严的皇家形象"下放",打破传统,创造更加平易近人且独具特色的类似故宫大橘皇家萌猫那样的个性产品。

调研结论显示,文创产品消费者的购买决策主要受与印象相符的文化特征属性和品牌方对其文化艺术观导入的影响,即消费者首要关注的是这个文创产品品牌的调性是否符合他们认为的文化艺术属性,且由于受社会环境或品牌方导入的产品内在意义的影响,如"钻石恒久远,一颗永流传"之类的文化观导入,消费者在购买产品或选择品牌时会或多或少受社会共识和他人眼光的影响。这就意味着文创品牌方在确定产品介绍、广告设计、产品包装等市场营销策略时,应更加强调对刻画产品文化内涵的细节的介绍,并强调产品所能体现的身份地位,打造鲜明独特的品牌个性以展示消费者的个性化品位。

此外,需适当关注社交化营销方式,使原本让人觉得高高在上的艺术品、文物具备一定的亲和力,让艺术品、文物为普通人接触的生活用品赋能;否则,即使堆砌了很多艺术品、文物,也只会让普通消费者产生疏离感,从而使其失去实际商业价值。所以品牌方强调的文化特征属性一定要与消费者发生关系、产生互动,用文创的主题性去引导消费者,强调产品所能给使用者带来的社会认同价值,鼓励消费者进行口碑传播,或者采用关键意见领袖(KOL)营销方式,发挥意见领袖在群体中的推广作用。

二、未来展望

本次研究中的变量测量方式有一定的局限性,因调研情境或属性管理等可能产生系统性偏差而影响测量结果的准确性。建议"物东来"品牌继续深入调研,从消费者性格变量和消费价格维度展开,找出在不同消费者个性中,文化特征属性因素中对消费者购买意愿驱动作用较为显著的变量,从而更好地确定文创产品品牌的差异化定位。此外,还可以进行纵向追踪调查,对比消费者购前与购后的感知差异,以帮助理解消费者的感知和行为变化规律,从而更好地为文创产品的品牌管理提出调整策略,提升品牌竞争力。

第四章
数字技术驱动产业融合的共生系统构建

第一节 问题的提出

20世纪70年代末,尼古拉斯·尼葛洛庞帝(Nicholas Negroponte)使用"三圈叠合"图例描绘了广播电影业、印刷出版业和计算机业集聚发展并生成单一实体的态势(Brand和Crandall,1988),在理论层面预见了媒介融合时代的到来。同一时期,隶属于好莱坞大制片厂华纳通讯的游戏公司雅达利(Atari),在其风靡一时的雅达利2 600型家用主机上,先后搭载了三十余款根据电影改编的游戏作品(Wolf,2002),开启了电影业与游戏业跨媒介协作的早期尝试,从产业实践角度初步回应了尼古拉斯·尼葛洛庞帝的理论设想。时至今日,数字技术的不断发展已经使得文化产业生态中的产业融合和共生变得可能,不同系统间的知识流动(Knowledge Flow)渐成常态,不断激发新旧媒介的文化共振反应。

长期以来,国内外传媒产业资本对影游融合所蕴含的巨大市场空间兴味盎然,它们积极推进产业系统相互开放,探索以版权资产跨媒介开发为核心的经营模式。然而,多数产业资本采取"拿来主义"态度进行知识资产的跨媒介移植,意图将源文本的营销价值转化为经济效益,却缺乏深度探索影游融合观念的自觉,难以持续推动知识创新。极具代表性的一个案例是1983年,雅达利将史蒂文·斯皮尔伯格(Steven Allan Spielberg)取得巨大商业成功的科幻电影《外星人E.T.》改编为同名电子游戏。雅达利过度倚重原作IP加圣诞节档的营销价值,甚至承诺向史蒂文·斯皮尔伯格支付2 500万美元版权费用;但是,仅有6周的生产周期导致作品漏洞繁多、品质粗劣,最终大量游戏卡带滞销(Kent,2001)。联动失利不但加速了雅达利的衰败,拉开了1983—1985年北美游戏市场萧条期的序幕,而且阻碍了跨产业融合进程,此后一段时间,好莱坞暂时停下进军新领域的步伐(Picard和Fandango,2008)。该案例典型地体现了影游融合的核心问题:两个原本相对独立的产业系统,如何才能形成合力?

面对上述问题,国内影游产业资本试图将影游融合建构为覆盖范围更广的综合化娱乐产业的组成部分,并以概念先行的方式展示"打造以资本为主导的泛娱乐工业体系的勃勃雄心"(聂伟和杜梁,2016)。游族网络在2014年提出的"影游联动"策略,虽然表述方式与此后出现的"电影+""泛娱乐""大文娱"等相关概念有区别,但实质差异不大,均是在以版权跨媒介开发为核心价值的综合化产业体系中推动影游产业合作与媒介融合。可惜在这轮市场热潮中,以游族网络至今尚未完成的《三体》影游改编为代表,资本概念论述者众,按此模式进行创制的代表性项目却寥寥无几。原因在于,我国影游产业发展历程相对较短,跨行业合作的经验积累不足,难以在短时间内支撑起联动发展策略。然而在理论层面,这些资本概念对探讨影游融合具备一定的方向指引意义,即电影业和游戏业各自作为子系统,相互融合并形成新的整合式产业系统。

在生成新系统的过程中,电影和游戏的产业生态与互动关系随之发生变化。电影业和游戏业开始从各自为战的状态走出来,不但相互间的依赖性有所加强,逐步形成技术、人才、美学和版权等生产要素的大规模交换,而且双方共同服务于版权跨媒介开发的新目标,有望促进知识共享与创新。理想状态下,影游产业互动关系表现为相互吸引、相互依存、相互作用,两者共同发展并产生新的能量。以上特征明显符合经济学意义上产业"共生系统"的界定(袁纯清,1998)。共生系统的建构正是现阶段影游产业融合的主要目标,其关键价值在于为影游产业提供一种良性生态,带给电影业和游戏业更强的知识创新能力、风险抵抗能力与持续发展能力。

结合国内外产业现状来看,影游共生系统建设尚处于初级阶段。如何推动共生系统走向成熟并最大限度发挥其作用,仍然需要业界的不断探索与实践。上述问题的解决,需要引入系统科学的相关理论,立足于媒介融合的全局角度,探索影游产业全面突破行业壁垒、协同开展版权经济并最终建立共生系统的可行方案。

第二节 共生系统的基础建设：要素流动与能量交换

电影业和游戏业为实现可持续发展，无法避免与作为一种经济规律的"熵"因子的对抗。根据热力学第二定律（Second Law of Thermodynamics），熵是指在特定单位测量下，不能再转化为有用功的能量总和。在一个封闭系统内部，所有能够产生有效功的能量都会逐渐从有序状态转变为无序和混乱状态，这就是熵的增加。当熵，即无效能量，达到最大值时，系统会经历全面崩溃并进入所谓的"热寂"阶段（杜梁和徐锦江，2022）。系统若要避免走向崩溃，就需通过构建开放系统来引入外部能量，以抵抗熵的影响（斯格特，2001）。在影游产业领域，电影业和游戏业建立起共生结构，是对抗熵增问题的一种有效途径。为避免产业内部因知识结构单一、创制思维固化和内容重复性过高而导致的熵增问题，影游产业倾向于不断进行有效能量的交换，减轻无效能量堆积带来的危害，以维系产业系统的有序运行状态。

影游产业构建共生系统的基本前提在于不断破除壁垒，形成双向开放的交互逻辑。在长达四十余年的产业互动过程中，影游产业间技术、人才和美学等要素的流动与交换，从散点式、偶发性走向规模化和常态化，由此初步培育起有利于共生系统生长的土壤环境。共生式系统生态能够通过日益频繁的要素流动为电影业和游戏业持续补充能量，不但使得这两种产业形成能量输入与消耗相对平衡的"耗散结构"，甚至有望通过外部能量与内部能量的碰撞促成知识创新，从而提高电影业和游戏业在媒介融合语境下走向相伴共生的现实可行性（斯唐热，1989）。结合产业实践来看，共生系统的基础构建主要从以下四个方面展开：

一、数字技术

随着影游产业愈发注重通过照相写实风格的影像奇观强化感官刺激，电影业和游戏业加强了数字技术处理方案的共享与互鉴。选择照相写实风格，电影业意图实现数字影像奇观与摄影机实拍画面的相互调和，游戏业希望弱化屏幕上影像奇观的抽象图形属性，但两者的共同目的是提高数字影像的具象性与可信度，避免受众产生间离感。自20世纪90年代以来，计算机图像技术与动作捕捉技术的组合方案逐渐支撑起影游领域照相写实风格的数字奇观生产。全身标点却无戏服加身的演员、阵列式的摄影机排布、电脑数据采集与模型开发的组合,成为影游生产流程中的通用制作场景,也为电影业和游戏业的技术破壁建立了良好开端。

近年来,将"电影级画面表现"作为关键影像技术指标的游戏产业,为了满足照相写实风格对材质、光影和物理反馈等方面的要求,以及缩短处理海量细节所需的时间、降低资金成本,加大了游戏引擎开发力度。以虚幻引擎和 Unity3D 为代表的游戏引擎已经介入跨领域服务,将电影生产进一步推向虚拟制片时代。在游戏引擎的支持下,《沙丘》《蝙蝠侠》《雷神 4:爱与雷霆》等影片不再单纯依赖绿幕加后期特效的制作方案,转而采用由数字资产预制、发光二极管(Light-emitting Diode, LED)幕墙背景、实时特效渲染与预览构成的虚拟制片方案。这不仅使电影生产摆脱了自然条件对摄制环节的制约,而且降低了耗时耗力且灵活性差的后期特效的束缚,极大地提升了影像创制流程的容错率。

二、创作力量

具备知识创新能力的生产者跨界流动,为影游领域开启了人才资源池混合与共享的"闸门"。国外电影人参与游戏创制的案例不在少数,从迪士尼动画师唐·布鲁斯(Don Virgil Bluth)参与创制较早的互动电影《龙穴历险记》,到史蒂文·斯皮尔伯格主导开发的对第一人称射击游戏影响深远的《荣誉勋章》,再到曾获奥斯卡最佳导演奖的吉尔莫·德尔·托罗(Guillermo del Toro)与游戏制作人小岛秀夫(Hideo Kojima)合作的《死亡搁浅》,以及瑞典导演约瑟夫·法斯(Josef Fares)凭借《双人成行》拿下有游戏界"奥斯卡"之称的 TGA2021 年度大奖,电影人才的跨界流动成为游戏领域知识创新的重要力量。反过来看,游戏业也为电影业输送了动画导演人才。例如,曾执导过《你的名字》和《天气之子》的日本动画电影导演新海诚(Makoto Shinkai),就供职过游戏公司。21 世纪以来,数字特效技术的快速发展为游戏生产者们跨界制作电影提供了新的渠道。《最终幻想》系列衍生出的三部动画电影,不但分别由坂口博信(Sakaguchi Hironobu)、野村哲也(Tetsuya Nomura)和野末武志(Takeshi Nozue)等游戏制作人跨界担任导演,而且他们的特效团队承担起影片内容开发工作。影游产业对数字奇观的需求,使得电脑特效导演和相关技术人员成为跨行业通用型人才。近年来随着游戏开发商们自组影视公司进军电影界,这种跨界创作或将成为常态。

三、明星形象

真人影星与虚拟角色跨媒介"穿越",既实现了明星符号的经济价值延伸,也在影游领域建立起互文本网络的"超链接"。游戏作品通过将真人明星转化为数字角色,生产出操控电影明星的感官刺激。早在电子游戏初兴时期,李小龙、阿诺德·施瓦辛格(Arnold Schwarzenegger)等动作电影明星就已成为格斗游戏的常客。如今,为了提升人物表情、动作的生动性,使虚拟形象走出"恐怖谷",电影明星亲自下场进行动作捕捉的做法不再新鲜。《超凡双生》聘用威廉·达福(Willem Dafoe)和艾伦·佩姬(Ellen Page)出演,《死亡搁浅》启用诺曼·瑞杜斯(Norman Reedus)、麦斯·米科尔森(Mads Mikkelsen)和蕾雅·赛杜(Léa Seydoux)全明星阵容,以及基努·里维斯(Keanu Reeves)现身《赛博朋克2077》等例证,说明电子游戏正成为明星形象数字化再生产的新阵地。

不同于电影明星与角色形象存在差异性,电子游戏中虚拟"明星"的能指与所指总体一致。这些角色与特定游戏作品的关联性,使得他们能够在电影中承担互文本的"超链接"功能。游戏角色走向大银幕的途径包括:其一,虚拟偶像出现在电子游戏的衍生电影中,或者如刺猬索尼克一般直接以本来面目出镜,或者如《古墓丽影》中劳拉·克劳馥一样由真人影星扮演。其二,进入21世纪第二个十年,《无敌破坏王》《像素大战》和《头号玩家》等影片均以彩蛋集锦的方式集中展出了大量经典游戏角色。这些作品在带给游戏拥趸们"数星星"式观影体验的同时,形成了体量庞大的影游互文本网络。明星形象流动与符号价值延伸强化了电影业和游戏业在生产机制、文本价值等方面的联结。

四、影像思维

美学旨趣、艺术风格的相互借鉴与渗透已构成推动影游领域知识创新的重要策略。法国学者让-米歇尔·博东(Jean-Michel Frodon)曾以"结合"一词来指称电影与游戏表达技巧的相互混合,并认为这是影游互动关系中最具挑战性的形态。影像思维的互鉴与互渗也为影游融合领域贡献出剧烈而夺目的化学反应。举例而言,电影与游戏在镜头语言方面形成了颇为有趣的相互激发现象。在《德军总部》《毁灭战士》《荣誉勋章》和《半条命》等第一人称射击游戏中,镜头语言的主要特点体现为摄影机视点对数字角色主观视线的模拟,以及玩家与角色的视野重叠。上述做法被认为明显参考了电影的主观镜头设计(Rehak,

2008)。玩家群体虽然受到主观视角限制,难以在电脑屏幕中看到操控对象的整个身体,但角色的双手和前臂等部分躯体几乎全程伴随着各类枪械武器出现在受众视野。第一人称射击类(First-person Shooting,FPS)游戏对第一人称视角的使用又反过来影响了电影中枪战场面的运镜方式。美国电影《硬核亨利》甚至通篇采用主人公的主观视线作为单一视点,这种新奇的视线呈现方式形成了一场新的影像实验。

除了表达技巧的挪用与新变,影游创制思维的深层交融更体现为叙事结构与玩法规则的创新。电影里奇观性叙事场景的设置,能够带给电子游戏更新玩法规则的灵感。例如,近年来备受玩家追捧的《绝地求生》《和平精英》和《永劫无间》等"大逃杀"类游戏,将数十名乃至上百名玩家置于封闭场景内,令他们争夺物资、自相残杀以求最终生机。这类玩法规则明显源自《大逃杀》和《饥饿游戏》等逃杀主题影片(杜梁和聂伟,2020)。电影创作者则充分借鉴电子游戏"多周目"游玩和重复体验的特性,构想出时空重置式的复调叙事结构。从《土拨鼠之日》《罗拉快跑》到《源代码》《明日边缘》,以及国产片《神秘家族》《逆时营救》,主人公纷纷陷入特定时空场景不断循环的人生怪圈,力图在生命必然性与偶然性的冲突中寻找最佳结局。以"重启"为核心的叙事结构带给观众新的观影体验。

电影业和游戏业的技术共享、人才流动、明星跨界与创制思维互鉴,正在不断刺破媒介壁垒,为两个产业系统的相互依存建立了多种联结渠道。但时至今日,电影业和游戏业的融合总体进程较为缓慢,尚未形成蔚为大观的新业态。造成上述问题的重要原因是,作为核心产业要素的版权在跨媒介流动过程中未能实现批量化创制"爆款"的目标。版权开发效率低下已经成为影游产业从局部开放、有限联动转向全面合作、协同发展的关键阻力。

第三节 版权黏滞:影游共生的关键阻力

电影业和游戏业对版权资源的密集需求带给相关企业巨大的内容创制压力。为提升版权资源的续航能力,这两种产业主体在持续加强行业内部知识的自主研发外,还力图通过知识跨媒介流动的"体外循环"来引入新的知识动能。在电子游戏发展的早期阶段,这种凭借互动娱乐体验快速吸引大众注意力的新兴媒介亟须进行大量内容填充,智力资源积累相对充足的电影行业自然成为其重要创意来源。早在1975年,史蒂文·斯皮尔伯格的成名作《大白鲨》就已接连遭遇"盗猎式"翻制,游戏行业在一年内接连推出了《食人鲨》《鲨口》和《鲨鱼》三部同题材街机作品(Gao等,2022)。此后,以雅达利2600、任天堂(Nintendo)"红白机"和索尼(Song)PlayStation 2为代表的家用游戏主机系统也纷纷向电影领域寻求文化借势,充分享受影游产业知识流动的红利。电影改编为游戏虽不在少数,但只有《黑客帝国》《星球大战》等少量IP的二次开发作品能够进入游戏市场的头部领域。

相比于电子游戏产业自发轫期便已表现出对版权流动的强烈渴望,电影业迟至20世纪90年代才展开对互动娱乐作品的小规模改编。任天堂旗下知名游戏《超级马里奥兄弟》的改编电影出人意料地遭受市场冷遇,给处于起步阶段的游戏改编电影蒙上一层阴影,此后多年间,仅有《真人快打》《古墓丽影》和《生化危机》等少量影片成功"破圈",为电子游戏内容反向输入电影业提供经验借鉴。2016年,4部根据电子游戏"头部"内容改编的电影《愤怒的小鸟》《魔兽》《刺客信条》和《生化危机:终章》扎堆上映,再度激发了电影业与游戏业合作的热情。从市场成绩角度看,自2016年以来,共有8部游戏改编电影的全球票房体量超过3亿美元,并进入年度全球票房排名的前三十位行列(见表4-1)。尽管这类作品显露出朝着行业"金字塔尖"靠拢的势头,但其票房体量仍不能与以超级英雄电影为代表的头部内容相抗衡。

表4-1　　　　　　　2016—2022年高票房游戏改编电影统计

影　　片	上 映 年 份	全球票房(亿美元)	年 度 排 名
《魔兽》	2016	4.39	18
《愤怒的小鸟》	2016	3.52	24
《生化危机:终章》	2016	3.12	30
《狂暴巨兽》	2018	4.28	22
《大侦探皮卡丘》	2019	4.33	18
《刺猬索尼克》	2020	3.20	6
《刺猬索尼克2》	2022	4.02	8
《神秘海域》	2022	4.02	9

总体而言,影游版权跨媒介开发的规模水平和经济效益存在较大提升空间。原因在于,影游版权资产大多产生于特定行业环境和媒介平台,它们在跨产业循环中的运转流畅度直接受知识黏滞(Knowledge Stickiness)属性的影响。知识黏滞属性,指的是信息、技术等智力资产的环境依赖和惰于流动等特性,也指产业组织在获取、转移和使用外部知识时的成本(Von Hippel,1994)。在影游融合领域,尽管版权资产构成了产业间经济交易的明星产品,但其黏滞属性持续、隐性地发挥着限制知识动能在不同系统间传递的阻力作用,使之成为共生系统内极易衰变为熵因子的不稳定能量。版权黏滞问题的主要成因涉及主观和客观等方面的因素。

一、主观层面因素

电影制片公司和游戏开发商大多将版权跨媒介开发视为提升经济效益的一种渠道,缺乏建设影游产业共生系统的全局视野。部分产业组织并未形成探索影游版权经济的产业自觉,而是出于保护知识资产商业信誉和经济价值的目的,采取相对保守和谨慎的合作态度,尽力避免劣质衍生内容侵蚀 IP 的商业价值。与大制片公司相比,电子游戏产业资本对版权经济的态度更为保守:尽管游戏行业的版权资产累积日益充足,但开发商们或"蜻蜓点水"般试错,或"不动如山"般持续观望,并未大规模推进游戏内容的电影化改编。一个典型例证是,自1993 年《超级马里奥兄弟》走向大银幕失利后,近三十年时间里,任天堂未再推出新一版马里奥主题电影。无独有偶,任天堂、育碧(Ubisoft)以及暴雪(Blizzard)等厂商在影游版权经济领域浅尝辄止,不但使得《魔兽》《刺客信条》等游戏改编电影的系列化、续集化开发遥遥无期,更将《塞尔达传说》《战神》《星际争霸》《侠盗猎车手》等知名 IP 阻隔在影游联动的大门之外。显然,在游戏业资本看来,智力资源跨媒介开发产生的经济效益属于版权资产的增值部分,而版权资产在原产业系统中的品牌效应才构成其核心价值。游戏厂商们的踟蹰与谨慎,虽然能够有效减少版权价值流失,但会提升知识的黏滞属性,限制知识资产进入市场流通领域,极大地制约了版权经济的运行效率。

全局开发意识的缺席,使得电影制片公司与游戏开发商均基于自身利益和局部视角参与版权经济,双方难以建立平等互信的合作关系,协作与沟通成本也大幅提升。囿于局部视角,版权输出方大多将二次开发内容视作源文本的"副产品",令其承担特定的功能性作用。电影业典型地将 IP 的游戏化再创作视作提升版权资产长尾效应的一种渠道,即通过为源文本开发附属内容或次级产品"赚上一票",缺乏深度探索互动娱乐可能性的雄心,也容易忽略游戏产业运行的自身规律。常见情况是,电影"搭售"游戏内容并未提前通盘布局,而是临时决定借助联动策略来增加收入,此举不但导致游戏内容制作经费紧张、开发周期过短,还会因电影剧本的保密、修改等情形造成衍生内容与源文本情节设计的相互割裂,使电影改编游戏沦为内容空洞、质量低劣的下乘之作。在国内,这类作品几乎成为"换皮"游戏的重灾区与粗制滥造的代名词,《西游记之大圣归来》《捉妖记》《战狼2》和《哪吒之魔童降世》等影片的衍生游戏均属此列。

二、客观层面因素

电影与游戏媒介体验的差异性,"先天性"地增强了知识黏滞对影游版权经济的影响。如此,版权知识与输出对象媒介的适配程度决定了跨域产出的"果实"究竟是甘甜的还是苦涩的。尽管电影与游戏均以动态画面作为信息呈现方式,但这两种媒介分别以观看和操作作为人机对话方式,由此形成了不同的影像机制。当版权资产从大银幕走向小屏幕时,就需要在观看体验与操作体验之间做出取舍和平衡。单纯借助大量过场动画再现电影情节的做法,无异于频繁与玩家争夺影像控制权,会造成操控体验的不连贯。因此,电影改编游戏需要充分迎合以操控性为核心的人机对话方式,一方面简化并凝练故事情节,避免玩家陷入观看动画电影的错觉,另一方面借助电子游戏的优势,引导玩家在计算机指令的传达与反馈中重历电影经典场景。毕竟,多数作品难以像山姆·雷米(Sam Raimi)版《蜘蛛侠》三部曲的搭售游戏一样,仅仅依靠呈现蜘蛛侠在城市中摆荡、跳跃和绿魔乘飞行器往来穿梭的操控机制,就足以得到玩家的青睐。

与电影改编游戏的难点恰恰相反,游戏改编电影需要在操作体验缺席的情况下,诉诸视听感官刺激,吸引包括原作粉在内的受众。《古墓丽影》导演西蒙·韦斯特(Simon West)曾指出,由于电影无法向受众提供数字控制-反馈式的互动经验,因此需要在影片中设计足量的英雄主义高光时刻,以满足观看者的心理需求。然而,这种改编策略要求原作拥有相对丰富的故事内容和戏剧冲突,并不适用于只有玩法规则、毫无情节支撑的游戏。在《好莱坞报道者》开展的"哪款游戏应改编成电影"的调研中,前二十位名单内不乏《吃豆人》《马里奥赛车》《任天堂明星大乱斗》《俄罗斯方块》《我的世界》和《乒乓》等故事性缺失的作品。这些作品本身通常缺乏完整的故事架构、叙事线索和矛盾冲突,因此需要电影制作者对核心游戏元素进行提炼、加工和整合,从而创作出一个全新的故事(聂伟和杜梁,2016)。口述作品中,《俄罗斯方块》早在 2014 年就已传出进军大银幕的消息,但至今仍处于开发过程中,这从侧面证实了这类文本跨媒介改编的难度。

全局意识缺席和媒介体验的差异性构成了影游产业知识黏滞的主要成因,也是版权资产流动面临的最为坚硬的产业壁垒。因此,影游产业亟须寻找到核心知识资产高效共享和利用的系统化方案,既要尽力规避因黏滞属性导致版权沦为无效能量的情形,又要充分实现知识动能的跨媒介传递,在内外部能量的碰撞中激发行业的知识创新能力。如此,电影业和游戏业方有机会真正实现同频共振,并继续推进共生系统的建设。

第四节 共生系统语境中的版权经济:全局思维与故事世界

影游版权经济开发,应按照共生系统的逻辑开展。系统科学将"改变和调节这个系统的关联、制约关系,以使系统具有我们希望的功能"视为一种"典型命题",针对版权经济效率低下问题,影游共生系统需通过调整电影业与游戏业的关系,推动相关产业组织构建版权经济的全局思维,使两者的合作方式由缺乏产业互信的离散模式转向相互依存和能量互通的共生模式,令原非一体的电影业和游戏业合力做功,真正进入系统协同理论所强调的有序状态或者新的模式。

一、全局思维

全局思维,指影游产业组织避免局限于单一产业的运作思路,而是从整体角度把握版权经济开发模式的逻辑方式。在当前影游版权经济普遍采用的自主开发和许可授权两种策略中,前者更易于应用全局思维。自主开发策略,主要指同时具备电影与游戏创制能力的大型传媒娱乐集团,通过版权资产在下属子公司或相关部门之间的内部流动,建立跨媒介、跨产业的范围经济模式(任志安,2005)。版权资产在产业集团内部流动,既有利于减轻企业互信和沟通成本,以及利益分配等问题的影响,也能将版权独占性转化为市场竞争的排他性优势。例如,华纳(Warner Bros)注重使用上述策略为《哈利·波特》《指环王》和 DC(Detective Comics)超级英雄等系列电影 IP 创制游戏内容,其中出现了总销量超 2 400 万套的"漫改游戏天花板"——《蝙蝠侠：阿卡姆》系列游戏。然而，自主开发策略要求产业组织兼具巨额资本支持和跨媒介生产经验，目前仅有华纳、索尼等极少数跨国传媒集团符合条件，多数企业因缺乏足够的野心或资质而却步。自主开发策略虽在全局思维应用方面具备一定的示范作用，但缺点在于难以进行大规模的复制和应用。

在许可授权模式下，产业组织将 IP 跨媒介开发权授予外部企业，可以在保证自身利益的同时进行风险传递，而且该策略的准入门槛较低，有利于推动影游版权经济形成规模化效应。然而，许可授权策略因涉及不同产业组织的合作而提高了应用全局思维的难度。一种常见的情形是，版权输出方将知识资产输入对象产业后，部分丧失对改编产品的生产控制权。例如，暴雪在与好莱坞（Hollywood）合作开发电影《魔兽》的过程中，因无法与第一任导演山姆·雷米就电影的世界观问题达成共识，致使项目延期多年；迪士尼（Disney）在 2013 年将《星球大战》游戏开发权独家授予艺电（Electronic Arts，EA）后，因系列游戏开发进程缓慢、《星球大战：前线 2》重度"氪金"问题而饱受诟病，累及自身声誉。

二、全局思维的授权应用

全局思维在许可授权策略中的应用大致从两个层面展开：其一，版权的输出方和引入方均需建立产业共生意识。输出方不应单纯将版权交易视为售出即止的一次性活动，而是要对二次开发产品的内容质量进行严格管控，甚至以"工业大脑"姿态全方位主导跨产业协作过程。版权引入方不应单纯将版权资产视为一种营销资源，利用源文本光环行大肆"魔改"之事，使之过快沦为废弃能量，而是要充分挖掘源文本中可持续利用的知识动能，延续 IP 在不同媒介领域的生命力。其二，以影游产业共生意识的形成为前提，建立版权经济开发的良性合作机制。较为理想的做法是自项目开发之初就确立版权跨媒介开发的整体策略，并且充分按照电影和游戏的不同生产规律进行创制。为维持项目良性运转，"工业大脑"需要建立跨产业的协商与对话机制，防止电影公司与游戏厂商出现根本性分歧，尽早察觉并抵御利益相关方过多而带来的自毁倾向（Elkington，2008）。

无论采用何种策略，影游共生模式下全局思维的应用，既要充分尊重互惠共生的基本原则，又要利用电影和游戏不同影像机制的特点，服务于知识创新这一根本目的。目前，业界普遍采用的源文本与改编作品讲述相同故事的做法往往令受众过度关注叙事差异性而忽略不同的影像与体验，难以充分发挥电影与游戏的叠加优势。更合理的方式是，电影和游戏在统一、稳定的世界观指引下，按照不同的影像机制特点进行合理分工，共建"故事世界"。"故事世界"是由亨利·詹金斯（Henry Jenkins）提出的，他构想的是一种理想状态，即跨媒介叙事的完美实现。在他的构想中，各种媒体各司其职，充分发挥各自的优势，以共同打造一个统一的故事世界（杜梁和徐锦江，2022）。这个"故事世界"可以通过多种媒体形式展现，每一种媒体在故事的不同阶段发挥特定作用，整个故事的体验则跨越了电影、电视、小说、漫画、游戏等多个领域。这个理想状态下的"故事世界"构想强调了跨媒介叙事的多样性和互补性，使观众能够以不同的方式在不同的媒体中沉浸于一个丰富、多维的故事。这种理念鼓励各种媒体形式之间的合作和协同，为观众提供更加丰富和多元的文化体验（亨利·詹金斯，2012）。

第五节 结论与启示

一、主要结论

电影与游戏经由产业融合形成了新的互动与合作模式，也构建起新的媒介文化版图。但是，产业协同与文化共振仅仅是当前阶段影游融合的主要表现形式，其实并未穷尽产业融合趋势所蕴含的巨大势能。新的问题在于，在技术、文化与媒介的不断协同发展过程中，影游共生系统是否将落点于新旧媒介整合并催生新的影像机制？

按照动态视觉的历史发展过程来看，影游共生结构有望驱动全新影像形态与视觉机制的生产。新的影像形态并非观看与操作功能的简单叠加，例如，允许受众在特定时间节点自主选择情节走向的互动电影，虽糅合了观看和操作两种人机对话方式，但因选项对话框频繁打断受众的接受体验而限制了人机对话的自由度和沉浸感，仅能算作一种阶段性产品，离真正的完全融合的共生产品还有较长一段距离。事实上，按照"整个的媒介演化进程都可以看成补救措施"的媒介功能补偿观点看，影游整合缔造的新生影像形态，应在电影和游戏的基础上，继续提升人类与影像交互的自由度与可能性（保罗·莱文森，2001）。自电影以降，动态视觉媒介均具备"记忆的持留"属性，但电影影像只可远观，游戏控制指令有限，加上银幕/屏幕的边界限制，都在限制受众与记忆的对话方式（贝尔纳·斯蒂格勒，2012）。这就要求新一代动态影像媒介继续提升虚拟世界的可交互性阈值,以更多元的感知路径增加持留记忆的临场感和真实性,真正构建允许受众参照现实生活经验进行影像感知和人机互动的新型数字空间。需要指出的是,就目前而言,这种新的影像形态或将依托虚拟现实技术发展起来。

二、未来启示

与电影和游戏等源自平面化银幕/荧幕的影像相比,VR影像机借助新技术制造出了立体化空间与多维度交互的幻觉。VR影像不仅通过近眼显示技术、立体影像建模技术和可穿戴硬件设备等科技组成的零距观影装置,带给受众身处球形影像空间的错觉,而且借助环绕立体声设备、嗅觉模拟器、触觉反馈套件和运动捕捉设备的功能性辅助,在受众与VR世界之间建立起多重感知通路,形成多渠道、弱束缚且自由灵活的人机交互方式。由此,VR技术利用感知错觉制造出电影难以实现的精神体验——幻想、梦境与记忆空间都成为可"进入"的。随着VR影像技术的发展和应用场景的开发,人们终将在《头号玩家》中"绿洲"式的"元宇宙"往来穿梭。

VR技术成熟并发展成为大众传播媒介,并不必然意味着电影和游戏会在"大鱼吃小鱼"式的竞争中走向衰落。在媒介竞合发展的语境中,不断向"近亲"媒介寻求文化借势与智力支持,本就是共生系统发展与演进的应有之义。新的影像形态出现将进一步拓展影游媒介融合的前景。尽管影游融合尚处于起步阶段,但考虑到这一现象对产业升级、知识创新和媒介新变的积极意义,就不能简单地将之视作控制论实践"在后世中国视觉影像秩序中的一段滞后投影",而是我们基于当前的媒介产业格局所做出的一种长期发展的路径探索与目标预设(孙佳山,2021)。沿此路前行,影游融合的未来虽充满不确定性,但遍布惊喜。

第五章
数字文化产业的平台型商业模式研究

第一节 问题的提出

过去的 20 年,随着数字化融合趋势的加剧,全球的出版业市场竞争激烈,数字化重塑了出版行业竞争格局的核心。数字化进程一方面促进了出版产业从内容生产、印刷、发行到受众接受等所有领域的融合,另一方面进一步推动了出版业的移动性、互动性和多功能性。这些变化来自多家媒体参与了出版业产业链的全过程,媒介融合使出版业的边界变得更加模糊。出版业的媒介融合效应源于将各种信息分解为二进制数字的独特能力,这使得技术功能和文本内容能够出现在不同的媒体平台上,这是继机械印刷术出现后出版业的第二次革命浪潮,也决定着出版业新型商业模式的发展方向。

在数字文化产业生态中,商业模式描述文化产业生态中存在的交易关系和连接方式,决定数字文化的可持续发展,成了数字文化企业可持续盈利的重要一环。随着数字化生态下共生融合趋势的进一步加剧,当出版内容从一种媒体向另一种媒体迁移时,出现了一些显著的变化,如受众的参与性、受众的互动性及受众面的延展性等。主流出版商发现了这一新变化,不再专注于开发阅读平台,而将注意力重新集中到他们的核心业务——内容创作,开始向跨媒体叙事转型。

数字技术的崛起对传统出版业的商业模式提出了挑战,彻底改变了这一行业的格局,出版商的角色和性质也发生了翻天覆地的变化。受益于市场地位和技术专业知识,科技公司倾向于利用自身的竞争优势进入专业出版领域,导致竞争激烈。这使传统出版商不得不采用新的商业模式,充分发挥其专业和数据优势,整合原始数据和单一信息产品,将其转化为复杂而相互关联的信息资源,为消费者提供在数字环境中获取各种知识的机会,从而转型为知识服务型企业(雷晓艳,2018)。在数字时代,出版业的商业模式探索至关重要。本章以国际出版业的平台型商业模式为例进行研究,旨在深入探讨未来出版业的发展趋势,以更好地理解数字文化产业生态中的新型收入方式,并提出相关政策建议。

第二节 出版业平台型商业模式出现的动因

数字技术为国际出版业带来了颠覆性的创新,这是出版业平台型商业模式出现的动因。"颠覆性创新"这一概念由克莱顿·克里斯滕森(Clayton M. Christensen)在20世纪90年代中期提出。当一种新技术占有了显著的市场份额时,它便可被视为具有颠覆性创新。实际应用中,只有当这种新技术能以更低的成本和更大的规模被采用时,它才能被视为颠覆性创新(Christensen,1997)。这种颠覆性创新通常涉及创造"更便宜、更简单、更方便使用"的产品,从而开辟新市场,挑战现有市场领导者的地位,并打破传统的商业模式。这一切最终催生了以平台为基础的商业模式,该模式以其独特的运作方式和策略重新定义了出版业的市场格局和竞争动态(季丹,2023)。

一、成本次可加性推动需求端成为盈利焦点

在数字化引领的颠覆性变革中,降低成本已成为出版商的一项重要策略,这与"成本次可加性"概念密切相关。成本次可加性指的是通过更大的市场份额、增加产量,以及多样化的营销活动或互补产品组合来实现更大的协同效应从而获得成本优势。数字技术的兴起使成本次可加性成为可能,导致出版业的关注焦点由供给端转向需求端(季丹,2023)。

在数字化之前的出版时代,出版商通过"规模经济"来降低成本并获取利润,即印刷量越大,单位成本越低。因此,出版商对印刷品销量的预测显得至关重要。只有具备足够的专业知识,能准确判断哪些作者和作品有市场潜力,并据此进行大量印刷的出版商,才能实现高额利润。同时,出版商与印刷商的合作关系决定了降低成本和实现利润的可能性。在这个时期,出版商通常会整合上游资源,购买大型印刷机来实现整个价值链的成本节约。但进入数字出版时代后,这

一局面发生了改变。选择作者与作品的重要性,以及印刷成本的压力都有所下降。按需打印和数字内容分发的兴起意味着出版业的成本次可加性不再仅仅依赖印刷品的数量,而是更多地取决于受众的需求。在这一新时代,最终消费者的需求成为决定内容的关键因素,从而标志着出版业由供应端驱动转向以需求端为中心的模式(季丹,2023)。

按需印刷确实为图书出版业带来了革命性的变化,它改变了传统的"先印刷,后销售"的模式,降低了出版的成本和风险,同时消除了投机性库存,这种模式允许出版商在接到订单后进行少量印刷,从而显著降低了平均印刷成本,这意味着,即使是小批量的书籍印刷,也能实现盈利(季丹,2023)。这在特定情况下,如"新冠"疫情防控期间,为出版商提供了更大的灵活性和应对市场需求的能力,实现了成本节约,并为整个出版市场创造了新的机会(Brinton,2021)。与此同时,数字内容分发也在改变着出版业的格局。它摆脱了对传统印刷机的依赖,使内容能够通过多种平台分享,呈现渠道多元、内容丰富、参与形式多样的特点。这意味着,出版商必须在数字内容平台上实现成本次可加性,通过为特定用户群体创造价值来获得利润。在这个过程中,出版商的关注点已经从供给方转移到用户,他们更加关心如何为平台用户增加价值、增强平台的吸引力。数字平台能够以友好、结构化的方式向用户提供更多信息,这将增强平台的有用性和盈利能力。因此,内容聚合和平台基础设施的开发变得至关重要,这也意味着出版商需要不断创新,以适应数字时代的发展需求。

二、数字内容的提供方式日趋多元化

数字革命带来了内容提供方式的多样化,这使得出版商面临更多替代产品,如盗版产品、用户生成内容、开放获取资源等,这些都增加了出版商的风险。在数字环境中,各种合法信息资源的免费可用性意味着出版商不能再充当不可或缺的信息中介角色。相反,为了吸引读者,出版商必须提供具有特殊价值的信息。此外,那些寻求向数据库服务商转型的出版商还必须与搜索引擎、社交媒体等技术型企业展开竞争。这些技术型企业通常具有强大的技术实力和用户基础,这使得出版商在这场竞争中面临更大的挑战。为了在这个多元化和竞争激烈的市场环境中生存和发展,出版商需要不断创新,提高自身的核心竞争力,以满足用户不断变化和升级的需求(季丹,2023)。

（一）网络盗版风险防控

在数字时代，各行业的知识产权保护面临着严峻的挑战，其中，音乐产业的盗版现象尤为严重。图书出版业也未能幸免，同样面临着网络盗版的威胁。然而，与音乐行业相比，数字图书市场的销售并未受到同等程度的影响。这主要是因为数字技术带来的创新不仅是内容的数字化，而且包括为消费这些数字内容而发明的便携式设备。对于数字音乐产业来说，由于未能及时建立在线分销渠道和专有的消费载体，因此消费者转向了非法替代品，导致音乐盗版的猖獗。相比之下，出版业对数字技术的应对措施更为积极。随着电子阅读器等数字设备的推出，出版商从一开始就为消费者提供了在线购买其产品的合法选择，例如亚马逊推出并不断更新升级的金蝶（Kindle）电子书阅读器。出版商能够战略性地利用互联网作为分销渠道，并充分利用数字技术，这降低了盗版的风险。通过这种方式，出版商不仅保护了自身利益，而且为消费者提供了更加便利和合法的获取途径，从而在一定程度上缓解了网络盗版对图书出版业的影响（季丹，2023）。

（二）用户生成内容和开放获取

虽然数字化带来的盗版问题对出版业的影响可能没有达到极端，但数字技术的发展无疑改变了出版业的商业模式和运营方式。传统报纸出版业的模式，即整合原创内容生产、内容传播和广告销售，正在受到来自各方的挑战。社交媒体平台和其他在线渠道为用户提供了直接从内容创作者那里获取信息的途径，这使得传统出版商的中介角色变得不再那么重要。用户生成内容的多样性和丰富性为读者提供了更多的选择，这无疑给专业出版商带来了竞争压力。为了在这个环境中保持竞争力，传统出版商需要寻找方法来提供比互联网上免费信息更有价值的内容。这可能包括投资于高质量的原创内容、提供深度分析和评论、开发创新的内容传播策略、利用技术来提高用户体验。此外，出版商还需要考虑如何更好地利用数字技术来扩展他们的业务。这可能包括开发在线平台、利用数据分析来了解读者需求，以及探索新的商业模式，如订阅服务、付费墙和合作伙伴关系。总之，虽然数字技术带来了挑战，但它也为出版商提供了新的机会和可能性。通过创新和适应，出版商有可能在这个不断变化的环境中找到成功的路径。

对科学出版领域来说，开放获取成为一种重要的发展趋势。例如，由大学和学术机构支持的在线知识库研究之门（Research Gate）为公众提供了免费获取科学文献的途径。此外,欧盟委员会推动了由欧洲地平线(Horizon Europe)创新计划资助的欧洲开放研究出版平台(Open Research Europe)的建设,这一平台为科学论文的免费发布提供了新的可能,也解决了科学成果再利用的成本问题(季丹,2023)。

尽管开放获取为传统以科学作品获利的商业模式带来了挑战,但它揭示了新的商业机遇。一方面,当作者愿意免费在线分享其文章时,出版商有机会与他们就"文章处理"相关事宜达成协议。例如,荷兰大学协会与施普林格·自然(Springer Nature)签订了一项协议,实现了对施普林格·自然旗下超过2 000个订阅期刊的开放获取,同时承诺推动荷兰所有由公共资金资助的研究成果的开放获取。另一方面,存在一种混合型期刊,它既包含开放获取的内容,也包含其他受限制的文章。这种混合型期刊的访问、复制和传播是受限的,科学机构仍需采用订阅模式来获取这些内容。例如,在施普林格·自然与荷兰科学机构签订的开放获取协议中,涉及施普林格·自然的混合型期刊的,科学机构需要支付额外的订阅费用(季丹,2023)。

(三) 内容聚合服务

从印刷机到内容平台的演变凸显了内容聚合在商业模式创新中的重要作用。在这个领域,内容聚合服务是平台的核心。传统的新闻出版商在这个场景下不仅要与同行竞争,而且要面对来自如搜索引擎和社交媒体这样的自动聚合服务提供商的竞争,在广告空间销售方面的竞争尤为激烈。技术公司,如搜索引擎和社交媒体平台,凭借特有的技术优势,能够为特定的读者群体提供定制化广告,逐渐成为新闻出版商的实质性竞争对手。他们通过算法降低传统出版商内容推送的频率,改变了出版商在市场中的地位;同时,通过与本地新闻机构的合作来占据更多市场份额。例如,谷歌与WordPress[①]合作,为本地新闻提供了新的发布平台(Rashidian等,2020)。内容聚合平台构建了一个对内容创作者和用户都具有吸引力的网络。举例来说,为了应对数字出版的日益复杂化,时代互联网(Times Internet)推出了M360内容聚合平台,该平台通过提供端对端的解决方案来帮助印度的出版商应对不断变化的数字媒体环境,支持跨平台内容发布、个性化内容定制、受众洞察和大规模的免费广告,从而吸引了大量用户。当平台

---

① 使用PHP语言开发的博客平台。

数据库能够吸引众多内容提供商和用户时,它可以通过自我强化的过程来降低运营成本,实现网络效应。因此,制定能够触发网络不断自我强化的策略对构建出版行业的数字化商业模式至关重要。具有强大网络效应的内容平台能够帮助出版商实现盈利。

三、新进入者对平台开发的日益重视

未来出版业的发展将侧重于关注与内容平台相关的数字需求,新进入者将重视对平台的开发及实现自我强化网络效应。增强的产品定制将使新进入者迅速征服现有传统出版社控制的领域。

(一)电子书平台

文化产业中,平台型商业模式已被广泛应用,成为数字化时代的基础商业形态(Benghozi 和 Salvador,2014)。以亚马逊为典型代表,它揭示了平台商业模式的多样性,并对供应导向型的传统出版模式产生了重塑性影响。亚马逊不仅是电子书领域的重要销售渠道,而且通过金蝶阅读器营造了电子书市场的竞争壁垒。为了拉拢更多用户,金蝶阅读器的定价策略颇为宽容,形成了正向的市场循环。亚马逊的战略目标不仅限于作为电子书的中介,而且企图成为出版领域的实力玩家,为众多未入主流出版圈的作者开辟新的出版途径。此外,亚马逊与传统出版商保持紧密合作,出版商为了提高电子书在平台上的可见度,不得不支付额外费用。亚马逊还开辟了多元盈利途径,如利用读者数据进行个性化广告推送,以及引导用户探索平台上的其他零售产品等。总体而言,亚马逊等创新平台,通过融合不同商业策略,实现了作者、出版商与读者之间的紧密连接,这对传统出版模式形成了深远的影响和挑战。

(二)按需定制

数字技术的进步推动制造过程更加灵活,定制产品变得更具有吸引力,出现"大规模定制"的态势。出版行业中可以在线订购个性化的儿童书籍,客户可以选择主要角色的名称以与其孩子的姓名相对应。在线服务 Blendle[①] 允许读者

[①] Blendle 位于荷兰。通过该公司的网站和应用,读者可以为来自主流媒体的单篇文章支付少许费用,而不必包月或包年进行订阅。

从各种报纸和杂志中选择文章,按照篇来付费,而不需要订阅特定的报纸或杂志(刘健和陈卓,2016)。读者的个性化需求推动出版业发生革命,印刷变得个性化,读者希望选择他们的消费内容和消费方式(耿相新,2017)。出版业的未来正在从大规模发行向更加个性化和定制化转型。西班牙最大的独立图书发行商罗杰斯塔书屋(Logista Books)最近与一家在出版领域应用新技术的先锋企业拉缇出版(Lantia Publishing)共同推出以按需出版模式为核心的新集成服务(季丹和郭政,2020)。很多在线服务商为出版商提供了从模拟到数字的方式,并制作大规模定制杂志。按需定制的数字技术为出版行业的新进入者提供了空间。

第三节 出版业的平台型商业模式构建

在出版业中,数字技术带来了颠覆性挑战,从而需要创新的商业模式来适应数字环境的变化。未来的商业模式创新主要包括核心资产和竞合关系模式的构建。其中,以内容聚合、社区建设、定制和用户生成内容为核心的平台型商业模式已经占据主导地位(Rashidian等,2020)。这种平台型商业模式不仅是简单地应对数字技术带来的变革,而且充分抓住了数字技术的颠覆性力量,积极开发新的产品和服务。

一、核心资产

数字技术的颠覆性变革确实对出版业产生了深远的影响,特别是在资产的重要性方面。在这个变革中,出版商不再仅仅依赖传统的分销渠道,而是转向围绕信息平台建立社区,提供比免费在线信息更具有价值的内容。品牌和明星作者成为出版商的重要资产(季丹,2023)。

(一) 平台

平台经济在出版业的崛起,特别在教育出版领域,已经改变了出版商的角色和业务模式。平台作为一种集成层,将不同来源和创作者的多种内容组织到用户的单一接入点,形成了积极的反馈循环,为消费者和提供者创造了价值。这种模式不仅为用户提供了内容,而且为他们提供了超越内容本身的价值。荷兰的教育出版部门是这种转变的一个典型例子。传统上,教育出版商的主要任务是实施教育计划,并向学校销售书籍、练习册和其他材料。然而,现在他们的角色已经转变为学习过程的促进者,提供平台并集成各种学习工具和材料。这种互动平台不仅为学生创造了价值,而且为出版商提供了了解学生需求和不断改进的机会。这种趋势满足了学校对定制学习材料的需求,并伴随着儿童教育的各个阶段。因此,互动平台基础设施成为出版商的关键资产。这种转变意味着出版商需要不断创新和适应,以满足数字时代的需求和机遇(季丹,2023)。

在科学出版、新闻出版以及专业学术期刊领域,我们都能观察到类似的平台化发展趋势。这些平台为用户提供了先进的搜索工具,能够帮助他们迅速定位所需内容,并能根据用户的个性化需求定制产品。内容及其提供方式已经成为出版市场成功商业模式的核心要素。这些平台简化了用户获取信息的过程,提供了标准化格式的信息,并能与其他平台对接,从而引导读者迅速找到有价值的、定制化的产品和服务。出版商如今更多地扮演着平台提供商的角色,更加重视内容的编辑和管理工作。例如,在德国,三家主要的图书零售商塔利亚(Thalia)、威尔特比尔德(Weltbild)和贝塔斯曼(Bertelsmann)围绕他们共同推出的电子阅读器"托利诺"(Tolino)建立了一个联合出版平台(季丹,2023)。这个平台实际上取代了传统书店的功能,使客户能在其中搜索和获取他们感兴趣的文献。平台的功能和基础设施已经成为出版商的核心资产,为他们提供了开发新商业模式的独特机会。

(二)数字社区

分销渠道是传统出版行业商业模式的关键环节,但围绕信息平台或单个产品(如某杂志、报纸等)建立的数字社区是新兴资产数字环境的根本。出版商过去将印刷的杂志、报纸、书籍等作为其产品,读者作为其客户,但目前出版商可能更关注社区发展。

数字社区可用于促进读者之间的知识交流,并及时提供最新动态。在这种情况下,出版物不仅是一种产品,而且是一种强大的交流工具。在出版市场的其他领域,拥有详细客户信息的数据库已成为一种重要的资产。互联网上免费信息的广泛可用性迫使出版商更加注重根据读者的需求提供量身定制的信息。例如,像沃帕德(Wattpad)这样的平台型出版商,结合了创意写作和灵活版权,通过社交互动和算法推荐等方式,根据用户的阅读和写作习惯进行分析,打造以创作和互助为乐趣的社区氛围,推动了出版业的创新发展。因此,了解客户的偏好是提供定制服务的重要资源。报纸出版商也越来越多地吸引读者积极参与，让他们有机会"喜欢"感兴趣的文章或发表评论。通过这种方式，报纸出版商开始构建数字内容平台，以更好地满足他们的读者群体的需求（季丹，2023）。

（三）品牌

通过社区建立与目标群体的密切关系，出版商不仅可以维护平台的网络关系，而且可以建立品牌声誉。在数字时代，年轻一代的偏好在发生剧变，品牌忠诚度不断下降，品牌资产的建立愈加困难。信息技术的进步放大了这一效应，消费者可以免费在线阅读大量内容，更不愿意为订阅某一特定品牌的杂志而付费。数字时代如何向年轻人推荐传统强势品牌成为难题。通过社交媒体围绕某一品牌打造"数字社区"，关注与接触年轻人，并向他们推荐在线内容成为数字时代出版业重要的运营模式，品牌在数字时代以不断变化的方式出现并发挥作用，如科学出版机构特别重视品牌，成熟的品牌赋予了科学出版机构权威性，并在对科学出版机构的内容评估和资格验证中发挥核心作用。学术界对主要期刊和重要科学出版商发行的丛书予以高度关注，品牌在其中发挥的作用不容低估。

（四）超级明星

在数字时代，出版领域中成为品牌的不是出版商，而是作者。作者代替了出版商而成为出版行业重要的品牌，尤其是顶级作家撰写专栏，或通过其他活动发展他们的"品牌"，成为出版商的关键"资产"。围绕品牌作者建立的商业模式也可以被视为出版商获得利润的方式，并可防止作者自主出版带来的风险。目前，资助出版对作者而言尚有一定的难度，出版商可以成为作者的代理人，编辑、设计、宣传、销售书籍。

二、运作模式：合作竞争

在平台的强大网络效应作用下，借助先发优势可以占领市场。合作竞争成为现有出版企业抓住这一先发优势，并对不断变化的市场保持更多控制的方式之一，奈飞等数字流媒体平台通过与沃帕德合作，重塑了由出版物改编为电影和电视剧的制作流程，改变了出版业企业之间的关系。与此同时，合作竞争也带来了各种挑战：一是平台上各企业需要就自治程度达成一致，并需要找到机制以避免垄断者出现；二是出版商在与追求不同形象的其他出版商合作的同时如何保持自己的独特差异性。

出版业合作竞争的特殊形式之一是市场现有者的联合创新。为了在瞬息万变的市场中成为先行者，创新至关重要。改变业务或开发新产品在不确定未来是否有市场的出版业中具有巨大挑战性。同时，为了创新，往往需要获得外部知识，或与引进不同知识和技能的各方合作。联合创新可以帮助处于不断变化的市场中的公司发展新思路，并将潜在进入者拒之门外。在出版业中，联合创新可能涉及在线平台或应用程序，甚至新的印刷技术的联合开发。移动支付公司富途宝（Fortumo）于2019年推出PayRead，允许数字出版商通过其提供的用户识别卡（Subscriber Identity Module，SIM）卡识别用户并向其收费，这项服务覆盖超过100个国家的31亿以上消费者，使数字出版商摆脱了之前付费墙带来的障碍；同时，PayRead还提供了身份验证的无缝对接，使读者更容易支持他们所喜欢的出版物。

第四节　结论与启示

一、平台型商业模式的基础在于自我提升网络的构建

（一）数字技术给出版业带来颠覆性影响

平台型商业模式的本质是出版商采用数字技术，寻求抓住新的内容分发方式的机会。通过创建内容分发的数字平台，出版商可以建立一个对内容提供商和读者都有吸引力的网络。作为双边市场的平台，如果在吸引内容提供商的同时拥有大量客户，就能够创造利润。因此，出版商可以启动平台自我强化的过程，基层内容数据库越丰富的平台会变得越有吸引力，运行成本也将随之降低。

（二）基于平台的内容分发可以多种形式出现

在平台上围绕用户需求，尤其是特定社区用户需求整合期刊文章和书籍，通过使用平台上提供的各种信息资源之间的搜索功能和交叉引用，为专业人士创造附加值。同时，该平台可以作为特定行业的专业人士之间沟通的空间。它更是一个信息论坛，产品和服务的广告、新闻和事件的发布、监管变化和问题解决方案的讨论交汇于此。

二、平台型商业模式的核心在于用户的价值共创

平台的创建允许出版商为客户积极参与信息的创建提供空间。用户数据画像、内容评级所获取的有效反馈都能为进一步提供定制化内容提供帮助。在教育和学术出版部门，可以根据校方要求生产学习材料。一旦教育内容以数字形式提供，它就可以采取互动平台的形式，允许教育机构选择、添加、丰富和重组内容，重新校准需求并让学生参与平台内容的创建。

打造能够自我增强、吸引客户和有内容提供商参与的价值共创网络成为出版行业实现平台型数字商业模式成功的核心。这种商业策略以出版物为工具，围绕出版内容构建用户社区，而不只是将注意力集中在单一出版物的商业利用上。这代表出版商需要运用多种交流途径，为特定行业的行家里手供应常规的信息资料，同时根据用户的个人喜好定期更新和通过社交平台推广内容。换句话说，平台型商业模式的目标是构建以特定信息产品为核心的用户社区，而广泛的互动活动是实现这一目标的手段；单一的报纸、杂志或图书的出版不再是终极目标，而仅仅是提供更丰富的相关产品和服务的初始阶段。

三、平台型商业模式的保障在于多重法制的保护

为了使传统商业模式适应数字化环境，出版商在采纳平台型商业模式时，必须着重考虑法制保障。这包括考虑采用何种混合法律保护体系，以便为向基于平台的商业模式的过渡提供充分激励。这种新颖的商业策略不再仅仅集中于单一内容的商业化，而是更侧重于利用出版商的独特声望或信息数据库来创造附加值。这与传统对单一文学作品的版权保护有所不同，它更广泛地涉及知识产权保护的其他形式，尤其是对商标权利和特有的数据库权利的保护。在出版业向平台型商业模式顺利过渡的过程中，有必要重新审视和整理现有的法制框架，以更加有效地保障平台的正常运作。

第六章
数字文化产业的经济效应研究

第一节 问题的提出

作为"五大幸福产业"中的领军者,旅游产业对于区域经济的增长以及产业结构的升级所展现的"绿色驱动作用"已由多方研究证实(Faber 和 Gaubert,2019;Zi,2015)。伴随着人们对消费的不断追求以及旅游需求的层次化,单一依赖自然景观吸引游客的模式已无法满足现代游客多样化的需求,其对区域经济的拉动作用也变得有限(刘瑞明等,2020)。在此背景下,文化旅游等多元化的旅游模式开始在全球范围内崭露头角(Santa-Cruz 和 López-Guzmán,2017)。然而,要推动文化旅游实现高质量且可持续的发展,关键是要解决传统文化产业在生产空间、体验场景、消费渠道、传播媒介等方面的限制问题(江小涓,2018)。鉴于此,自2020年起,文化和旅游部发布了《关于推动数字文化产业高质量发展的意见》《"十四五"文化产业发展规划》等一系列政策文件,多次强调要丰富网络音乐、网络表演以及知识服务等数字消费形式,发挥线上品牌和精准营销的优势,释放数字文化产品的消费潜力与市场价值,从而引领和扩大文化旅游消费,满足人民群众日益增长的精神文化需求。在国家层面大力推动数字文化内容与旅游领域融合的过程中,我们观察到了一个显著的现象:音乐文化资源在推动区域旅游经济发展中具有重要地位。许多旅游产业正是基于本地特色的传统音乐文化资源进行开发而建立的,音乐文化产品已逐渐成为传达城市形象的"独特符号"与塑造地区文旅品牌的"亮丽名片"(Bellon,2019)。因此,我们不禁要提出一些尚待解答的问题:在这个数字文化产业异军突起的数字经济时代,数字音乐文化产品(以下简称"数字音乐产品")是否同样具备激发旅游市场活力、推动地区旅游经济发展的能力？数字音乐产品能否成为文旅融合发展的新动能？

依托数字音乐平台的目的地歌曲为研究上述问题提供了绝佳样本。这样做的合理性主要表现在以下几点：第一，作为数字音乐产品的目的地歌曲，具有存续时间长、覆盖受众广泛、与传统文化紧密相连、易于综合计量等独特优势（Aguiar 和 Martens，2016；Magaudda，2011；Anderson，2013）。第二，这类歌曲既是物质理想的反映，也体现了审美理想（张卉等，2020），它们在传达力量和激发情感的同时，重塑了人与人、人与地的关系，更容易引起听众的共鸣（王婷和吴必虎，2020）。第三，目的地歌曲的发行时间各异，涉及的地名范围广泛，而且大部分目的地歌曲发行的初衷并不是吸引游客，因此，可以将目的地歌曲的发行视为一种外生政策冲击（吕德胜等，2022）。

与本章研究相关的学术文献主要可归纳为两大类：第一，关于音乐文化与旅游之间的互动关系和融合实践的研究。音乐作为一种独特的声音表现形式，在国际旅游研究领域受到了广泛关注（刘爱利等，2016）。现存的学术研究多聚焦于基于声景角度的旅游体验（杨洋等，2021），仅有部分学者从经济发展的角度探索了音乐与旅游之间的联系。Sellars（1998）研究了舞曲（Dance Music）对英国青年旅游市场的影响，发现随着舞曲逐渐成为年轻人喜爱的主要社交活动媒介，利用它来推广目的地并吸引青年游客是十分有效的；展望未来，音乐与旅游产业有望在多个领域实现互利共赢。Gibson 和 Connell（2005）分析了音乐旅游在创造收入和提供就业机会方面的潜力，以及音乐与旅游的融合如何提高目的地的吸引力。Reijnders 等（2015）认为，音乐等文化产品能够影响大众，进而促使他们前往相关目的地，从而显著提升当地的旅游经济，但这一影响效应和作用机制还需通过大数据来进一步验证。第二，在研究数字文化产品的效应、含义和发展动向时，我们发现国际学者往往更加关注从产业应用的视角深入探讨数字文化产品的效应和相关的版权问题（Waldfogel，2012；Oberholzer-Gee 和 Strumpf，2007；Robert 和 Emily，2009）。在这些研究中，仅有一小部分学者理论性地探讨了数字音乐产品对旅游产业发展的潜在影响（Mclean，2010）。具体来说，Zeng 和 Gerritsen（2014）揭示了在数字技术广泛应用的背景下，旅游业的从业者有可能通过数字音乐平台实施目的地营销，这一策略在某种程度上能够改变消费者对目的地信息的搜寻和旅游决策行为。Lashua 等（2014）选取了英国北部的一些城市作为案例，探讨了经数字化传播的传统音乐产品对当地旅游业的潜在影响。这类研究为我们提供了宝贵的洞见,帮助我们更好地理解数字文化产品,尤其是数字音乐产品,是如何影响旅游行业的。国内众多学者主要集中于对数字化环境下文化产品的内涵和治理路径的理论研究(董晓松等,2013;江小涓,2021),也有一些学者选择网络图书、电影等作为研究对象,进行实证性分析(方娴和金刚,2020;王分棉等,2021;龚诗阳等,2012)。特别是吕兴洋等(2020)、徐海军和吕兴洋(2019),它们以歌曲《成都》为研究案例,验证了目的地音乐通过触动游客的听觉感官,为旅游目的地营销增添了新的感官维度,对游客对旅游地地点形象的感知产生了显著影响。然而,本章的研究视角有所不同,我们选用的是非特定目的地的音乐,探讨数字音乐产品如何影响旅游业的发展,并将研究焦点放在地区旅游经济及其反应机制上,而非个体的需求体验,以更为贴合当前文化旅游产业高质量发展阶段对文化产业数字化的迫切需求。

虽然国内外对数字音乐产品对旅游经济效应的研究已有一些值得参考的成果,但整体而言,这一领域的研究仍处于初步探索阶段,尚未形成完善的理论体系和实证分析框架。原因主要如下:首先,数字文化产品的形式和种类众多,且难以进行量化分析,现有文献在从数字音乐产品的角度探讨文化对旅游经济的影响时,缺乏足够的实证研究。其次,许多学者主要从声音如何影响目的地景观建设和满足旅游者需求的角度进行分析或案例研究(刘爱利等,2016),这导致研究理论和成果在"从特殊到一般"的解释力上存在不足,特别是在空间异质性较大的中国,这些研究缺乏足够的代表性。最后,数字音乐产品对旅游经济的影响机制相当复杂,难以被完整而有效地纳入理论模型中,因此,相关研究多数直接探讨音乐与旅游之间的关系,缺少对相关作用机制和异质性效应的实证研究,从空间溢出的角度分析文化产品与旅游经济发展的互动关系的实证研究则更为罕见(吕德胜等,2022)。

在这一基础上,本章利用中国281个城市在2005年至2019年的面板数据,运用多期双重差分法来研究数字音乐产品对地区旅游经济的影响,同时探索了其背后可能的作用机制和异质效应。本章的主要贡献包括:首先,从理论角度探讨了数字音乐产品对旅游经济发展的影响,为数字文化与旅游经济的理论研究提供了有益的补充。其次,通过手动收集数字音乐产品的数据,识别并验证了数字音乐产品在地区旅游经济发展中的核心作用,首次以目的地歌曲的发布作为外生政策冲击,通过构建多期双重差分模型来估算数字音乐产品对地区旅游经济的净效应,使得评估结果更加精确。最后,创新地从市场活力的角度尝试解析数字音乐产品与旅游经济之间的联系,并将外部宏观环境和空间效应等因素纳入实证分析,探讨了数字音乐产品对旅游经济的异质性影响和空间溢出效应,为政府制定精准政策提供了重要的参考依据(吕德胜等,2022)。

第二节 理论分析与假说提出

一、直接促进效应假说

数字音乐产品对旅游经济产生直接影响的逻辑颇为清晰。依据斯宾塞(Spence)的信号理论(Signaling Theory),游客在选择出游目的地的初期阶段会受到音乐、文字、视频等非旅游因素构建的目的地意向(信号)的影响(Little,1994),这种强烈的信号传递会对潜在游客的目的地选择行为产生推动作用(朱镇,2021),从而通过增强游客的决策信任和购物信心,促进与文化产品相关的旅游消费和经济增长(Zeng和Gerritsen,2014)。具体而言,音乐是我国文化产业的重要组成部分,作为一种广受欢迎的文化传媒,其具备显著的社交属性和巨大的信息传递潜力(王婷和吴必虎,2020)。它不仅可以通过社交特性让人们广泛传播产生共鸣的知名音乐作品(Spilker,2017),而且可以传达旅游目的地的文化精髓和地方特色,构建人与地之间的情感联系。以《成都》这首歌为例,已有研究证实了目的地音乐对游客感知和潜在游客的影响(徐海军和吕兴洋,2019;吕兴洋等,2020)。此外,知名数字音乐产品的传播有助于提升旅游目的地的知名度,推动地区文化旅游品牌的建设,进而增加当地旅游收入。更具体地,在数字化时代,连接成本极低,根据梅特卡夫定律(Metcalfe's Theorem),互联网用户规模的持续增长带来的价值倍增效应,使音乐的社交属性和信息传递效应进一步放大。相比普通数字音乐产品,知名数字音乐产品具有更强的"知晓效应"(龚诗阳等,2012),其传播速度更快、范围更广。特别是在互联网平台上引发热议的知名数字音乐产品,能够获得更多曝光机会,这种传播具有类似于数字营销的广告效应(Sweeting,2013),从而进一步提升了旅游目的地的影响力。因此,本章提出假说1:

假说1:知名数字音乐产品能够对当地旅游经济起到正向促进作用,相较于普通数字音乐产品,其旅游经济拉动作用更显著。

二、国内外游客效应差异假说

通常情况下,知名数字音乐产品在国内和国外游客中会产生不同的影响,可以归因如下:第一,国内外游客之间存在文化差异。就数字音乐产品本身而言,它们通常更多地面向国内受众,因为它们有助于传达国内旅游目的地的意向和文化内涵,这种信息传递效应对国内游客的影响更为深远,更容易达到逐渐渗透的效果。相反,对国外游客来说,国别和文化差异使得数字音乐产品的信息传递效应受到限制(刘瑞明等,2020)。第二,国内外游客在选择旅游目的地时有不同的偏好。通常情况下,目的地歌曲的创作初衷并不是吸引游客,因而知名目的地歌曲通常与国内著名旅游城市的关联度较低。国外游客更倾向于选择国际知名的旅游景点,考虑到旅行时间和成本等因素,他们更有可能首选国家级风景名胜区进行游览。国内游客则通常有更多的时间来深度体验目的地的情境和文化,因而更容易受数字音乐产品的影响(谭娜和黄伟,2021)。值得注意的是,目的地歌曲作为数字音乐产品,其影响力也遵循产品生命周期的规律(Romer,2002),随着新听众的涌现和二次传播的发生,目的地歌曲在旅游经济中的长期影响力可能呈现周期性波动的趋势。因此,本章提出假说2:

假说2:知名数字音乐产品对国内游客的作用大于对国外游客的作用,其对区域旅游经济的促进作用会随时间推移呈周期性波动趋势。

三、溢出效应假说

知名数字音乐产品的"信号功能"除了能够直接促进地区旅游经济的发展,还放大了劳动力、资本、技术等各类生产要素的"趋利性"特征(孔令章和李金叶,2021),促进了地区文娱、住宿、餐饮等旅游配套产业的发展,从而延长了旅游产业链,通过激发市场活力来实现旅游收入最大化,所以数字音乐产品的旅游促进效应更多体现在住宿、餐饮等旅游附加消费上(刘瑞明等,2020)。值得注意的是,地理学第一定律及现有研究表明,旅游产业的"吃、住、行、游、娱、购"六个基础要素都具有普遍的空间相关性。当地区旅游生产要素及产业集聚水平达到一定程度后,可能由于"极化-涓滴"效应使得技术、劳动力、资本等要素溢出进而带动邻域旅游经济的发展(王松茂等,2020)。从"旅游溢出效应"角度来看,在时间、经济等条件允许的前提下,游客更倾向于在一次旅行中选择多个相邻目的地进行游览(Yang等,2018)。另外,周边地区旅游从业人员也会有意识或无意识地模仿优势地区的旅游产品、服务、管理技能等,以获得更高的利润和效率,从而对周边地区旅游业的发展起到"示范效应"和"鲇鱼效应"(王松茂等,2020)。因此,本章提出假说3:

假说3:知名数字音乐产品可通过激发市场活力来提升地区旅游经济,还能对邻近城市的旅游经济产生空间溢出效应。

四、异质性假说

由于中国各区域在文化多样性、旅游资源、经济发展水平等方面存在显著差异,因此知名数字音乐产品对旅游经济的影响可能表现出异质性。文化旅游是游客体验和地域文化互动的过程(Chen 和 Rahman,2018),区域文化的多样性成为数字音乐产品影响旅游经济的关键因素。此外,地区的文化旅游资源是数字音乐产品发挥旅游经济效应的基础。城市的发展规模也会带来不同的影响,一般而言,发展规模较大的城市的旅游业较为成熟,能够为游客提供更好的环境和服务。然而,从边际收益递减的角度来看,这些大城市由于知名数字音乐产品带来的"趋利性"特征可能不够突出,也不一定在文化多样性和文化旅游资源方面具有优势(李红和韦永贵,2020)。正如古人所言,"世之奇伟、瑰怪,非常之观,常在于险远",中西部地区和欠发达城市凭借其独特的自然条件、丰富的历史文化和多样的民族风情,有着发展特色文化旅游的有利条件(王松茂等,2020)。因此,本章提出假说4:

假说4:知名数字音乐产品对旅游经济增长的作用效应会受到区域文化多样性、文化旅游资源禀赋、城市发展规模这些外部因素的影响。

第三节 识别策略、变量与数据

一、识别策略

由于目的地歌曲的发布时间各异,因此本章采用多期双重差分模型的思路。这一方法旨在创建目的地歌曲发布前后的差异,并考虑城市是否拥有对应的目的地歌曲所产生的差异。基于这两方面的差异,我们的估计能够控制其他同期政策的影响和城市之间的初始差异,从而更准确地识别数字音乐产品对旅游经济的净效应。同时,考虑到城市的旅游业发展可能受省级层面的总体旅游规划和政策的影响,本章在稳健性检验环节引入省份-时间联合固定效应,以捕获各省随时间变化的政策效应(刘瑞明等,2018)。

具体来看,与文化产品的内容相比,名称是最能给人带来直观感受的产品构成要素之一(刘力,2013)。研究音乐产品时,歌词虽然包含了丰富的目的地信息,但其内容繁杂且统计上存在不确定性,考虑到数据的可操作性、可获得性和完整性(方娴和金刚,2020),本章选择了音乐产品名称作为数据源。依据名称中是否含有城市名来筛选具有目的地属性的歌曲。在评估数字文化产品的知名度方面,有学者提出,消费者讨论产品的频次越高,表明产品的知名度越高,即"知晓效应"越强(龚诗阳等,2012)。这种增加的知名度会提高消费者选择该产品的可能性(Godes和Mayzlin,2004)。产品评论数量则可视为衡量口碑互动热度和传播广度的一个重要指标(Lin,2014)。这种"知晓效应"的作用机制可以追溯到经济学中的"信号理论"(朱镇等,2021)。信号理论认为,信息的传递是通过各种信号来实现的,而消费者对产品的评论就是这样一种信号,能够反映产品的知名度和市场表现。因此,本章的研究方法借鉴了先前学者在评估数字平台知名度时采用评论数量的研究思路(王分棉等,2021;Yang等,2018;Park和Nicolau,2017;史达等,2022)。同时,我们参考了史达等(2022)的"初筛-补筛"筛选方法,对数字音乐平台进行了初步筛选,特别关注了在国内广受欢迎的数字音乐平台之一——网易云音乐,因为该平台一直以音乐社交和评论功能著称。为了尽量减少样本选择偏差,我们还采用了QQ音乐、酷狗音乐、酷我音乐等平台的歌曲相对热度进行类比筛选,以减少因版权问题和软件区域偏好等因素引起的测量误差。关于本章的双重差分分组构建方式,我们参考了现有文献中类似的方法。学者们通常会根据政策实施前某一时点的变量排名来进行分组,并以样本固有的差异来识别政策效应。这种方法在评估政策影响时具有一定的可行性和有效性。

借助上述音乐平台结合百度搜索引擎对知名数字音乐产品的发行年份进行搜索,最终筛选出发行时间在2005—2019年的24个知名数字音乐产品,将相关的24个城市构成处理组,其他城市构成对照组。本章的基本回归模型设定如下:

$$Y_{it} = \beta_0 + \beta_1 release_{it} + \beta_2 X_{it} + \mu_i + \gamma_t + \varepsilon \quad (式6-1)$$

在式6-1中:下标i代表国内城市,t代表年份;被解释变量Y_{it}代表i地区第t年的旅游经济;X_{it}代表一系列可能影响地区旅游经济的控制变量;μ_i和γ_t

分别代表地区和时间固定效应；ε是随机误差项；$release_{it}$是本章的核心解释变量——知名数字音乐产品发行，其系数β_1衡量了知名数字音乐产品对地区旅游经济的影响程度。

二、变量与数据

本章所关心的核心解释变量为$release_{it}$，该虚拟变量的度量方式：知名数字音乐产品发行后$release_{it}$为1，发行前$release_{it}$为0。需要指出的是，考虑到旅游存在淡季和旺季之分，借鉴相关研究，发行日期在当年10月1日之后的被视为下一年发行。本章选定了6个主要因变量，分别是人均国内旅游收入、人均国内旅游人次、人均国外旅游收入、人均国外旅游人次、人均国内外旅游收入以及人均国内外旅游人次。为了更全面地控制可能影响地区旅游经济发展的其他因素，我们在综合考察了相关文献和实际情况后，纳入了一系列控制变量，具体如下：(1) 鉴于地区经济发展水平和基础设施建设对旅游业的重要影响，本章采用人均GDP和人均外国直接投资(Foreign Direct Investment，FDI)作为衡量地区经济发展水平的指标，同时选取了人均固定投资额和人均全年用电量作为基础设施建设的代表性变量(Bornhorst等，2010)；(2) 由于地区服务接待能力是影响旅游业发展的核心因素，因此我们引入第三产业发展水平、每万人旅行社个数和文化旅游事业费财政占比这几个变量，以反映地区的服务接待能力(Faber和Gaubert，2019)；(3) 由于地区交通运输能力会直接决定旅游目的地的便利性，因此本章选用了每万人年末公共汽车数和每万人年末出租车数作为衡量地区交通运输能力的变量(Williams和Balaz，2009)；(4) 由于地区的人文自然环境为旅游业的发展提供了基础，因此我们采用了万人公共图书馆藏书量、万人在校大学生数和建成区绿化覆盖率这几个指标来评估地区的人文自然环境(Leslie和Russell，2006)。

本章选取了中国281个地级以上城市在2005至2019年的面板数据进行分析，相关数据来源包括《中国城市统计年鉴》《中国统计年鉴》《中国旅游统计年鉴》以及各省市统计年鉴和统计公报等。由于篇幅限制，文中未能展示描述性统计的结果。为了消除多重共线性问题，我们仔细检查了变量间的相关系数，结果显示，除了极少数相关系数位于0.70至0.75的区间外，大多数相关系数小于0.7，这表明本章的研究并未出现严重的多重共线性问题，模型的设定是合理的。此外，所有变量的方差膨胀因子(Variance Inflation Factor，VIF)最大值为4.74，远小于10这一经验判断值,这进一步确认了本章的实证结果不会受到多重共线性的干扰(吕德胜等,2022)。

第四节 实证结果分析

一、基准回归结果

表6-1报告了模型(6-1)的基准回归结果。第(1)~(4)列显示,知名数字音乐产品发行能显著促进地区人均国内旅游人次(adtp)和人均国内旅游收入(adtr)的提高,但对人均国外旅游人次(aitp)、人均国外旅游收入(aitr)无显著影响;第(5)列和第(6)列显示,知名数字音乐产品对人均国内外旅游人次(agtp)、人均国内外旅游收入(agtr)产生显著正效应,这与国内旅游市场中大多为国内游客的基本事实相符,也证明了国家积极推动文化产品"走出去"的重要性。因此,假说1和假说2得到部分验证。

表6-1　　　　　　　　基准回归结果:加入控制变量

变量	(1) $adtp$	(2) $adtr$	(3) $aitp$	(4) $aitr$	(5) $agtp$	(6) $agtr$
$release$	1.156*** (2.69)	3.683*** (7.01)	−0.007 (−0.65)	0.004 (0.11)	1.169*** (2.70)	3.708*** (6.87)
控制变量	控制	控制	控制	控制	控制	控制
时间和地区固定效应	控制	控制	控制	控制	控制	控制
样本数	4 215	4 215	4 215	4 215	4 215	4 215
R^2	0.675	0.690	0.183	0.214	0.674	0.681

注:括号中为t值,根据城市层面稳健标准误调整;***代表1%的水平上显著。

二、稳健性检验:平行趋势检验

采用双重差分法的前提是满足平行趋势假设,即处理组和对照组城市旅游经济发展的变化趋势在知名数字音乐产品发行前应保持平行,故本章采用事件分析法对平行趋势假设进行检验,估计模型如下:

$$Y_{ik} = \alpha_0 + \sum_{k=-5}^{1+} \beta_k release_{ik} + \alpha_1 X_{ik} + \mu_i + \gamma_t + \varepsilon \qquad (式6-2)$$

式 6-2 中：$release_{ik}$ 代表一系列虚拟变量，表示知名数字音乐产品发行的第 k 年，具体而言，$k=0$ 表示数字音乐产品发行的当年，$k=1$ 表示数字音乐产品发行后的第一年，$k=-1$ 表示数字音乐产品发行的前一年，以此类推；其他变量的意义同式 6-1。以 $k=0$ 为基期，当 $k<0$ 时，系数 β_k 的估计结果不显著，即没有拒绝 β_k 为 0 的原假设，这说明处理组与对照组的旅游经济发展符合平行趋势假设。如图 6-1 所示，当 $k<0$ 时，系数 β_k 的估计结果在上下 95% 的置信区间内均不显著，即在知名数字音乐产品发行前，处理组和对照组旅游经济发展变化趋势不存在显著差异。进一步地，从 $k>0$ 的动态效应来看，系数 β_k 的估计结果均显著为正，即数字音乐产品显著促进了国内城市旅游经济，且这一促进效果分别在第三年和第九年达到峰值后呈下降趋势，至此，假说 2 得到验证。

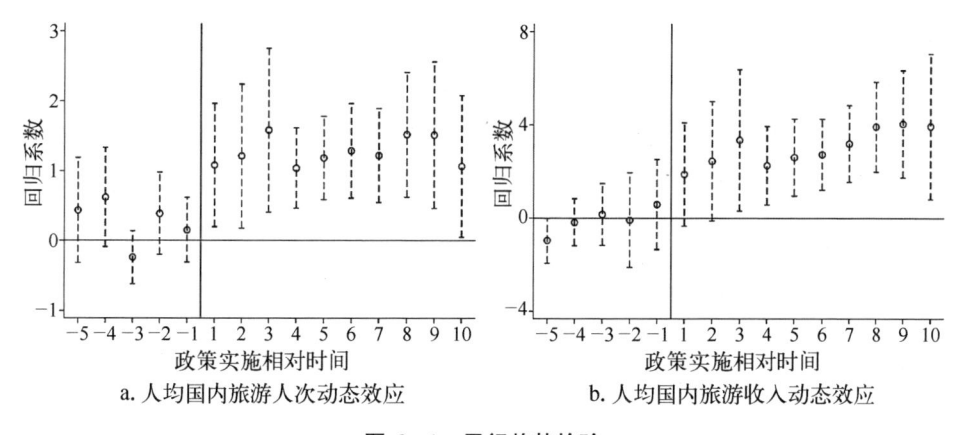

a. 人均国内旅游人次动态效应　　b. 人均国内旅游收入动态效应

图 6-1　平行趋势检验

三、稳健性检验：安慰剂检验

尽管前文的识别中控制了时间效应和地区效应，但仍有一个担忧——本章的实证显著可能来自某些不可观测的因素。为此，本章通过构造安慰剂检验来判断知名数字音乐产品的旅游经济效应是否由不可观测因素引起（Cantoni 等，2017）。具体地，按照 281 个城市中知名数字音乐产品的发行情况，随机生成处理组并重复 1 000 次，从而产生 1 000 个"虚假"的回归系数，理论上说，这些"虚假"的回归系数应该接近 0。从图 6-2 安慰剂检验结果可以看出，回归系数分布在0的附近且服从正态分布,仅有极少数回归结果大于本章的"正确"系数,结果符合安慰剂检验预期,这说明其他不可观测因素对主要估计结果没有显著影响。

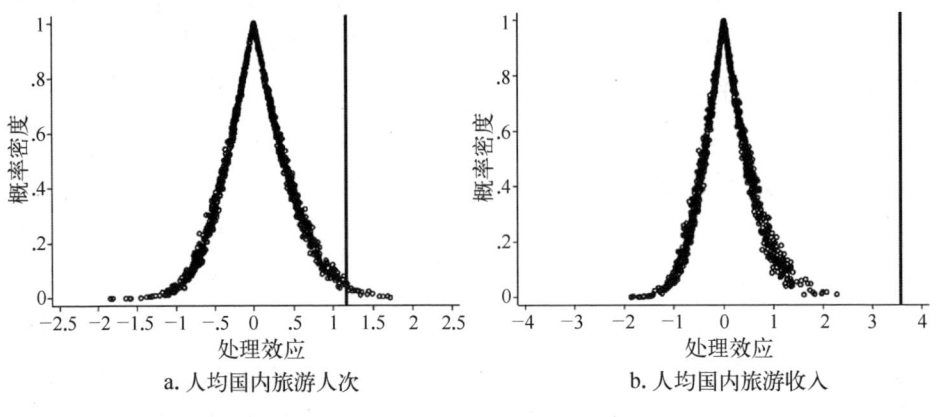

a. 人均国内旅游人次

b. 人均国内旅游收入

图6-2 安慰剂检验

四、稳健性检验:加入省份-时间固定效应

虽然知名数字音乐产品因"随机发行"的特性在很大程度上避免了各城市间的相互干扰或网络效应,但考虑到各城市所属省份在文化旅游政策制定和出台方面存在较大差异,这些政策可能对各城市旅游经济发展造成不同影响。为控制省份随时间变化的特征进而得出更为可靠的估计结果,本章在基准回归中加入省份-时间固定效应,回归结果与表6-1的结果无显著差异,本章结论依然成立。

五、稳健性检验:考虑数字音乐产品先"冷"后"热"的情况

本章将知名数字音乐产品的发布年份定义为"政策执行"时间,但需要注意的是,某些数字音乐产品可能经历从最初的不温不火到后来的广受欢迎的过程,这可能导致"政策执行"时间的准确性出现偏差。为了排除这一因素可能对研究结果产生的影响,我们利用Python软件分析了知名目的地歌曲的评论年份,并以评论数量最多的年份作为各个地区的"政策执行"时间,从而更准确地验证知名数字音乐产品实现"慕名效应"的实际情况。经过验证,这一修正后的估计结果与前文的分析相比,差异不大,进一步证实了知名数字音乐产品对旅游业的促进作用。

六、稳健性检验：考虑评论数量作为筛选标准的局限性

尽管采用评论数量来描述数字产品的知名度和市场表现已是学术界的共识，但由于音乐评论的群体特性较为集中，因此仅依靠评论数量作为唯一的筛选标准可能导致测量误差和内生性偏误。同时，对音乐的负面评论也可能削弱"信号传播"的效力，从而导致对音乐知名度的高估。众所周知，歌手的知名度会影响其音乐作品的知名度。为提高本章结论的可靠性，本章借鉴了莫怡青和李力行的研究方法，使用百度搜索指数[Ln(1+搜索指数)]来衡量歌手的知名度（莫怡青和李力行，2022），借助歌手和音乐知名度的乘积排名，筛选出与基准回归样本数量一致的处理组，这一方法的估计结果仍然支持本章的主要结论。部分学者通过文本分析法对数字平台上的评论内容进行正负性判别（史达等，2022），但数字音乐平台的评论内容具有其独特性，例如，可能包含大量与音乐本身无关的消极情感表达，因此不能直接采用文本分析法进行简单判定。为确保识别的准确性，本章利用 Python 软件识别了知名目的地歌曲的前一百条高赞评论，参考张琦和郑瑶的方法，通过人工阅读来判别针对音乐本身的负面评论（张琦和郑瑶，2018）。为增强判别结果的可靠性，进行评论判别时由 4 人同时阅读。结果显示，本章筛选出的知名数字音乐产品中，每首单曲的负面评论比例均未超过 1%，因此，针对音乐本身的负面评论不会对本章采用评论量作为筛选标准的合理性造成影响。

七、稳健性检验：PSM‐DID

为消除样本自选择偏误，本章进一步运用倾向得分匹配（Propensity Score Matching，PSM）找到与处理组样本最相似的控制组，具体地，本章以控制变量作为协变量，选择一对一近邻匹配，采用 Logit 估计倾向得分。在满足平衡性检验的基础上，运用双重差分（Difference-in-differences，DID）模型对匹配后的数据进行再估计，该结果的显著性与系数值相较于基准回归结果无明显改变，故本章研究结论依然稳健。限于篇幅，这里未展示平衡性检验及再估计结果。

八、其他稳健性检验

为消除极端值可能对回归分析结果的扰动，本章对所有连续变量执行了 1%、2%、5%、10% 的缩尾处理。鉴于直辖市和地级市存在行政级别差异，为检

验将直辖市纳入城市样本是否会对主要的估计结果产生影响,本章在基准回归分析的基础上,对直辖市进行了排除验证。同时,考虑到知名数字音乐产品对旅游经济增长的影响效应可能源于相关地区的旅游评选活动(如优秀旅游城市评选、全域旅游示范区评选等),而非仅仅来自知名数字音乐产品本身,因此,本章进一步控制了这两类地区的旅游评选活动。此外,考虑到知名数字音乐产品对旅游经济增长的影响效应可能受同期其他文化旅游政策(如文化体制改革政策、文化产业集聚政策等)的影响,本章加入了这两类文化政策的控制变量。最终,本章对解释变量和控制变量进行了滞后一期处理,并对模型 6-1 进行了深入估计。经过上述各项稳健性检验,包括排除极端值、剔除直辖市、加入额外控制变量等,本章的主要估计结果表现出良好的稳健性(吕德胜等,2022)。

第五节 进一步分析

一、数字音乐产品对区域旅游经济发展的空间溢出效应

前文证实了知名数字音乐产品对区域旅游经济发展的影响,然而,忽略地区间的空间相关性可能造成估计偏误。为了弥补这一缺陷,本章首先采用全局莫兰指数(Global Morans' I)进行空间相关性统计检验,根据拉格朗日乘数(Lagrange Multiplier, LM)、豪斯曼(Hausman)检验结果选用时空双固定空间杜宾模型(Spatial Durbin Model, SDM),并通过 SDM 简化检验确定 SDM 不可转化为空间自回归(Spatial AutoRegressive, SAR)模型和空间误差模型(Spatial Error Model, SEM)(篇幅所限,过程未展示)。在通过空间相关以及模型适用性检验后,本章在式 6-1 的基础上将变量空间交互项纳入 SDM,进一步考察数字音乐产品对区域旅游经济发展的空间溢出效应:

$$Y_a = \beta_0 + \rho W Y_a + \beta_1 release_a + \beta_2 W release_a + \beta_3 X_a + \beta_4 W X_a + \mu_i + \gamma_t + \varepsilon$$

(式 6-3)

其中,ρ 表示空间自相关系数,W 表示空间权重矩阵。为了提高实证结果的稳健性,本章同时采用地理距离矩阵和空间邻接矩阵进行空间估计。由于空间交互项系数并不能很好地反映真实边际影响,仅通过简单的点估计来检验空间溢出效应会得出错误的估计结果,因此还需要利用偏微分法将 SDM 纳入里昂

惕夫逆矩阵(Leontief Inverse Matrix)中,使空间效应分解为直接效应、间接效应和总效应,以此判断某地区自变量对本地区以及其他地区因变量的影响。

表6-2展示了在双向固定SDM下两种矩阵的估计结果,被解释变量选择人均国内旅游人次和人均国内旅游收入,结果显示发行虚拟变量的空间交互项系数和空间自回归系数均显著为正,表明样本城市在空间上不仅存在知名数字音乐产品的外生促进效应,而且存在旅游经济发展的内生交互效应。进一步看,两种矩阵构造下的直接效应和间接效应均显著为正,这表明知名数字音乐产品不仅提高了本地区旅游经济水平,而且拉动了邻近地区的旅游经济发展,假说3得到部分验证。

表6-2 数字音乐产品对区域旅游经济发展的空间溢出效应

空间矩阵类型变量	地理距离矩阵		邻接距离矩阵	
	$adtp$	$adtr$	$adtp$	$adtr$
$release$	0.075*** (5.46)	0.065*** (5.48)	0.089*** (6.03)	0.754*** (3.99)
$W \times release$	0.408** (2.12)	0.638*** (4.00)	0.067** (2.43)	0.676* (1.84)
ρ	0.611*** (7.34)	0.348*** (2.88)	0.052** (2.47)	0.063*** (3.01)
直接效应	0.079*** (5.94)	0.069*** (6.03)	0.091*** (6.42)	0.756*** (4.14)
间接效应	1.253** (1.97)	1.081*** (3.20)	0.074*** (2.57)	0.738* (1.90)
总效应	1.332** (2.09)	1.150*** (3.40)	0.165*** (4.93)	1.494*** (3.41)
控制变量	控制	控制	控制	控制
样本数	4 155	4 155	4 095	4 095
R^2	0.589	0.641	0.533	0.581

注:括号中为z值;***、**、*分别代表1%、5%、10%的水平上显著。

二、异质性分析:区域文化多样性视角

现阶段少有关注区域文化多样性影响城市旅游经济发展的实证研究,故借

鉴前人研究区域文化多样性影响经济发展的思路,本章以"民族多样性"和"方言多样性"度量区域文化多样性(李红和韦永贵,2020),进而验证知名数字音乐产品对地区旅游经济的促进作用是否会因区域文化多样性不同而存在显著差异。在测度方法上,选择赫芬达尔-赫希曼指数(Herfindahl-Hirschman Index,HHI)来衡量民族和方言多样性:

$$ED = 1 - \sum_{i=1}^{N} \pi_{ji} \qquad (式6-4)$$

$$DD = 1 - \sum_{i=1}^{N} S_{ji} \qquad (式6-5)$$

在式6-4和式6-5中,ED和DD分别表示民族多样性和方言多样性,其取值均为0~1,值越大说明民族多样性和方言多样性程度越高,π_{ji}和S_{ji}分别表示城市i中j民族所占人口比重和使用方言j的人口比重,N表示民族种类数和次方言数量,其中方言多样性的度量基于《汉语方言大词典》,并借鉴徐现祥的做法对相关数据进行了整理。估计结果见表6-3,被解释变量选择人均国内旅游人次和人均国内旅游收入,列(1)~(4)交叉项显示民族多样性和方言多样性越高,数字音乐产品对地区旅游经济的促进作用越明显。

表6-3　数字音乐产品的旅游经济效应:区域文化多样性、旅游资源禀赋异质性

变量	(1) adtp	(2) adtr	(3) adtp	(4) adtr	(5) adtp	(6) adtr	(7) adtp	(8) adtr
release	0.042 (0.09)	1.022* (1.77)	2.308* (1.75)	1.200 (0.80)	1.082** (2.45)	3.285*** (6.09)	0.078 (0.14)	2.354*** (3.48)
ED	0.028* (1.78)	0.026* (1.67)						
ED×release	0.097*** (4.72)	0.228*** (9.38)						
DD			0.047*** (3.54)	0.043*** (2.91)				
DD×release			0.043*** (4.45)	0.064*** (5.99)				
CH					0.068*** (5.33)	0.070*** (4.51)		

续 表

变 量	(1) adtp	(2) adtr	(3) adtp	(4) adtr	(5) adtp	(6) adtr	(7) adtp	(8) adtr
$CH \times release$					0.033*** (3.63)	0.069*** (6.47)		
$5A$							0.577*** (3.06)	0.857*** (4.52)
$5A \times release$							0.465*** (2.67)	0.548*** (2.57)
控制变量	控制	控制	控制	控制	控制	控制	控制	控制
时间和地区固定效应	控制	控制	控制	控制	控制	控制	控制	控制
样本数	4 215	4 215	3 465	3 465	4 215	4 215	4 215	4 215
R^2	0.675	0.686	0.690	0.720	0.673	0.676	0.674	0.676

注：括号中为 t 值；***、**、* 分别代表 1%、5%、10% 的水平上显著。

三、异质性分析：旅游资源禀赋视角

为探究地区文化旅游资源的内在价值如何影响数字音乐产品对旅游业的促进作用，我们参考了前人的研究，将世界文化遗产（CH）与 5A 级历史文化景区数量（$5A$）作为旅游资源禀赋的替代指标。这两个指标均由国际和国内权威机构负责推行，其中，世界文化遗产是文化保护与传承的顶尖水平，而 5A 级历史文化景区代表了国际上优质的文化旅游地，两者皆蕴含了丰富的文化价值。从表 6-3 的第（5）列至第（8）列结果可见，文化旅游资源禀赋较高的地区，其数字音乐产品在促进旅游经济发展方面的效应更显著。

四、异质性分析：城市发展规模视角

依据之前的理论分析，城市的发展规模对本章主效应的影响存在许多不确定性。为了探究这一问题，本章参考了"中国城市商业魅力排行榜"，该排行榜从商业资源集聚度、城市枢纽性、城市活跃度、生活方式多样性和未来可塑性五个维度对城市进行评级，并借鉴已有的研究，对 281 个地级及以上城市进行了分类

整合(王春杨等,2020),即将一线城市和新一线城市进行合并。表 6-4 的分样本回归结果表明,知名数字音乐产品对二线、三线城市的旅游经济并没有显著的促进作用。相比一线和新一线城市,系数和显著性都显示,四线、五线城市更能发挥其旅游经济效应。这可能是因为一线和新一线城市拥有良好的旅游公共服务和成熟的旅游市场,四线、五线城市则拥有更为丰富、保存更完好的文化旅游资源和市场后发优势。考虑到更多文化多样性丰富和文化旅游资源丰富的地区位于欠发达城市(李红和韦永贵,2020),这一发现与前文中提到的异质性结果相互印证。至此,假说 4 得到证明。

以上结果表明,数字音乐产品的旅游经济增长效应在文化多样性高、文化旅游资源丰富、发展规模小的城市更显著,这意味着知名数字音乐产品发行有利于促进区域经济协调发展,从而也在一定程度上验证了国家以文化旅游融合助力共同富裕的有效性和正确性。

五、异质性分析:不同标准数字音乐产品视角

上述分析已经确认了知名数字音乐产品对城市旅游经济发展具有积极的推动作用,同时引发了有关知名度评定标准选择的疑虑。现在,我们需要探讨的问题有:更高标准的知名数字音乐产品是否能进一步推动地区旅游经济的发展?之前对知名度标准的定义是否包括了所有类型的知名音乐产品?从旅游经济增长的角度来看,如何衡量知名数字音乐产品的标准?为了解决这些问题,本章选择了评论数量分别达到 1 000 以上、3 000 以上、5 000 以上、50 000 以上、100 000 以上的五个不同标准下的数字音乐产品进行双重差分估计。我们选取人均国内旅游人次和人均国内旅游收入作为被解释变量。从表 6-5 的估计结果可以看出,在评论数量达到 5 000 以上的情况下,人均国内旅游人次和人均国内旅游收入的指标都显著为正。这一发现表明,评论量在 5 000 以上的数字音乐产品能够显著推动地区旅游经济的发展。而且,随着数字音乐产品知名度标准的提升,其对旅游经济的推动效应也呈现逐渐增强的趋势。这进一步证实了相比一般的数字音乐产品,知名数字音乐产品更有能力促进地区旅游经济的繁荣。至此,假说 1 得到验证。

另外,通过表 6-1、表 6-5 展示的人均国内旅游人次和人均国内旅游收入回归结果可以发现,数字音乐产品对人均国内旅游收入的作用在一定程度上高于人均国内旅游人次,这也初步支持了本章的前述逻辑,表明数字音乐产品更多通过激发市场活力、释放游客消费潜力来促进地区旅游经济发展。

表6-4 数字音乐产品的旅游经济效应：城市发展规模的异质性

变量	一线及新一线城市 adtp	一线及新一线城市 adtr	二线城市 adtp	二线城市 adtr	三线城市 adtp	三线城市 adtr	四线城市 adtp	四线城市 adtr	五线城市 adtp	五线城市 adtr
release	1.387** (2.12)	1.677** (2.19)	0.733 (0.86)	−0.306 (−0.28)	0.701 (0.92)	−2.14** (−2.02)	2.556** (2.55)	11.918*** (8.59)	7.191*** (2.71)	11.897*** (4.35)
控制变量	控制	控制	控制	控制	控制	控制	控制	控制	控制	控制
时间和地区固定效应	控制	控制	控制	控制	控制	控制	控制	控制	控制	控制
样本数	285	285	450	450	1 050	1 050	1 245	1 245	1 185	1 185
R^2	0.837	0.908	0.794	0.820	0.726	0.749	0.681	0.623	0.716	0.691

注：括号中为 t 值；***、**、*分别代表1%、5%、10%的水平上显著。

表6-5 不同标准数字音乐产品的旅游经济效应

变量	评论量1 000以上 adtp	评论量1 000以上 adtr	评论量3 000以上 adtp	评论量3 000以上 adtr	评论量5 000以上 adtp	评论量5 000以上 adtr	评论量50 000以上 adtp	评论量50 000以上 adtr	评论量100 000以上 adtp	评论量100 000以上 adtr
release	−0.066 (−0.21)	2.019 (1.48)	0.579 (1.48)	2.584*** (5.38)	0.748* (1.76)	3.276*** (6.30)	1.133** (2.07)	3.444*** (5.13)	1.391** (2.20)	4.681*** (6.04)
控制变量	控制	控制	控制	控制	控制	控制	控制	控制	控制	控制
时间和地区固定效应	控制	控制	控制	控制	控制	控制	控制	控制	控制	控制
样本数	4 215	4 215	4 215	4 215	4 215	4 255	4 215	4 215	4 215	4 215
R^2	0.675	0.682	0.675	0.682	0.675	0.683	0.675	0.682	0.675	0.683

注：括号中为 t 值；***、**、*分别代表1%、5%、10%的水平上显著。

六、机制检验

前文理论分析表明,知名数字音乐产品的发行放大了人口、资金、技术等各类生产要素的"逐利性"特征(孔令章和李金叶,2021),通过激发市场活力释放游客消费潜力(刘瑞明等,2020),继而影响地区旅游经济的发展。对此,本章采用中介效应三步法对上述机制进行检验(Baron 和 Kenny,1986):

$$M_{it} = \alpha_0 + \alpha_1 release_{it} + \alpha_2 X_{it} + \mu_i + \gamma_t + \varepsilon \quad \text{(式 6-6)}$$

$$Y_{it} = \lambda_0 + \lambda_1 release_{it} + \lambda_2 M_{it} + \lambda_3 X_{it} + \mu_i + \gamma_t + \varepsilon \quad \text{(式 6-7)}$$

综合考虑数据的可得性和完整性,本章选择每万人星级酒店数量(sh)、每万人住宿餐饮从业人数($ptacp$)、每万人文体娱乐从业人数($ptcep$)表征中介变量M_{it},选择人均国内旅游人次和人均国内旅游收入作为机制检验部分被解释变量Y_{it}的结果,其他变量解释同式 6-1。

前文基准回归结果已经表明,知名数字音乐产品的发行可以促进国内旅游经济的发展,本章在此重点关注中介效应的第二步与第三步的关键系数。表 6-6 的(1)~(3)列显示 $release$ 对 sh 的关键系数不显著,但对 $ptacp$ 和 $ptcep$ 的关键系数为正向显著,这表明知名数字音乐产品可以显著推动每万人住宿餐饮及文体娱乐从业人员数的增加。因此,本章进一步将 $ptacp$ 和 $ptcep$ 分别代入式 6-7 进行回归,(4)~(7)列的结果表明,知名数字音乐产品的确可以通过激发市场活力来提升地区旅游经济水平。为进一步验证中介机制检验结果的稳健性,本章采用索贝尔(Sobel)检验和拔靴法(Bootstrap)检验对每万人住宿餐饮和文体娱乐从业人员数的中介效应进行验证,两种检验结果均显示拒绝原假设($\alpha_1 \times \lambda_1$)。这进一步证实了市场活力的激发成为知名数字音乐产品推动地区旅游经济增长的途径,也印证了国家发展改革委在《关于支持新业态新模式健康发展激活消费市场带动扩大就业的意见》中所提到的"互联网平台对传统产业具有赋能和效益倍增作用"(吕德胜等,2022)。值得我们关注的是,尽管知名数字音乐产品的发布能够推动地区的住宿餐饮业务人员增加,对星级酒店的数量却没有显著影响。众所周知,星级酒店的数量是衡量地区高端餐饮住宿行业发展的标志,也是满足新时代人民对美好生活需要的必要条件。这是否暗示着知名数字音乐产品的发布仅对中低端旅游配套产业产生影响,而对高端餐饮住宿产业无甚效果?这种情况持续下去,将不利于文旅市场的活跃,数字音乐产品推动地区旅游业的高质量发展也会受到影响。

表6-6 数字音乐产品的旅游经济效应：机制检验

变量	(1) sh	(2) ptacp	(3) ptcep	(4) adtp	(5) adtr	(6) adtp	(7) adtr	(8) sh1	(9) sh2
release	−0.004 (−0.47)	2.875*** (4.25)	1.234** (2.45)	1.055*** (2.88)	3.598*** (7.43)	1.063*** (2.90)	3.605*** (7.64)	0.039*** (1.58)	−0.079*** (2.89)
ptacp				0.035*** (3.44)	0.069*** (5.40)				
ptcep						0.075*** (5.52)	0.063*** (3.68)		
控制变量	控制	控制	控制	控制	控制	控制	控制	控制	控制
时间和地区固定效应	控制	控制	控制	控制	控制	控制	控制	控制	控制
样本数	4 215	4 215	4 215	4 215	4 215	4 215	4 215	2 248	1 967
R^2	0.087	0.206	0.355	0.670	0.664	0.671	0.662	0.267	0.246

注：括号中为 t 值；***、**分别代表1%、5%的水平上显著。

对此,一种可能的解释源于2012年12月4日中共中央政治局会议通过的《关于改进工作作风、密切联系群众的八项规定》(简称"八项规定"),该规定强调了勤俭节约,反对奢侈享乐,对星级酒店业产生了显著影响。基于这一背景,本章将研究时间划分为2005—2012年和2013—2019年两个阶段,重新审视星级酒店的运营机制,探讨"八项规定"实施前后,知名数字音乐产品对星级酒店数量的差异性影响。如表6-6第(8)列和第(9)列所示,"八项规定"实施前,知名数字音乐产品对每万人星级酒店数量有显著正向影响;而"八项规定"实施后,星级酒店业遭受了一定冲击,导致以每万人星级酒店数量为中介的机制检验出现偏差。通过似无相关模型(Seemingly Unrelated Regressions,SUR)的检验,发现两者的回归结果在5%的显著性水平上存在差异(吕德胜等,2022)。综上,鉴于对"八项规定"出台前的数据验证结果可知,知名数字音乐产品可以通过促进星级酒店行业的发展,进而对城市旅游经济产生影响。至此,假说3得到验证。

第六节 结论与启示

一、主要结论

利用数字技术发展文化产业新业态,并通过数字文化推动旅游产业的消费升级,已逐渐转变为文化旅游产业在新阶段追求高质量发展的主要目标和方向(齐志明,2021)。过去的研究者们通常采用理论或案例研究方法,从声景旅游的角度探讨音乐文化对旅游系统的价值,但这些研究主要集中在地方传统音乐在目的地景观建设和提升游客体验方面的作用,而忽略了数字音乐产品在互联网时代对地区旅游经济发展的重要作用。本章基于"知名数字文化产品对旅游经济发展有着极大影响"的现象,选择从数字音乐产品的角度进行研究。我们基于2005—2019年中国281个城市的面板数据,通过手工在网络音乐平台上搜集和筛选数字音乐产品,运用多期双重差分模型、空间杜宾模型、中介效应模型等方法,从多个维度探讨了数字音乐产品对区域旅游经济增长的影响及其机制(吕德胜等,2022),主要发现如下:第一,知名数字音乐产品对本地旅游经济有显著的正向推动效应,且这一效应明显优于普通数字音乐产品对旅游经济的正向推动效应。经过平行趋势检验、安慰剂检验、PSM-DID等多个稳健性检验后,这一主要发现仍然有效。第二,知名数字音乐产品能显著推动国内旅游经济的增长,但对国际旅游经济的影响并不明显。第三,从机制分析来看,知名数字音乐产品能够通过刺激地区旅游市场的活跃度来推动地区旅游经济的增长;从空间溢出效应来看,这类音乐产品不仅能推动本地旅游经济的发展,而且有助于提升邻近城市的旅游经济。第四,异质性分析显示,区域文化多样性和旅游资源禀赋较高的城市,知名数字音乐产品带来的旅游经济推动效果更为显著,且与一、二、三线城市相比,四、五线城市更能充分体现其旅游促进效应(吕德胜等,2022)。

二、实践启示

虽然本章研究的焦点是数字音乐产品,但相关发现对推动文化产业数字化转型以及文化与旅游的融合发展具有参考意义。第一,有必要在国家层面启动文化产业的数字化改革试点,可以借鉴本章的发现,科学地规划政策内容和策略性地布局试点区域,逐步增加知名数字文化产品和服务的供应。第二,政府和相关部门应加强对数字文化产品"走出去"的顶层设计,采取政府引导、民间参与的模式,加强对数字文化知识产权的保护,引导各相关部门和地方政府与数字文创企业如音乐、游戏、影视、网络文学等方面的企业加强合作,为数字文化产品的高质量海外传播提供政策支持。第三,本章揭示的数字音乐产品通过激发市场活力推动地区旅游经济的发展,正是传统产业数字化转型赋能实体经济的一个宏观反映。政府应积极推动产业的数字化转型,充分激发市场活力,突破传统行业的发展"瓶颈";同时,应引导城市之间的跨区域文化旅游合作和良性竞争,开发共享式、体验型的数字文化旅游消费内容,充分发挥其对旅游经济发展的空间贡献。第四,政府需要根据各地的文化多样性、旅游资源禀赋和城市发展规模,制定差异化和针对性的文化产业数字化政策,激发欠发达地区文化和旅游资源的新优势,以促进区域经济的均衡和协调发展(吕德胜等,2022)。

三、研究局限与展望

本章的研究虽然取得了一定的成果,但仍然存在一些局限性,未来的研究可以对此进一步改进和完善。首先,关于知名数字音乐产品的筛选过程仅考察了评论数量,而未对评论内容进行情感分析或利用深度学习技术挖掘数据。未来可以进一步采用更细粒度的研究数据,从更微观的角度审视数字音乐产品的旅游经济效应。其次,不同听众群体对音乐信号的接收和理解程度可能存在差异。未来的研究可以考虑控制听众群体特征的影响,以获得更准确的估计结果。最后,将数字文化产品与旅游经济纳入同一框架的实证研究仍处于起步阶段。本章利用了数字音乐平台手工收集和筛选的数据进行了理论探索和实证研究,但未来的研究可以结合深度访谈、一手数据调研等方法,进一步丰富数据来源,以探索不同形式的数字文化产品对旅游经济的影响效应。这将有助于更全面地理解数字文化产品在旅游领域的作用机制和潜在价值(吕德胜等,2022)。

第七章
数字文化产业的消费者行为驱动效应研究

第一节 问题的提出

数字文化产业的蓬勃发展逐渐将文化元素融入普通人的日常生活，并催生了多种全新的商业渠道。这个产业也在与非文化领域的产业融合，产生了更强大的叠加效应。例如，数字文化产业提供的便利性和互动性服务促进了网络直播的兴起，使许多消费者能够通过数字技术获得实时信息。网络直播以其互动性、仿真性、无界性和互联性的特点，显著改变了社交媒体用户的使用方式和信息传播意愿(Li 等，2018)，形成了"无直播不传播"的新现象。中国互联网络信息中心(China Internet Network Information Center，CNNIC)发布的《中国互联网络发展状况统计报告》显示，截至 2020 年 12 月，中国网络直播用户规模已达到 6.17 亿，占据网民总数的 62.4%。由此，数字文化产业中的直播形态与购物的进一步融合，使网络直播逐渐演变成"线上引流＋实体消费"的数字经济新模式，为市场创造了全新且庞大的发展空间。在"新冠"疫情暴发后，受到防疫性"超长假期"的推动，"全民直播"时代应运而生。根据前瞻产业研究院的初步估算，2020 年中国直播市场规模已经突破 1 500 亿元，网络直播市场价值创下历史新高(张婕琼等，2022)。与传统电商平台有所不同，网络直播能利用多种通信技术实时传输图像和声音，使观众能够与流媒体实时互动，从而带来一种独特的、身临其境的"社会临场感"式购物体验，进而影响观众的购买意向(Wongkitrungrueng 和 Assarut，2020)。所谓"社会临场感"(Social Presence)，是指在不同媒介环境下用户所体验到的真实的心理状态，它体现了一种"身临其境"的虚拟共在感、心理投入以及行为参与,并会影响用户在使用媒介交流时的满意度(Tang 等,2013)。因此,作为一种新兴的传播媒介,网络直播具备独特性,包括身临其境的真实感和实时互动的社交体验。这些特点对网络直播用户的行为产生深远的影响,因此需要深入研究,以帮助学界更好地理解数字文化产业生态下消费者行为的塑造和推动机制。

尽管在数字文化领域,"数字文化直播+购物"这一商业现象崭露头角,但其发展时间相对较短,尚未得到充分的学术重视(Wongkitrungrueng 等,2020)。以往的研究主要集中在探讨直播商业的外部因素,研究企业如何进行网络直播、观众参与直播的动机(Cai 和 Wohn,2019;Chen 和 Lin,2018),以及影响网络直播的因素(Zhao 等,2018)。此外,还有一些研究关注了虚拟礼物或用户界面等系统设计对网络直播的影响(Xu 等,2020;Yu 等,2018)。然而,对于网络直播用户最核心的个人因素,如社会临场感的感知,研究还不够充分。实际上,随着技术的不断发展,网络直播所提供的社会临场感在弥合买家和卖家之间的心理距离方面发挥着重要作用,促使用户与企业或平台建立更紧密的关系(Liu 等,2020)。这种关系的加强有助于提高消费者对产品和流媒体的信任度和满意度(Ye 等,2020;Darke 等,2016)。因此,社会临场感显然是研究网络直播用户行为意愿的一个重要切入点和视角。

网络直播平台的飞速发展在很大程度上取决于用户的重复使用行为(Moriuchi 和 Takahashi,2018)和口碑传播(Rosario 等,2016)。这种由企业和用户之间建立的稳定关系所创造的顾客业务价值和顾客传播价值,往往成为其他竞争平台难以复制的持久竞争优势(Dost 等,2019)。特别是在"新冠"疫情的影响下,"全民直播"和"百播大战"的时代已经来临,许多网络直播平台面临着用户黏性和忠诚度不足的问题,这导致了网络直播行业的无情竞争,一些平台如熊猫直播和触手直播等也因此被淘汰。为了深入探讨网络直播平台的卓越增长表现,有必要关注影响用户持续使用和推荐意愿的因素。在融媒体时代,口碑的传播速度变得更快、传播范围变得更广,这导致了大量客户的抱怨,并可能侵蚀企业的利润。与此同时,即时的用户平台关系可能变得脆弱,难以为平台的发展提供必要的支持。因此,通过挖掘平台与用户之间稳定关系的潜在价值来研究网络直播情境下社会临场感对用户持续使用和推荐意愿的内在机制以及边界条件,变得尤为重要和迫切。

承诺作为用户与平台之间关系的关键因素,其重要性显而易见。为了激发和维持用户的积极行为,从而实现网络直播平台的可持续健康发展,必须将用户之间的简单"交互"升华为更深层次的"关系"。根据承诺理论,对组织做出承诺的个体愿意为组织的利益而努力,同时愿意与组织建立长期、有价值的合作关系(Steers,1977)。此外,Dwyer等(1987)在研究消费者与企业的交往关系时指出,社会临场感可能是用户承诺产生的前提条件。因此,用户的承诺表现为个体努力维系这一关系的意愿(Garbarino和Johnson,1999),它对培养大量积极且忠诚的用户至关重要,对网络直播平台而言,这一点更为显著。在这个背景下,本章认为社会临场感有可能通过用户的承诺对用户的持续使用和推荐产生积极影响;同时,鉴于用户对科技产品的接受度存在差异,本章引入了技术接受模型中的感知有用性和感知易用性两个变量,以更全面地探讨社会临场感对用户在网络直播平台上维护关系、持续使用和推荐方面的影响。已有研究显示,感知有用性和感知易用性直接影响用户的态度(Karahanna和Straub,1999;O'Cass和Fenech,2003)、用户的信任(Gefen等,2003;Ha和Stoel,2009)以及用户的忠诚度(Wang,2014;Jiang等,2016)。因此,本章认为感知有用性和感知易用性可能影响社会临场感对用户与网络直播平台的关系维护、持续使用和推荐行为的影响机制(张婕琼等,2022)。

综上所述,本章将关系营销理论与技术接受理论相结合,借助社会临场感理论的整合,研究了网络直播用户的社会临场感对他们持续使用和推荐愿意的影响机制;同时,我们引入了用户承诺这一中介变量,以探讨感知有用性和感知易用性对此影响的边界条件。本章的主要贡献有以下几点:首先,本章以数字文化生态中的直播为例,研究了生态中消费者行为的驱动作用,这有助于从更加全面的角度理解数字文化产业生态中的消费者。其次,社会临场感对消费者在线购买的影响尚在探索阶段(于婷婷和窦光华,2014),本章的网络直播情景扩展了社会临场感的运用疆域,并提出社会临场感对网络直播用户行为影响的学术命题,丰富了理论内涵。最后,本章发展了网络直播用户的社会临场感与其行为关系的理论和实证依据,揭示了用户承诺在网络直播用户感知和行为中的中介作用,丰富并深化了消费者承诺的研究。综上所述,依据技术接受模型理论,网络直播用户所感受到的社会临场感,是建立在网络直播平台技术层面上的;同时,用户对直播媒介、虚拟情境技术以及操作流程的实用性和易用性感知在这一系列关系中扮演了调控角色。这一发现也在某种程度上为网络直播领域的研究提供了新的视角。

第二节 理论回顾与研究假设

一、社会临场感与用户承诺

社会临场感又称社会呈现和社会存在,最早由 Short 等(1976)等在对比远程通信媒介与面对面沟通的差异的基础上提出,并将其首次定义为对象在交互中的显著程度及随之而来的人际关系的显著程度。因研究视角的不同,对社会临场感的界定存在一定的差异,并且衍生出了对社会临场感的不同定义。最初,研究者重视从媒介的自身特性来研究社会临场感,更强调社会临场感是媒介自带的一种性质,并对不同媒介的沟通效果产生影响(Short 等,1976);以心理学为研究视角的学者更重视社会临场感带来的用户心理感知,认为用户的社会临场感是对他人的心理真实临场(Psychologically Present)的评价,比媒体自身的属性更重要(Anderson 等,2000),并用社会临场感去衡量用户互动中的信任程度(Gefen 等,2003)。本研究考虑了社会临场感在交流中的重要性,并根据 Zack(1993)的定义,将其视为交流方式,使参与者在心理层面感受到对方存在的程度。从社会认同理论的角度来看,Caspi 和 Blau(2008)认为社会临场感体现为个体对团体的归属感,Roger 和 Lea(2005)则认为这是由认同知觉而产生的沉浸感。随着媒介技术和互联网的发展,以及虚拟环境的实现带来存在论意义上的转变(周逵,2018),人们与媒介之间的关系变得更为紧密,突破了时空的界限。在这样的背景下,Biocca 等(2001)提出,社会临场感应该包含虚拟共在感、心理投入和行为参与三个方面。继而,对社会临场感的研究逐渐转向交互双方间的人际沟通和关系,如信息交换与关系沟通,以及识别、情感和认知方面的研究(Shen 和 Khalifa,2008)。网络直播平台的观众追求真实感和现场感是理解用户行为的重要因素之一。这种追求反映了用户对深度互动体验的渴望,他们希望通过网络直播获得一种与主播和其他观众的亲密感和共鸣,感受到真实的社交互动。网络直播的特性,如体验性(Giannakos 和 Vlamos,2013)、传播性(Harris 和 Park,2008)和播放灵活性(Dale 和 Pymm,2009),使观众能够在观看过程中产生社会临场感,即身临其境地获得与他人共在的情感认知。因此,社会临场感在网络直播情境中可以被理解为观众对虚拟社交互动的心理感受,表现为观众与主播和其他观众的亲近感和共鸣感。这种感觉让用户觉得自己仿佛身临其境,与其他观众和主播一起参与其中,形成一种强烈的情感联系和沉浸体验(张婕琼等,2022)。

承诺是建立和维护有价值关系的关键因素,对于网络直播平台而言也不例外。越来越多的企业已经认识到与用户建立高水平承诺的重要性(Lim 等,2015),尤其是在新兴的网络社交媒体领域,如网络直播平台。承诺体现了双方为实现自身价值而维持有价值关系的意愿(Moorman 等,1993),有助于提高关系双方的效率(Morgan 和 Hunt,1994)。研究表明,在线社区的成功往往依赖用户的承诺水平,而用户承诺的不足可能导致合作减少、信息和资源共享不足以及业绩不佳(Farzan 等,2011;Hinds 和 Bailey,2003)。尽管网络直播平台的数量和规模正在迅速增长,但关于如何增加用户对这些平台的承诺的研究相对较少。本章认为用户和网络直播平台之间存在相互需求和依赖的关系,用户对网络直播平台的承诺反映了他们愿意建立长期的和持续的关系(张婕琼等,2022)。因此,在流量时代即将结束之际,网络直播平台如何留住用户、保持和增加用户承诺无疑具有较强的理论意义和策略意义。

对网络直播用户而言,与其他用户互动无疑会增加他们的享受感和兴奋感(Williams 等,2011)。用户在网络直播带来的虚拟社交与互动中的自我满足感和通过网络中的主体构建寻求社会认同也会提高用户的使用满意度。这种愉悦的用户体验会对承诺产生正向作用(Kim 等,2013)。社会临场感为用户带来的愉悦享受提高了用户满意度,可能促进用户对网络直播平台的承诺。Nee(2013)基于信息和效用动机(Information Motive and Utilitarian Motive)理论认为,网络直播平台的社会临场感所产生的便利性也是个体对品牌或者组织承诺的前置因素之一。另外,众多研究也在各种不同的情境中证实了个体的社会临场感对提升用户承诺的积极作用。例如,一项关于社交互动网络体育节目的研究发现,观众的社会临场感越强,其对相应体育频道的承诺程度就越高(Hwang 和 Lim,2015)。同样,关于在线群组的研究显示,具有相似社会身份的群组成员的增加能够提升社会临场感并增强在线群组的活力,从而加强成员对该群组的承诺(Dabbish 等,2012)。Farzan 等(2011)的实验性研究也证明了提高社会临场感有助于加强用户间的关系,进而提升用户的承诺度和留存率。Garrison 和 Anderson(1999)在对在线学习社区的研究中发现,较高的社会临场感显著提升了社区成员间的互动活跃度和满意度,进而增强了成员与在线社区的联系意愿。因此,研究网络直播行业中社会临场感和用户承诺之间的关系及其作用机制,不仅对丰富社会临场感和承诺的理论研究具有重要意义,而且可以为网络直播平台提供有益的启示和策略指导,帮助其更好地理解用户行为和需求,提升用户黏性,促进平台的可持续发展。

二、社会临场感与用户使用和推荐:承诺的中介作用

对与企业建立牢固关系的消费者,信任和承诺取代满意度作为忠诚度的驱动因素(McAleander等,2003)。消费者的行为忠诚体现在重复购买和向他人推荐等方面(Cronin等,2000;Zeithaml等,1996)。已有研究对消费者持续使用和推荐意愿的前置变量进行了大量探索,例如服务质量(Zeithaml等,1996)、感知价值(McDougall和Levesque,2000)、顾客满意(Cronin等,2000)等。Bhattacherjee等(2012)等认为,持续使用反映对某款软件有黏性,并且指出个体对软件或者信息系统的持续使用是电子商务公司(Electronic Commerce Firms)如在线零售商、在线旅行中介等成功与否的关键。在本研究的背景下,持续使用指的是网络直播用户保持或增加在网络直播平台上的使用时间和频率(洪红和徐迪,2015)。"推荐意愿"被定义为消费者在有无推荐奖励的前提下,愿意向他人推荐所购产品或服务的意向(Ryu和Feick,2007)。在这一背景下,推荐意愿专指网络平台用户推荐他人使用网络直播平台的主观倾向。

承诺是影响用户行为的关键因素之一,它是一种以建立长期关系为导向的意愿,能促使关系中的双方共同努力,以更好地满足各自的需求(Bowen和Shoemaker,2003)。如Huntley(2006)所述,承诺有助于提高企业的营收,并且增强消费者未来的购买和推荐意愿。此外,承诺也会提升双方关系的稳定性,并降低双方分离的倾向(Mathieu和Zajac,1990)。考虑到这一点,网络直播用户对平台的承诺可以有效地降低他们离开该平台的意愿,从而增加他们未来持续使用该平台的可能性。高水平的承诺意味着用户更有动力和意愿使用和消费网络直播平台的产品和服务。研究指出,承诺可以提高消费者的重复购买意愿(Hewett等,2002)。也有研究证实了承诺与推荐意愿之间的关系,比如通过研究手机用户的行为,Wang和Li(2017)证明消费者感知支持能通过消费者承诺提高消费者的推荐意愿。在酒店行业,住客对酒店的承诺对住客的再购买和推荐意愿至关重要。在网络直播领域,如果用户与平台建立了密切的关系并表现出高度的承诺,那么他们就更有可能向其他人推荐该平台以及平台上的直播节目。

如前文所述,社会临场感在激发用户更高的承诺水平方面发挥着关键作用。此外,已有研究也表明,社会临场感有助于促进用户的持续使用行为。以社交网络服务(Social Network Service,SNS)平台为例,Lin 等(2014)的研究发现,社会临场感对用户的满意度和归属感产生积极影响,从而增加了用户的持续使用意愿。Cheikh-Ammar 和 Barki(2016)通过研究社群网站用户发现,社会临场感能够提高用户的持续使用意愿。此外,关于虚拟网络中的共存社区(Copresence Community)的研究也发现,由社会临场感引发的共在感可以增强用户的推荐意愿。综上,承诺与社会临场感之间的关系对用户的持续使用和推荐意愿具有重要的影响作用。因此,本章提出如下假设:

H1a:承诺在社会临场感与用户持续使用之间具有中介作用。

H1b:承诺在社会临场感与用户推荐意愿之间具有中介作用。

三、社会临场感与用户使用和推荐:感知有用性和感知易用性的调节作用

感知有用性和感知易用性作为技术接受模型中的核心构念,主要用于预测用户对信息技术的接受度(Taylor 和 Strutton,2010)。有许多研究已探讨了技术接受模型与关系理论中承诺-信任模型中的构念是如何相互作用并对用户态度和行为产生影响的(Amin 等,2014)。例如,Zarmpou 等(2012)等将感知有用性、感知易用性和信任等作为预测用户接受移动服务的变量。通过已有研究可知,感知有用性和感知易用性通过态度、行为信念对用户的行为倾向有直接作用(Davis 等,1989;Moon 和 Kim,2001)。Mavroidis 等(2013)基于远程教育的案例研究也指出,社会临场感对用户行为的影响效果与用户的感知有用性和感知易用性息息相关。

感知有用性对用户持续使用网站和社交应用至关重要,这一因素也是网络企业生存的关键要素(Limayem 等,2007)。对网络直播用户而言,感知有用性与直播技术的应用密切相关,主要体现在用户与他人互动和信息分享的效率,以及突破地理空间限制的感知(Pfeil 等,2009)。具体而言,社会临场感带来了"共在感"、高互动效率,以及用户对表演内容丰富性的感知,当用户感知这些方面的有用性较强时,将提升其在使用直播网站时的满意度,进而提高其对该网站的承诺水平。与此同时,感知易用性作为技术接受模型的核心概念之一,表示如果某项技术或服务容易被用户使用,那么该技术或服务就被认为是易用的(Davis,1989;林家宝等,2010)。感知易用性对用户对网站的态度产生显著影响(Moon

和Kim,2001)。

在网络直播的环境下,用户间的所有信息交流都是通过网络直播平台这一媒介来实现的。如果用户发现直播平台的网站或移动应用操作便利、能轻松搜索节目、互动方式多样且高效,那么用户对该平台的满意度就会较高(Amin等,2014),这也是他们选择并忠诚于某一直播平台的重要因素(Gustafsson等,2005)。因此,我们需要考虑,除了社会临场感,是否还有其他因素影响用户的承诺。更具体地说,网络直播平台中的社会临场感是通过信息技术传达给用户的,这一价值通常是通过用户对平台媒介的使用来实现的。当社会临场感通过更为简便和高效的技术和传播手段传达给用户时,用户更可能对该直播平台忠诚。同时,新技术所产生的融媒体环境促使用户更为主动地参与,对直播平台的技术感知也提升了用户的持续使用意愿和推荐意向(王昀,2017)。

已有研究表明,用户对网站的感知有用性不仅能直接改善其使用态度,而且能直接提高其使用意愿(Szajna,1996;Kwon和Wend,2010)。因此,当受到不同程度的感知有用性和感知易用性的影响时,网络直播用户对社会临场感的感知以及通过网络直播平台的承诺对用户行为和意愿的影响程度会有所不同。

具体来讲,当用户的感知有用性和感知易用性较强时,社会临场感对持续使用和推荐意愿的影响更为显著。在这种情况下,社会临场感对持续使用和推荐意愿的影响主要是通过增强用户的承诺来实现的。相反,当用户的感知有用性和感知易用性较弱时,社会临场感对持续使用和推荐意愿的正向影响则会减弱,此时,社会临场感对用户行为的影响较少通过承诺来传递。综合以上分析,本章认为,社会临场感对用户承诺以及用户行为意愿的效用是受感知有用性和感知易用性的影响的,并据此提出以下相关假设:

H2a:感知有用性对社会临场感和用户承诺之间的关系具有调节作用,即社会临场感和用户承诺之间的正相关关系在用户的感知有用性强的情况下比在用户的感知有用性弱的情况下更强烈。

H2b:感知易用性对社会临场感与用户承诺之间的关系具有调节作用,即社会临场感与用户承诺之间的正相关关系在用户的感知易用性强的情况下比在用户的感知易用性弱的情况下更强烈。

H3a:感知有用性能够调节社会临场感通过承诺对持续使用的间接效应。当用户感知有用性较强时,社会临场感通过承诺对持续使用的正向效应会增强。

H3b:感知有用性能够调节社会临场感通过承诺对推荐意愿的间接效应。

当用户感知有用性较强时,社会临场感通过承诺对推荐意愿的正向效应会增强。

H3c:感知易用性能够调节社会临场感通过承诺对持续使用的间接效应。当用户感知易用性较强时,社会临场感通过承诺对持续使用的正向效应会增强。

H3d:感知易用性能够调节社会临场感通过承诺对推荐意愿的间接效应。当用户感知易用性较强时,社会临场感通过承诺对推荐意愿的正向效应会增强。

综上,本章的模型框架如图7-1所示。

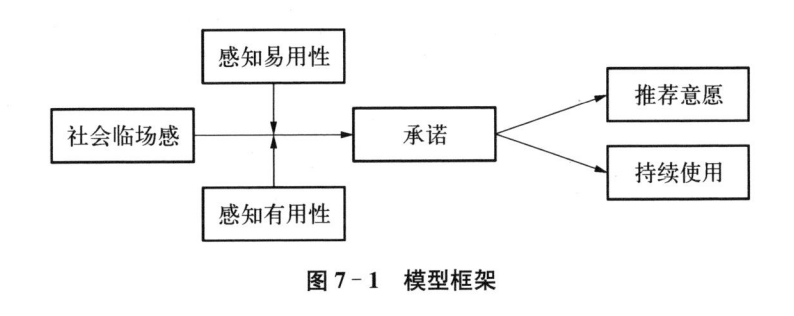

图7-1 模型框架

第三节 研究方法和数据来源

一、样本与数据收集

本章以网络直播平台用户为调查对象,采用问卷调研的方式进行数据收集。为了保证数据的随机性、代表性和差异性,数据的获取主要源自专业的调查研究机构。为了鼓励受访者积极认真地填写问卷以保证获取数据的质量,本章给予每个完整答题者一定的奖励。在填写问卷前,为了保证受访者具有代表性,本章设置了如下标准:首先,填写对象须在近期使用过网络直播平台,若没有则终止填写;其次,问卷必须完整、有效,若问卷存在回答缺失则无法提交;最后,为了防止受访者多次填写,问卷在设计时进行了IP[①]限制。共回收问卷387份。在回收的问卷中,剔除存在随意填写(例如所有题项的答案都为同一个数字等)、填写时间过短、填写呈现某种规律、中立选项过多等问题的问卷,最终得到有效问卷349份,有效问卷回收率达到90.2%。

在总计349份问卷中,性别分布相对均衡,女性占比为52.4%。年龄分布主

---

① 这里的IP是指Internet Protocol,即网际互联协议。

要集中在 40 岁以下,占总样本的约 70%。就学历而言,本科和硕士生占主要比例,本科及以上学历的人数达到 289 人,占总样本的 82.8%。此外,有 40.7%的样本用户平均每周观看网络直播的时间在 1 小时以下。在观看网络直播的主要原因中,以"放松心情"为最主要的观看动机,占比为 64.5%。根据前瞻产业研究院和 FastData[①] 合作发布的《2021 年中国直播电商行业全景图谱》,直播平台的用户主要集中在中青年群体,显示中国直播行业用户呈现年轻化趋势。在网络用户学历方面,艾媒咨询的《2019—2020 年中国在线直播行业研究报告》显示,中国在线直播行业中,本科学历的用户占比近五成,高学历用户也有很大比例。据中国信息通信研究院政策与经济研究所和网宿科技股份有限公司合作发布的《中国网络直播行业景气指数》等相关直播行业报告,网络直播的核心领域是游戏直播,而游戏直播的受众主要是有时间、有精力和有兴趣的大学生群体,他们试图通过观看游戏直播来缓解学业压力。样本群体的基本特征与当前中国网络直播平台用户的构成相符,证实了本章的调查群体代表性良好,符合研究要求(张婕琼等,2022)。

二、变量测度

本章的变量测量基于已有文献,并根据研究内容进行了适度的调整,以更好地适应本章的研究需求。此外,我们还主动与网络直播领域的资深用户进行了沟通,邀请他们对本章的量表提出建议,并对涉及歧义的词语和表达方式进行了修订。本章的变量测量主要包括社会临场感、感知有用性、感知易用性、承诺、持续使用和推荐意愿。由于问卷填写所需的时间相对较短,因此我们在主观测量题目方面全面采用了李克特量表的七点评分方式,从"非常不同意"到"非常同意",受访者可以根据自己的实际情况在 1 分到 7 分之间进行评分。

具体而言,如表 7-1 所示,为了度量社会临场感,我们的量表涵盖了虚拟共在感(Lee 和 Nass,2004)、心理卷入(Kim 和 Biocca,1997)和行为参与(Lim 等,2015)三个方面,包括 5 个测量项。在承诺方面的测量则借鉴了 Kumar 等(1995)的研究,共包括 4 个题项。为了衡量用户在直播环境中的感知有用性和感知易用性,我们参考了 Venkatesh 等(2003)的量表,并结合了徐健等(2004)、Moon 和 Kim(2001)以及 Gefen 等(2003)的研究成果,以更好地匹配和更新相关测量,最终,感知有用性包括 4 个题项、感知易用性包括 3 个题项。在持续使

---

① FastData 是北京滴普科技有限公司旗下的品牌。

用方面,我们采用了 Venkatesh 等(2003)的测量工具,而对推荐意愿,我们选用了 Ryu 和 Feick(2007)的量表,两者分别包括 3 个题项。

表 7-1　　　　　　　　　　变　量　测　度

变量名称	编号	题　　　项	参考文献
社会临场感(SP)	SP1	① 网络主播所处的直播环境让我感觉真实	Lim 等(2015)
	SP2	② 在观看网络直播的过程中,我有直播间的其他人与我处于同一空间的感觉	
	SP3	③ 在观看网络直播的过程中,我有与他人真实互动的感觉	
	SP4	④ 在观看网络直播的过程中,我有人际交往的感觉	
	SP5	⑤ 观看网络直播使我感到现实中的人带来的温暖感	
感知有用性(PU)	PU1	① 网络直播内容为我的业余生活增添了色彩	Venkatesh 等(2003)徐健等(2014)Moon 和 Kim(2001)
	PU2	② 观看网络直播并参与互动是一种更娱乐的消遣方式	
	PU3	③ 网络直播中的点赞、弹幕和打赏等功能更好地满足了我的需要	
	PU4	④ 观看网络直播让我获得一些情感上的满足(比如陪伴感、社交感)	
感知易用性(PEU)	PEU1	① 学习使用网络直播平台对我来说很容易	Venkatesh 等(2003)Gefen 等(2003)
	PEU2	② 我可以很轻松地在网络直播平台上进行点赞、弹幕、打赏等操作	
	PEU3	③ 我可以方便快捷地在网络直播平台观看我喜爱的内容	
承诺(C)	C1	① 即使可以,我也不会放弃这个网络直播平台,因为我喜欢和它关联在一起	Kumar 等(1995)Hudson 等(2016)Lim 等(2015)Hwang 和 Lim(2015)
	C2	② 我想继续留在这个网络直播平台是因为我享受与它的关系	
	C3	③ 成本(对现在使用的平台投入的时间、精力、金钱)的原因使我不会轻易弃用现在使用的平台	
	C4	④ 我对该网络直播平台的积极态度是我继续在这个网络直播平台上观看节目的主要原因	

续 表

变量名称	编号	题 项	参考文献
持续使用 （CU）	CU1	① 未来一段时间内,我会继续使用现有的网络直播软件	Venkatesh 等（2003）
	CU2	② 未来一段时间内,我会继续在现有网络直播平台上互动交流	
	CU3	③ 未来一段时间内,我会保持使用现有直播软件的频率/时间	
推荐意愿 （RI）	RI1	① 我愿意向身边人推荐现有的网络直播软件	Ryu 和 Feick（2007）
	RI2	② 当他人向我征求意见时,我会把我正在使用的直播软件推荐给他	
	RI3	③ 我会向他人称赞现有的直播软件	

第四节 研 究 结 果

一、信效度分析

为了保证调查问卷数据的可靠性和有效性,本章对问卷的信度和效度进行检验。

首先,本章对所涉及变量的构念进行区分效度检验。如表 7-2 所示,与其他模型相比,六因子模型的适配指数最优[(349) = 494.49（$p<0.000$）, RMSEA=0.067, IFI=0.94, TLI=0.928, CFI=0.94],说明本章中的 6 个变量在内涵与测量方面具有较好的区分效度,6 个研究构念相互独立,因此问卷具有较高效度,也说明本章不存在严重的共同方法偏差（Common Method Bias）问题。

表 7-2　　　　　　　　　　验证性因子分析

模 型	组　　合	χ^2	Df	χ^2/Df	IFI	TLI	CFI	RMSEA
六因子模型	SP;C;PU; PEU;CU;RI	494.490	194	2.549	0.940	0.928	0.940	0.067
五因子模型	SP;C;PU; PEU;CU+RI	597.120	199	3.001	0.920	0.907	0.920	0.076
四因子模型	SP;C+PU+ PEU;CU;RI	1 116.024	203	5.498	0.817	0.791	0.816	0.114

续 表

模 型	组 合	χ^2	Df	χ^2/Df	IFI	TLI	CFI	$RMSEA$
三因子模型	$SP;C+PU+PEU;CU+RI$	1 217.136	206	5.908	0.797	0.772	0.796	0.119
二因子模型	$SP+C+PU+PEU;CU+RI$	1 541.332	208	7.410	0.733	0.702	0.732	0.136
单因子模型	$SP+C+PU+PEU+CU+RI$	1 807.468	209	8.648	0.680	0.644	0.678	0.148

注：$N=349$，SP 为社会临场感，C 为承诺，PU 为感知有用性，PEU 为感知易用性，CU 为持续使用，RI 为推荐意愿。"+"为两个变量的组合；零因子模型中，所有测量题项之间没有关系。篇幅所限，因子模型并未完全汇报，全部模型中，六因子模型的拟合效果最佳。

其次，根据量表信度检验结果（如表7-3所示），社会临场感量表的α系数为0.89，感知有用性量表的α系数为0.85，感知易用性量表在本章的α系数为0.88，承诺量表的α系数为0.86，持续使用量表的α系数为0.83，推荐意愿量表的α系数为0.87。所有量表的α系数都高于0.7的可接受标准，因此本章中所有量表的信度都较高。同时，为了测量整体问卷的效度，本章运用AMOS软件进行检验。效度检验根据Bogozzi和Yi（1988）的建议分为个别观察变量的项目信度和潜变量的组合信度。从表7-3可知，绝大部分观测变量的因子载荷系数高于0.71。此外，潜变量的平均提取方差（AVE）全都在0.6以上，表明题项均具有良好的聚敛效度（Bagozzi和Yi，1988；Murtagh和Heck，2012）。

表7-3 变量的信度和聚合效度检验

构 念	因子载荷	α	平均提取方差
社会临场感（SP）			
$SP1$	0.76		
$SP2$	0.80		
$SP3$	0.86	0.89	0.63
$SP4$	0.84		
$SP5$	0.70		

续　表

构　　念	因子载荷	α	平均提取方差
承诺(C)			
C1	0.76	0.86	0.61
C2	0.78		
C3	0.81		
C4	0.77		
感知有用性(PU)			
PU1	0.79	0.85	0.60
PU2	0.82		
PU3	0.74		
PU4	0.74		
感知易用性(PEU)			
PEU1	0.80	0.88	0.71
PEU2	0.84		
PEU3	0.89		
持续使用(CU)			
CU1	0.83	0.83	0.63
CU2	0.81		
CU3	0.73		
推荐意愿(RI)			
RI1	0.89	0.87	0.70
RI2	0.80		
RI3	0.80		

二、同源方差检验

由于本章采用问卷调查法收集数据,6个变量都在同一问卷中,所有数据都是通过被试者的自我报告获得,因此测量中可能存在共同方法偏差。为减少对此偏差的担忧,本章在正式发放问卷前,邀请了活跃于网络直播平台的10位网络直播用户进行预调研并修正,从而提高被试者对问卷题项的理解程度。同时,问卷不记录被试的姓名、工作单位等隐私信息,保证了匿名性,从而尽量保证被试者表达自己的真实想法。在统计控制方面,根据Harman(1976)的建议,对问卷所有主变量题项进行探索性因子分析。结果显示,第一主成分因子解释总方差的26.1%,小于50%,因此本章不存在解释力极大的因子,即不存在严重的共同方法偏差,不影响数据与研究分析的可靠性。最后,本章对各潜变量之间的相关系数进行了比较,各潜变量之间的相关系数均小于0.9,这进一步表明本次调研的数据质量良好,同源偏差问题较小(吕德胜等,2022)。

三、描述性统计

表7-4呈现了本章中变量间的相关系数矩阵。从表中可以得出,女性用户更倾向于持续使用自己偏好的网络直播平台。持续使用与社会临场感($r=0.505, p<0.01$)、感知易用性($r=0.514, p<0.01$)、感知有用性($r=0.626, p<0.01$)和承诺($r=558, p<0.01$)正相关;推荐意愿与社会临场感($r=0.435, p<0.01$)、感知易用性($r=0.546, p<0.01$)、感知有用性($r=0.598, p<0.01$)、承诺($r=0.598, p<0.01$)和持续使用($r=0.665, p<0.01$)正相关。相关性分析为本章后续的研究奠定了良好的研究前提。

四、中介效应的检验

本章针对H1a和H1b进行中介效应检验。

首先,根据Baron和Kenny(1986)的中介检验程序,从表7-5可以得出,在固定控制变量的影响后,社会临场感与承诺($r=0.492, p<0.001$)、持续使用($r=0.456, p<0.001$)和推荐意愿($r=0.446, p<0.001$)显著相关,并且当承诺进入方程后,社会临场感对持续使用($r=0.262, p<0.001$)、推荐意愿($r=0.393, p<0.01$)的影响显著但影响力减弱,因此,承诺部分中介了社会临场感对持续使用($r=0.401, p<0.001$)和推荐意愿($r=0.563, p<0.001$)的影响。

表 7-4　各变量的均值、标准差和相关系数矩阵

变量	M	SD	1	2	3	4	5	6	7	8	9	10
1. 性别	0.51	0.53										
2. 年龄	3.15	1.3	0.008									
3. 学历	3.14	0.8	−0.02	−0.500**								
4. 职业	7.26	5.4	0.053	0.367**	−0.320**							
5. 频率	3.21	1.71	−0.013	0.012	0.023	0.05						
6. SP	3.63	1.44	−0.012	0.189**	−0.130*	−0.009	−0.127*					
7. C	3.53	1.3	0.08	0.198**	−0.186**	0.019	−0.162**	0.575**				
8. PU	3.85	1.33	0.051	0.164**	−0.145**	−0.016	−0.178**	0.687**	0.628**			
9. PEU	4.60	1.66	0.072	−0.213**	0.175**	−0.176**	−0.047	0.372**	0.338**	0.493**		
10. CU	4.00	1.34	0.133*	0.094	−0.076	−0.047	−0.164**	0.505**	0.558**	0.626**	0.514**	
11. RI	3.66	1.47	0.018	0.095	−0.135*	−0.039	−0.140*	0.455**	0.598**	0.598**	0.546**	0.665**

注：*** 表示 $p<0.001$，** 表示 $p<0.01$，* 表示 $p<0.05$；SP 为社会临场感，C 为承诺，PU 为感知有用性，PEU 为感知易用性，CU 为持续使用，RI 为推荐意愿。

表 7-5 回归检验结果

模型	承诺 模型1	承诺 模型2	承诺 模型3	承诺 模型4	持续使用 模型5	持续使用 模型6	推荐意愿 模型7	推荐意愿 模型8
常数项	2.175*** (0.420)	1.399*** (0.404)	1.712*** (0.427)	1.364*** (0.546)	2.570*** (0.455)	1.714*** (0.441)	2.999*** (0.523)	1.776*** (0.485)
性别	0.206 (0.106)	0.144 (0.098)	0.165 (0.104)	0.110 9 (0.098)	0.350** (0.115)	0.269** (0.108)	0.064 (0.132)	−0.052 (0.118)
年龄	0.062 (0.053)	0.035 (0.049)	0.107* (0.053)	0.056 (0.050)	0.013 (0.059)	−0.201 1 (0.053)	−0.018 (0.066)	−0.053 (0.059)
学历	−0.147 (0.083)	−0.106 (0.077)	−0.179* (0.081)	−0.114 (0.077)	−0.032 (0.09)	0.026 (0.084)	−0.190 (0.103)	−0.107 (0.093)
职业	−0.007 (0.011)	−0.004 (0.010)	−0.003 (0.011)	−0.003 (0.011)	−0.014 (0.012)	−0.011 (0.011)	−0.016 (0.014)	−0.013 (0.013)
频率	−0.068* (0.033)	−0.044 (0.031)	−0.069* (0.033)	−0.048 (0.031)	−0.076* (0.036)	−0.049 (0.034)	−0.068 (0.041)	−0.030 (0.037)
社会临场感	0.492*** (0.041)	0.231*** (0.051)	0.415*** (0.044)	0.212*** (0.051)	0.456*** (0.044)	0.262*** (0.049)	0.446*** (0.050)	0.169** (0.053)
承诺						0.393*** (0.055)		0.563*** (0.060)
感知有用性		0.404*** (0.054)		0.381*** (0.059)				
感知易用性			0.154*** (0.039)	0.034 (0.040)				
社会临场感×感知有用性			0.092* (0.045)		0.182** (0.057)			
社会临场感×感知易用性				−0.010 (0.049)	−0.144* (0.058)			
R^2	0.361***	0.455***	0.390***	0.469***	0.287***	0.381***	0.205***	0.382***

注：*** 表示 $p<0.001$，** 表示 $p<0.01$，* 表示 $p<0.05$。

接着,为进一步科学验证承诺的中介效应,根据 Baron 和 Kenny(1986)提出的因果逐步回归方法以及检验程序,本章使用拔靴法对所提中介假设进行检验,并以 349 个样本作为基础进行 5 000 次迭代。按照 Zhao 等(2010)建议的中介效应分析流程,采用 Preacher 和 Hayes(2004)以及 Hayes(2017)总结的拔靴法进行承诺中介效应检验。样本量为 5 000,在 95% 的置信区间,承诺对社会临场感和持续使用的中介效应显著($CI=[0.134\ 8,0.269\ 6]$),且中介效应大小为 0.193 5。在控制了中介变量承诺后,自变量社会临场感对因变量持续使用的影响显著($CI=[0.165\ 7,0.358\ 7]$),说明承诺部分中介了社会临场感对持续使用的作用。同样,承诺对社会临场感和推荐意愿的中介效应显著($CI=[0.212\ 6,0.356\ 2]$),且中介效应为 0.276 7。在控制承诺后,自变量社会临场感对因变量推荐意愿的中介效应显著($CI=[0.063\ 1,0.275\ 2]$),说明承诺部分中介了社会临场感对推荐意愿的影响。因此,H1a 和 H1b 被验证。

最后,为了进一步测量承诺中介效应的大小,根据温忠麟等(2004)测量中介效应的方法,表 7-6 呈现了承诺部分中介作用的显著程度。承诺中介 42.4% 的社会临场感对持续使用的作用、62.1% 的社会临场感对推荐意愿的作用,由此可知,承诺的部分中介作用影响较大。

表 7-6　　　　　　　　承诺的中介效应占总效应的比例

自变量	中介变量	因变量	中介效应占总效应的比例
社会临场感	承诺	持续使用	0.492×0.393/0.456＝42.4%
		推荐意愿	0.492×0.563/0.446＝62.1%

五、感知有用性和感知易用性的调节效应检验

感知有用性和感知易用性的调节效应检验是本章的关键部分。针对 H2a 和 H2b,本章采用了 Edwards 和 Lambert(2007)构建的总效应调节模型方法。为了消除多重共线性的影响,本章对社会临场感、感知有用性和感知易用性进行了标准化处理,并利用标准化后的社会临场感、感知有用性和感知易用性来构建交互项。从表 7-5 可以看出,社会临场感与感知有用性的交互项对承诺(模型 2)产生了显著的正向影响($r=0.092,p<0.05$)。这表明,感知有用性的提高会

增强社会临场感对承诺的正向影响,从而支持了 H2a。然而,社会临场感与感知易用性的交互项对承诺(模型 3)没有显著影响($r=-0.010,p>0.05$),这意味着感知易用性在社会临场感对承诺的影响中没有发挥调节作用。当将感知有用性和感知易用性同时纳入回归模型(模型 4)时,感知有用性依然正向调节社会临场感对承诺的影响($r=0.181,p<0.01$),感知易用性则负向调节了社会临场感对承诺的影响($r=-0.144,p<0.05$)。这表明,感知有用性对社会临场感与用户承诺之间的关系具有正向调节作用,支持了 H2a。然而,当用户对网络直播平台的媒介既具有感知有用性又具有感知易用性时,感知易用性负向调节了社会临场感与承诺之间的关系。这可能是因为网络直播平台的简单易操作反而使用户变得惰性,从而降低了对平台的承诺(张婕琼等,2022)。

六、被调节的中介效应检验

通过以上中介分析和调节分析可以发现,社会临场感通过承诺对持续使用和推荐意愿传递正向影响,并且感知有用性正向调节社会临场感对承诺的作用。为了检验 H3a、H3b、H3c 和 H3d 的被调节中介效应,需要检验被感知有用性和感知易用性调节的承诺水平是否在社会临场感对持续使用和推荐意愿的影响中起到中介作用。

根据 Preacher 等(2007)和 Hayes(2017)的有调节的中介模型检验程序,本章通过使用拔靴法并运用 5 000 组样本,在 95% 的置信区间进行有调节的中介模型检验。首先,承诺在社会临场感和感知有用性对持续使用的交互影响中起中介作用。如表 7-7 所示,按照均值、均值加减一个标准差从而分层出低、中、高三个感知有用性程度,分析了在不同感知有用性程度下社会临场感对用户持续使用影响中承诺的中介效应,数据表明,对低度($CI=[0.008\ 9,0.094\ 2]$)、中度($CI=[0.020\ 6,0.112\ 0]$)和高度($CI=[0.027\ 7,0.139\ 1]$)感知有用性程度的用户,其 95% 的置信区间均不包含 0,说明在不同用户感知有用性程度下,社会临场感通过承诺对持续使用的间接效应显著。随着用户感知有用性的程度加深,承诺的条件间接效应也逐渐增大($0.041\ 1,0.056\ 2,0.071\ 1$)。同时,承诺对社会临场感和持续使用的有调节的中介效应显著($CI=[0.000\ 6,0.030\ 2]$),其置信区间不包含 0。因此,H3a 成立。其次,承诺在社会临场感和感知有用性对推荐意愿的交互影响中起中介作用。按照均值、均值加减一个标准差从而分层出低、中、高三个感知有用性程度,分析了在不同感知有用性程度下社会临场感对用户推荐意愿影响中承诺的中介效应,数据表明,对低度($CI=[0.015\ 6, 0.145\ 0]$)、中度($CI=[0.046\ 0,0.172\ 7]$)和高度($CI=[0.062\ 1,0.210\ 1]$)感知有用性的用户,社会临场感通过承诺对推荐意愿的间接效应显著。随着用户感知有用性程度的加深,承诺的条件间接效应也逐渐增大(0.070 2,0.097 1,0.123 9)。同时,承诺对社会临场感和推荐意愿的有调节的中介效应显著($CI=[0.000\ 4, 0.046\ 9]$)。因此,H3b 成立。最后,在不同用户感知易用性程度下,其95%置信区间(低水平 $CI=[0.076\ 3,0.201\ 9]$,中水平 $CI=[0.079\ 4,0.194\ 8]$,高水平 $CI=[0.076\ 9,0.199\ 3]$)均不包含0,社会临场感通过承诺对持续使用的间接效应显著。然而,承诺在社会临场感和感知易用性对持续使用的交互影响中的有调节的中介效应并不显著,其95%置信区间($CI=[-0.014\ 9,0.012\ 0]$)包含了0。因此,不能支持 H3c。同样,承诺在社会临场感和感知易用性对推荐意愿的交互影响检验中,其95%置信区间($CI=[-0.021\ 9,0.018\ 0]$)也包含了0,因此不能支持 H3d(张婕琼等,2022)。

表 7-7　　　　　　　　　调节效应检验($N=349$)

变量	持续使用			推荐意愿		
感知有用性	效应值	95%置信区间	区别区间	效应值	95%置信区间	区别区间
低水平 (-1.339 4)	0.041	0.008 9~0.094 2	0.000 6~ 0.030 2	0.070 2	0.015 6~0.145 0	0.000 4~ 0.046 9
中水平 (0)	0.056	0.020 6~0.112 0		0.097 1	0.046 0~0.172 7	
高水平 (1.339 4)	0.071	0.027 7~0.139 1		0.123 9	0.062 1~0.210 1	
感知易用性						
低水平 (-1.660)	0.130 3	0.076 3~0.201 9	0.014 9~ 0.012 0	0.189 2	0.122 5~0.273 2	0.021 9~ 0.018 0
中水平 (0)	0.128 2	0.079 4~0.194 8		0.186 2	0.129 7~0.260 3	
高水平 (1.660)	0.126 1	0.076 9~0.199 3		0.183 1	0.122 2~0.268 2	

第五节 结论与启示

一、研究结论

虽然已有众多学者对社交网络服务平台(Lin 等,2014)和社区网站(Cheikh-Ammar 和 Barki,2016)中的社会临场感以及用户的持续使用行为和推荐意愿进行了深入探讨,但在网络直播环境下,社会临场感如何增强用户的持续使用行为和推荐意愿仍未得到充分阐释。本章旨在验证网络直播环境中社会临场感对用户持续使用和推荐意愿的积极影响,并探讨了承诺在社会临场感与持续使用及推荐意愿之间的中介作用。研究发现,感知有用性是影响社会临场感对承诺的作用的关键调节因素。当用户的社会临场感较强时,较高的感知有用性会部分替代社会临场感对承诺的影响。通过对调节中介模型的检验,本章进一步揭示了社会临场感的传递机制及其边界条件,从而丰富了社会临场感的研究领域。最终,我们发现,感知易用性并未在社会临场感通过承诺对用户持续使用和推荐意愿产生影响的过程中起调节作用。通过与数位直播用户的交谈,我们推测这可能是由于当前网络直播平台普遍提供了极为简便的操作界面,导致用户的感知易用性普遍较高,因此,感知易用性未能有效调节社会临场感对承诺的影响,也未在社会临场感影响持续使用和推荐意愿的过程中发挥中介作用(张婕琼等,2022)。

二、理论启示

第一,本章对网络直播用户行为进行了深入探讨和拓展。网络直播作为数字文化产业中新兴的媒介形式,其迅速崛起引起了广大学者的研究兴趣。然而,之前的大部分研究主要集中在用户的使用行为上,如互动模式(He,2013)等,这些研究多在用户行为的单一层面进行探讨,未能全面解释网络直播的病毒式传播特性,因而具有一定的局限性。实际上,网络直播以用户的重复使用和口碑推广为显著特征,这一点挑战了传统关于用户行为的研究范式。本章通过引入用户的持续使用和推荐意愿的维度,无疑对网络直播领域的研究进行了更为深入和全面的拓展。

第二,本章以社会临场感作为理论基础,拓宽了社会临场理论的应用范围,并揭示了网络直播用户的社会临场感对其持续使用和推荐意愿的正向影响。早先的研究已经提出了社会临场感对用户行为有积极促进作用(Hwang和Lim,2015)。但是,这些研究多数集中于在线学习、电视互动节目等领域,缺少对新兴媒介和互动形式的探讨与验证。本章在网络直播这一新环境下,检验了高度的社会临场感所带来的影响,从而突显了社会临场感对结果的重要作用。基于网络直播用户的问卷数据,本章从理论和实证的角度验证了社会临场感对用户持续使用和推荐意愿的作用机制,为社会临场感理论提供了有价值的补充。

第三,本章将关系营销领域的核心概念——承诺融入网络直播的研究框架。实际上,众多研究已经证实,形成用户忠诚和情感投入的基础是承诺(McAleander等,2003)。通过将承诺作为中介变量,本章连接了社会临场感与网络直播用户行为之间的关系,有助于更深入地理解社会临场感的作用机制。我们发现,用户对虚拟空间的真实性感知越强烈,就越容易产生承诺。这一发现从一个新的角度揭示了承诺的形成因素,为未来的研究提供了参考。

第四,鉴于移动技术的不断进步和网络直播平台的快速发展,本章将技术接受模型中的关键变量——感知有用性和感知易用性融入社会临场感的研究框架。这为强化社会临场感的解释能力提供了全面的视角。将技术接受模型和社会临场理论融合到用户行为分析框架中,显著增强了模型的解释性。

三、实践启示

网络直播平台的兴起实际上反映了平台用户的心理需求。对网络直播平台来说,除了吸引用户流量外,提升用户黏性也是其核心任务,这就需要深入了解用户行为背后的心理动机。网络直播与点播的主要区别在于直播的参与感和共在感。网络直播消除了传统视频内容制作和传播的界限,实现了内容的即时生产和传播,与用户实时互动,从而增强了用户的社会临场感。本章研究结果也证实了用户的社会临场感对其持续使用和推荐意愿有显著的正向影响。因此,像斗鱼、熊猫这样的网络直播平台需要在传播形式和内容生产上重视用户对互动和直播感的需求,这也是社会临场感的重要组成部分。另外,为了增强用户的持续使用和推荐意愿,网络直播平台还需在内容选择和制作方面进行创新,以满足用户日益提高的品味要求。

本章的研究结果还表明,感知有用性对承诺在社会临场感、持续使用和推荐意愿之间的中介作用产生了正向调节效应。因此,在建设网络直播平台时,平台运营者需要特别关注如何增强用户对平台的感知有用性。为实现这一目标,网络直播平台可以采取一系列措施。首先,平台可以积极倾听用户的需求,采用用户协同开发模式,让用户参与产品或服务的开发过程。这样做不仅可以更好地理解用户对系统功能的需求,而且可以提高用户参与感,从而丰富用户端的信息和知识。通过增强用户对平台的感知有用性,可以提高用户对平台的使用黏性,促使他们更加积极地参与互动。其次,平台需要有效地过滤信息,及时删除虚假的或过期的信息,提高用户信息搜索的效率。为此,平台可以不断改进文字、链接、影音和图片编辑等功能,确保平台上的信息既有用又便捷,并及时更新。通过保证平台信息的有用性、便捷性和及时性,可以提高用户的感知有用性,增强他们的满意度和信任感。最后,尽管本章未能验证感知易用性的作用,但技术接受模型(Technology Acceptance Model,TAM)表明,用户对系统的感知易用性越高,他们对系统的使用态度就越积极(吕德胜等,2022)。因此,网络直播平台仍然应关注提高平台的易用性,确保用户轻松、顺畅地使用平台的各项功能(包括改进界面设计、优化用户体验、提供清晰的操作指南等),以使用户在初次接触和使用平台时产生积极的印象。这样可以提高用户的满意度,并有助于建立更稳固的用户承诺。

四、研究局限与未来研究方向

第一,本章阐明了承诺这一因素在社会临场感影响持续使用和推荐意愿的过程中起到了部分中介作用,这表明在该机制中还潜藏着其他关键的中介变量。社会临场感对持续使用和推荐意愿的影响机制较为复杂,在不同的环境和时间效应下,这一机制会呈现动态变化,这仍需进一步深入研究。未来研究可扩展研究范围和内容,更为细致地探讨社会临场感的作用路径,以增强研究结果的通用性。

第二,本章的研究主要从用户的角度探讨用户与直播平台的关系。未来的研究可以考虑从直播平台的角度研究其对用户的承诺,以便为直播平台的健康发展提供更多理论支持。此外,除了直播平台,网络直播主播的作用也非常重要。主播和直播平台相互促进,直播平台的成功有助于培养和吸引更多主播,主播的表现也可以吸引更多用户并提高用户黏性(燕道成等,2018)。因此,未来的研究可以考虑从多个角度来研究网络直播的理论构建。

第三,本章在变量测量上借鉴的是已有的量表,未来的研究可以考虑开发更适用于网络直播研究情境的量表。例如,在测量有用性方面的量表中,目前的题项主要关注用户对网络直播在休闲、社交和生活方面的有用性感知,未来的研究可以考虑重新制定更适用于网络直播情境的量表,包括用户对网络直播在学习和工作方面的有用性感知等,这样可以更全面地理解用户与网络直播平台的关系。

第四,本章使用问卷方法测量了直播平台用户的行为和意愿等,未来的研究可以探索更多研究方法,以进一步增加研究的深度。例如,可以考虑采用自然语言处理和文本分析等多种方法来分析直播平台用户的评论,以便更详细地研究网络直播情境下社会临场感的影响机制(张婕琼等,2022)。

第八章
数字文化产业视域下的激励机制研究

第一节 问题的提出

知识付费是一种买卖双方通过电子知识分销平台自由定价而直接完成交易的知识产品新型销售模式(Ritvala 和 Piekkari,2021)。作为一种新兴商业现象,知识付费可以有效降低个体生产者的分销成本,并通过个性化分销的方式释放普通个体的创作热情(何易等,2020),故而在中国取得了跳跃式的增长。由于知识产品的无形性和重复使用性,其固有风险来自知识产品的黑产运作(李婵等,2021;刘霞等,2014),即某些消费者通过黑产运作商以极低成本获取与正版同质的知识内容。据企鹅智酷的行业调研报告,55.3%的消费者通过其他渠道获取过知识内容产品。尽管相关平台不断加大打击盗版的力度,但通过翻录付费内容音频、截图转存付费知识图文等方式进行贩售的盗版课程仍层出不穷。消费者对盗版的选择不仅挫伤了平台企业的利益,而且打击了生产者进行知识产品创造的热情,从而危及整个知识付费市场的良序发展(林旭东等,2018)。因此,如何有效监督和减少消费者的盗版寻求行为并激励生产者的积极创作,成为管理知识付费市场的重要议题。

知识付费分销平台桥接了知识生产者和消费者两端,其中包含多方利益群体的复杂关系。除去分销平台本身可以实时掌握知识生产者和消费者的行为,知识生产者和消费者还存在一定的信息不对称问题,知识分销平台和知识生产者无法控制消费者的平台外行为(如获取盗版知识付费产品),从而损失相应的平台利益(Vida 等,2012),这不利于知识付费市场的稳定和长远发展。同时,知识生产者作为整个产业链的源头,他们是否积极产出内容并与平台积极协作,决定着平台的兴衰。因此,协调好知识生产者、知识分销平台以及消费者三方之间的关系,对于促进我国知识付费市场繁荣发展、完善知识付费分销体系具有重要意义。

相关研究主要从知识付费消费者和平台两个方面展开。在知识付费消费者端,大量研究聚焦于探讨消费者行为的特征和驱动因素。消费者的电子内容产品购买行为存在理性羊群效应,并且一些显性的产品特征(如是否上榜)会显著地减弱消费者不理性的追随行为,但是作者的名誉和竞争会加剧羊群效应(Ding 和 Li,2019)。基于价值感知多样性理论,消费者类型(专家消费者或者新手消费者)和历史购买经验会造成消费者对知识付费产品的差异化价格感知,并影响其交易行为(Zhang 等,2019)。感知有用性、期望确认、系统/服务/信息质量(Pang 等,2020)以及感知互惠信念和感知信任在消费者形成付费意向认知过程中具有一定作用(Zhao 等,2020)。蔡舜等(2019)聚焦知乎 Live[①]这一知识付费的典型代表,发现作为一种成本和信号的混合,价格对电子内容产品的负向影响显著;但是当口碑量足够大时,这种负向影响会被削弱。在平台研究方面,学者们针对平台资源、激励和网络关系等进行了探讨。在有限理性的前提下,平台适当的奖惩措施有利于规范消费者和商品零售商的行为(Jiang 等,2018);同时,作为桥接交易双方的中介,平台可通过信号机制和担保机制对交易双方的行为起正向约束作用(Weng 和 Luo,2021),并促进不同节点的网络连接和信息交互,从而更好地创造价值(Zou 等,2021)。尤其是内容型平台的繁荣,更依赖核心用户的参与和协同,并充分发挥用户协作的自组织性,在此过程中,平台需要不断优化,提高用户对其的易用和可用感知(姚慧丽等,2020),提高社群中心性也可以起到良好的激励作用(刘征驰等,2022)。

通过梳理文献发现,由于缺少消费者平台外行为的相关数据,因此现有的研究较少将知识付费的供需双方(生产者和消费者)置于一个框架中进行分析,如何同时维持和激励知识生产者的不断产出和消费者对正版知识产品的选择亟待关注(刘德文,2022)。演化博弈作为一种假定行为方有限理性,同时研究各个主体行为策略之间相互影响的工具,得到了学者们的重视,并被广泛运用于各个领域的管理学研究(赵伟等,2022)。鉴于此,本章借助演化博弈理论,构建知识生产者、知识分销商和消费者三方主体有限理性行为的演化博弈模型,分析各参与

---

① 知乎推出的实时语音问答产品。

主体的策略稳定性,研究不同参数的不同赋值对演化稳定性的影响,验证可以通过合理设计激励机制来提高知识生产者的创造热情和消费者选择正版产品的概率,为知识付费市场稳态的实现提供新的实践洞见。

第二节 模型建立和分析

一、基本假设

在知识付费的背景下,有三个利益相关方:知识生产者(如喜马拉雅的主播)、知识分销商(如喜马拉雅平台)和消费者。三方的行为策略并非一成不变,而是时刻处在动态的学习模仿中,受其他利益相关方和环境的影响。三个利益相关方均具有有限理性,会根据上一期博弈的收益和损失进行行为策略调整,同时以追求本身利益最大化为目标。三方策略的选择分别为知识生产者努力/不努力、知识分销商积极合作/消极合作、消费者购买正版/寻求盗版。

(一)知识生产者的参数

a_1:知识生产者的基本收益,即知识生产者未采取努力策略而通过售卖相应知识产品获得的收益。当消费者寻求盗版时,知识生产者将得不到该收益。

c_1:知识生产者的基本成本,即知识生产者进行生产的初始成本,如生产者为了生产知识付费产品要租用设备和软件等。

Δc_1:知识生产者采取努力策略时的额外成本,如知识生产者为了提高产品质量,会聘请专业公司等。

π:知识生产者的机会损失。由于知识付费市场的竞争激烈,产品同质化严重,因此当知识生产者没有努力时,消费者想要购买正版就会转移到其竞争对手方,从而产生相应的机会损失。

β_1:知识生产者选择努力策略时,给自己带来的额外收益,如得到更多消费者的认可或者平台曝光等。

β_2:知识分销商选择积极合作策略时,提供给知识生产者的激励,如给予知识生产者的创作补贴和扶持费用等。

(二)知识分销商的参数

a_2:知识分销商的基本收益,即知识分销商未采取积极合作时通过知识付费产品的分销而产生的收益。当消费者寻求盗版时,知识分销商将不会获得该收益。

c_2:知识分销商的基本成本,即开设分销平台相应的场地、域名和人员费用。

Δc_2:知识分销商选择积极合作策略时的额外成本,包括平台的营销、宣传、推广、激励、补贴和法务等费用。分销商选择积极合作策略时的额外费用也包括提供给知识生产者的激励(β_2)和提供给消费者的额外激励($\Delta a'_3$)。

β_2:知识分销商积极合作的潜在收益,即知识分销商采取积极合作策略时会有效促进知识生产者的努力和消费的正版消费,带动平台的繁荣,从而使得平台产生诸如广告收入、关联业务收入、周边产品贩卖等额外收益。

(三) 消费者的参数

a_3:消费者的知识付费产品效用。知识付费产品的效用来自产品内容本身,而不取决于盗版或者正版。例如,消费者在起点网上花钱购买某本电子书和从其他盗版渠道获取这本电子书的效用是相同的。

Δa_3:知识生产者努力时,消费者所获得的额外效用,如更新更快,呈现体验价值更高的知识付费产品等。

$\Delta a'_3$:知识分销商积极合作时,消费者所获得的额外收益,如喜马拉雅曾推出"喜马拉雅818联合大会员活动",即购买喜马拉雅上的知识付费产品会获赠其他平台的会员服务。

c_3:消费者购买正版知识付费产品所支付的成本。消费者购买盗版知识付费产品的成本不影响理论分析,因此假设消费者以零成本获取盗版知识付费产品。

Δc_3:知识分销商积极合作时,消费者寻求盗版的损失,主要指平台选择积极合作策略时,会对盗版知识内容进行打击。

基于上文的行为策略和参数设定,可以得到知识生产者、知识分销商和消费者三方的支付矩阵(如表8-1所示)。

表8-1　　　　知识生产者、知识分销商和消费者三方的支付矩阵

策略组合	知识生产者收益	知识分销商收益	消费者收益
努力,积极,正版	$\beta_1 + \beta_2 + a_1 - c_1 - \Delta c_1$	$a_2 - c_2 - \Delta c_2 + \beta_3 - \Delta a'_3 - \beta_2$	$a_3 - c_3 + \Delta a_3 + \Delta a'_3$
努力,积极,盗版	$\beta_2 - c_1 - \Delta c_1$	$-c_2 - \Delta c_2 - \beta_2$	$a_3 - \Delta c_3 + \Delta a_3$

续 表

策 略 组 合	知识生产者收益	知识分销商收益	消费者收益
努力,消极,正版	$\beta_1 + a_1 - c_1 - \Delta c_1$	$a_2 - c_2$	$a_3 - c_3 + \Delta a_3$
努力,消极,盗版	$-c_1 - \Delta c_1$	$-c_2$	$a_3 + \Delta a_3$
不努力,积极,正版	$\beta_2 + a_1 - c_1 - \pi$	$a_2 - c_2 - \Delta c_2 - \beta_2 - \Delta a_3'$	$a_3 - c_3 + \Delta a_3'$
不努力,积极,盗版	$\beta_2 - c_1$	$-c_2 - \Delta c_2 - \beta_2$	$a_3 - \Delta c_3$
不努力,消极,正版	$a_1 - c_1 - \pi$	$a_2 - c_2$	$a_3 - c_3$
不努力,消极,盗版	$-c_1$	$-c_2$	a_3

二、三方博弈复制动态

本章假定知识生产者选择努力策略的比例是 x，选择不努力策略的比例是 $1-x$；知识分销商采用积极合作策略的比例是 y，采用消极合作策略的比例是 $1-y$；消费者购买正版策略的比例是 z，寻求盗版策略的比例是 $1-z$。根据表 8-1，知识生产的平均期望收益如下：

$$\begin{aligned}\bar{u}_1 &= x u_{11} + (1-x) u_{12} \\ &= x[\beta_2 - c_1 - \Delta c_1 + (\beta_1 - \beta_2 + a_1 + \beta_2 y)z] \\ &\quad + (x-1)[c_1 - \beta_2 y + (\pi - a_1)z]\end{aligned}$$

由此可得，知识生产者选择努力策略的复制动态方程如下：

$$\begin{aligned}F_{(x)} &= \frac{\partial x}{\partial t} \\ &= x(u_{11} - \bar{u}_1) \\ &= x(1-x)(\pi z + \beta_1 z - \Delta c_1)\end{aligned} \quad (\text{式 8-1})$$

同理可得，知识分销商选择积极合作策略的复制动态方程如下：

$$\begin{aligned}F_{(y)} &= \frac{\partial y}{\partial t} \\ &= y(u_{21} - \bar{u}_2) \\ &= y(1-y)(\beta_3 xz - \Delta c_2 - \beta_2 - \Delta a_3' z)\end{aligned} \quad (\text{式 8-2})$$

消费者选择购买正版的复制动态方程如下：

$$\begin{aligned}F_{(z)}&=\frac{\partial z}{\partial t}\\&=z(u_{31}-\bar{u}_3)\\&=z(1-z)[(\Delta a'_3+\Delta c_3)y-c_3]\end{aligned}\tag{式8-3}$$

三、均衡分析

为了求解演化博弈的均衡点，令式 8-1、式 8-2、式 8-3 等于 0，即

$$\begin{cases}F_{(x)}=x(1-x)(\pi z+\beta_1 z-\Delta c_1)=0\\F_{(y)}=y(1-y)(\beta_3 xz-\Delta c_2-\beta_2-\Delta a'_3 z)=0\\F_{(z)}=z(1-z)(\Delta a'_3 y+\Delta c_3 y-c_3)=0\end{cases}\tag{式8-4}$$

易知上述联立方程组的解构成了演化博弈的边界，并且存在如下均衡解：

$$\begin{cases}x=\dfrac{\Delta a'_3 z+\Delta c_2+\beta_2}{\beta_3 z}=\dfrac{\Delta a'_3\Delta c_1+(\pi+\beta_1)(\Delta c_2+\beta_2)}{\Delta c_1\beta_3}\\y=\dfrac{c_3}{\Delta a'_3+\Delta c_3}\\z=\dfrac{\Delta c_1}{\pi+\beta_1}\end{cases}\tag{式8-5}$$

可用相应的微分方程来分别描述知识生产者、知识分销商和消费者三方群体的演化，但动态过程中究竟会趋向于何均衡点不能直接判断。按照杰克·赫舒拉发(Jack Hirshleifer)的概念，当从动态的某平衡点的任意小邻域内出发的轨线最终都演化为趋向该平衡点时，就称该平衡点为演化均衡点（乔根·W.威布尔和王永钦，2006）。下面根据雅可比矩阵(Jacobi Matrix)定性分析系统在这些均衡点的局部稳定性。雅克比矩阵如下：

$$J=\begin{bmatrix}\dfrac{\partial F(x)}{\partial x}&\dfrac{\partial F(x)}{\partial y}&\dfrac{\partial F(x)}{\partial z}\\\dfrac{\partial F(y)}{\partial x}&\dfrac{\partial F(y)}{\partial y}&\dfrac{\partial F(y)}{\partial z}\\\dfrac{\partial F(z)}{\partial x}&\dfrac{\partial F(z)}{\partial y}&\dfrac{\partial F(z)}{\partial z}\end{bmatrix}$$

$$= \begin{bmatrix} (1-2x)(\pi z+\beta_1 z-\Delta c_1) & 0 & x(1-x)(\pi+\beta_1) \\ y(1-y)\beta_3 z & (1-2y)(\beta_3 xz-\Delta c_2-\beta_2-\Delta a'_3 z) & y(1-y)(\beta_3 x-\Delta a'_3) \\ 0 & z(1-z)(\Delta a'_3+\Delta c_3) & (1-2z)(\Delta a'_3 y+\Delta c_3 y-c_3) \end{bmatrix}$$

根据李雅普诺夫间接法(Lyapunov Indirect Method),系统内存在8个特殊的均衡点,分别为 (0, 0, 0)、(0, 0, 1)、(0, 1, 0)、(0, 1, 1)、(1, 0, 0)、(1, 0, 1)、(1, 1, 0) 和 (1, 1, 1),上述8个均衡点的三个特征值及其符号如表8-2所示。

表8-2　　　　　　　　　系统平衡点及其特征值

平衡点	λ_1	λ_2	λ_3	符　号
$E_1(0, 0, 0)$	$-c_3$	$-\Delta c_1$	$-\beta_2-\Delta c_2$	均为负值
$E_2(0, 0, 1)$	c_3	$\beta_1+\pi-\Delta c_1$	$-\beta_2-\Delta c_2-\Delta a'_3$	有正值
$E_3(0, 1, 0)$	$\beta_2+\Delta c_2$	$-\Delta c_1$	$\Delta c_3+\Delta a'_3-c_3$	有正值
$E_4(0, 1, 1)$	$\beta_1+\pi-\Delta c_1$	$c_3-\Delta a'_3-\Delta c_3$	$\beta_2+\Delta a'_3+\Delta c_2$	有正值
$E_5(1, 0, 0)$	Δc_1	$-c_3$	$-\beta_2-\Delta c_2$	有正值
$E_6(1, 0, 1)$	c_3	$\Delta c_1-\pi-\beta_1$	$\beta_3-\beta_2-\Delta a'_3-\Delta c_2$	有正值
$E_7(1, 1, 0)$	Δc_1	$\beta_2+\Delta c_2$	$\Delta a'_3+\Delta c_3-c_3$	有正值
$E_8(1, 1, 1)$	$\Delta c_1-\pi-\beta_1$	$c_3-\Delta a'_3-\Delta c_3$	$\beta_2-\beta_3+\Delta a'_3+\Delta c_2$	不确定

由表8-2,点 $E_8(1, 1, 1)$ 成为渐进稳定点的充分条件是同时满足 $\Delta c_1 < \pi+\beta_1$,$c_3 < \Delta a'_3+\Delta c_3$ 和 $\beta_3 > \beta_2+\Delta a'_3+\Delta c_2$。同理,除了点 $E_1(0, 0, 0)$ 的特征值均为负,其他7个点的特征根均有正值。

此外,当满足 $\begin{cases} x(1-x)=0 \\ x=\dfrac{\Delta a'_3 z+\Delta c_2+\beta_2}{\beta_3 z} \\ z(1-z)=0 \end{cases}$ 时,假定存在解 (x_1, y_1, z_1),则此时雅克比矩阵如下:

$$J = \begin{bmatrix} (1-2x_1)(\pi z_1 + \beta_1 z_1 - \Delta c_1) & 0 & 0 \\ y_1(1-y_1)\beta_3 z_1 & 0 & y_1(1-y_1)(\beta_3 x_1 - \Delta a'_3) \\ 0 & 0 & (1-2z_1)(\Delta a'_3 y_1 + \Delta c_3 y_1 - c_3) \end{bmatrix}$$

(式8-6)

易得矩阵 J 始终存在某一个特征根 $\lambda=0$，由此可判断 在(x_1, y_1, z_1) 的平衡状态下不存在渐进稳定点。

进一步，若满足 $\begin{cases} x = \dfrac{\Delta a'_3 \Delta c_1 + (\pi+\beta_1)(\Delta c_2 + \beta_2)}{\Delta c_1 \beta_3} \\ y = \dfrac{c_3}{\Delta a'_3 + \Delta c_3} \\ z = \dfrac{\Delta c_1}{\pi + \beta_1} \end{cases}$ ，设联立方程组存在解

(x_2, y_2, z_2)，则此时雅克比矩阵如下：

$$J = \begin{bmatrix} 0 & 0 & x_2(1-x_2)(\pi+\beta_1) \\ y_2(1-y_2)\beta_3 z_2 & (1-2y_2)(\beta_3 x_2 z_2 - \Delta c_2 - \beta_2 - \Delta a'_3 z_2) & y_2(1-y_2)(\beta_3 x_2 - \Delta a'_3) \\ 0 & z_2(1-z_2)(\Delta a'_3 + \Delta c_3) & 0 \end{bmatrix}$$

经过计算可得，该矩阵的特征值的限定条件为 $\lambda_1 + \lambda_2 + \lambda_3 = 0$，则此矩阵必然存在非负特征值，由此进一步得知，在 (x_2, y_2, z_2) 均衡状态下也不存在渐进稳定点。在知识生产者、知识分销商和消费者的三方动态博弈中，有且只有 $E_1(0,0,0)$ 和 $E_8(1,1,1)$ 两个渐进稳定点。$E_1(0,0,0)$ 是渐进稳定点，而 $E_8(1,1,1)$ 成为渐进稳定点则需满足特定条件：

第一，知识生产者努力的额外成本小于其努力的额外收益和不努力的机会成本之和。

第二，消费者购买正版知识付费产品的成本小于其寻求盗版时的损失及分销商给予消费者购买正版的激励之和。

第三，当知识付费平台繁荣时，知识分销商所获收益要大于其给予知识生产者、消费者的激励以及积极合作的额外成本。渐进稳定的两点，即知识生产者不努力、知识分销商消极合作、消费者寻求盗版，知识生产者努力、知识分销商积极合作、消费者购买正版，取决于最初的博弈状态。

第三节 数值仿真

一、全局仿真

根据上述复制动态方程的边界条件进行仿真模拟。设初始时间从 0 开始,步长为 100。将三方策略的初始值设定为 (0.5, 0.6, 0.6) 及 (0.5, 0.4, 0.4),其余各参数赋值如下:$\pi = 0.3$,$\beta_1 = 0.5$,$\beta_2 = 0.2$,$\beta_3 = 1.6$,$c_3 = 0.2$,$\Delta c_1 = 0.4$,$\Delta c_2 = 0.2$,$\Delta c_3 = 0.3$,$\Delta a'_3 = 0.1$。仿真实验结果如图 8-1 所示,说明当知识分销商积极合作的成本 Δc_3 较小,并给予知识生产者和消费者适当的激励 β_2 和 $\Delta a'_3$,且在知识付费平台繁荣后,能够获得额外的收益 β_3,知识生产者努力的收益 β_1 和不努力的机会成本 π 可以覆盖其努力的额外成本 Δc_1,消费者购买正版知识付费产品的成本 c_3 小于其寻求盗版知识付费产品的潜在损失 Δc_3 和购买正版知识付费产品的额外激励 $\Delta a'_3$ 时,就会趋向稳定点 (1, 1, 1) 的状态。需要指出的是,这一状态取决于初始状态中消费者购买正版产品的概率大小。在第二种初始值设定下,即消费者购买正版知识付费产品的概率是 0.4,即使知识生产者很可能采取努力策略,也会最终导致系统收敛于稳定点 (0, 0, 0)。

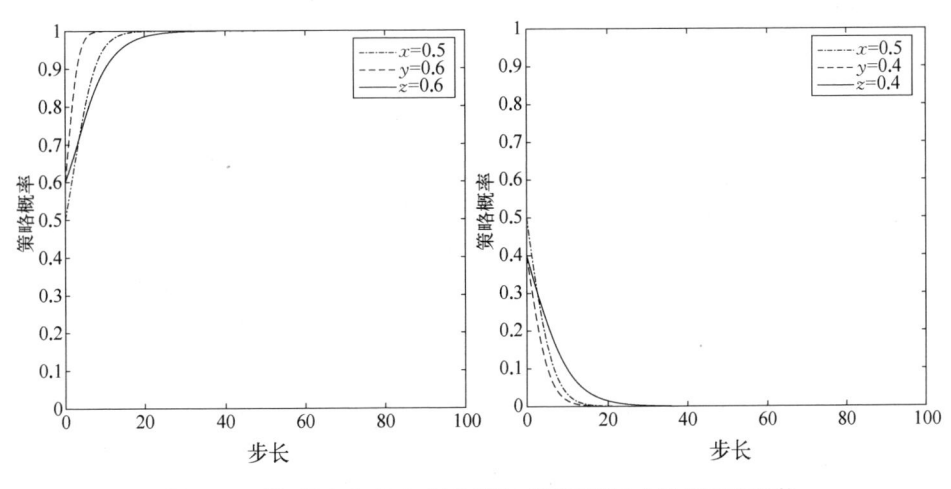

图 8-1 "知识生产者-知识分销商-消费者"三方动态演化趋势

二、关键参数变化仿真

(一) 关键参数变化对演化博弈过程的影响

对该参数赋值1.6、2.9和4.2,其他参数保持不变。从图8-2可见,在系统演化至稳定点的过程中,随着参数值的增加,系统收敛的速度加快,且最初在(0.5,0.4,0.4)的收敛方向也从(0,0,0)变化为(1,1,1)。因此,确保分销商的多渠道收入,保证其在平台繁荣时拥有充足的收益是确保知识付费市场良好发展的重要前提。事实上,本章的该种推论在其他内容平台上有所验证。例如,哔哩哔哩2019年财报显示,其主要营收中,手游、广告和电商等非视频类收入达51.37万亿元,占到业务收入的75.8%,远超其视频类收入。因此,促进哔哩哔哩平台发展的收入来源是生态繁荣后的其他收益。本章认为,知识付费平台应当大力发展衍生业务(如广告、智能配套设备),借助内容生产者和消费者的资源、流量和内容优势获得相应的超额收益,以维持其积极合作行为的演化和稳定。

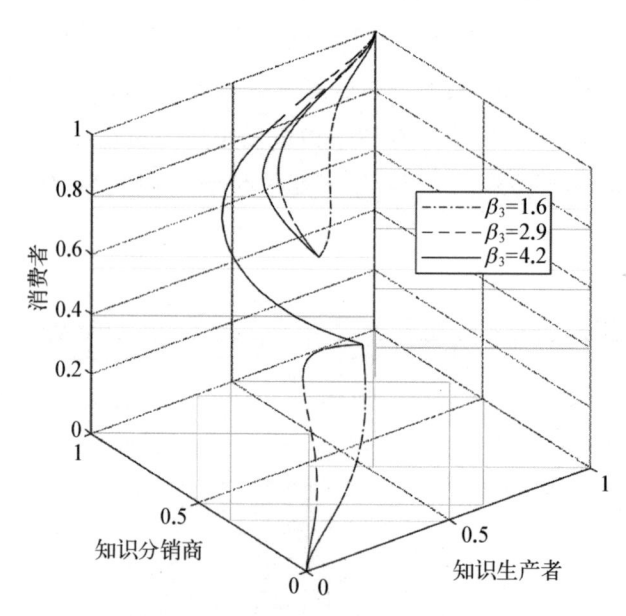

图8-2 知识分销商额外收益的影响

(二) 加大知识生产者额外成本对均衡的影响

保持其他参数不变,对该参数赋值0.4、0.5和0.6,仿真结果如图8-3所示。若增加知识生产者的额外努力成本,即知识生产者将花费额外的精力和成本去制作和生产优秀的知识付费产品,哪怕会有额外的收益,也会感到得不偿失。进一步,额外成本的增大会使系统收敛到(0,0,0)的速度加快,即使一开始选择努力的策略,也会因为成本的抬高转而选择不努力的策略,继而带动整个博弈系统从(1,1,1)的稳态转化为(0,0,0)的稳定点。在实际操作中,要激励知识生产者,就要想办法消除他们在优质知识付费内容生产过程中产生的成本。相关企业可以考虑通过补贴和扶持等手段培育优秀的知识付费内容生产者,并尽可能为他们提供创作的便利。

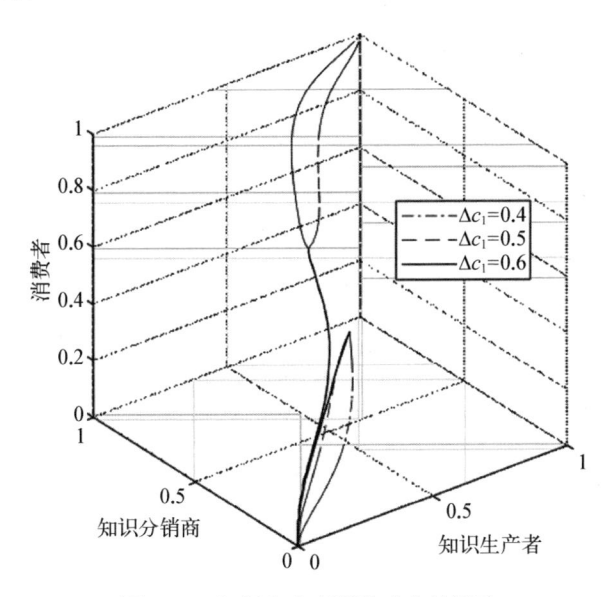

图 8-3 知识生产者额外成本的影响

(三) 关键参数对系统均衡的影响

对该参数赋值 0.1、0.2 和 0.3,结果如图 8-4 所示。一味地对消费者进行补贴可能在短时间内促进消费者积极购买正版知识付费产品,但它终不是长久之计。从长远来看,知识分销平台的激励过大,即一直进行补贴,短时间内可能促进和维持消费者购买正版知识付费产品,但终将导致平台入不敷出,使得整个系统朝着(0,0,0)的方向收敛。同理,分销商对生产者的努力的激励也应该量力而行,这样才能促进知识付费生态的健康发展。

(四) 关键参数对演化结果的影响

对该参数赋值 0.3、0.55 和 0.8,系统的仿真结果如图 8-5 所示。加大消费

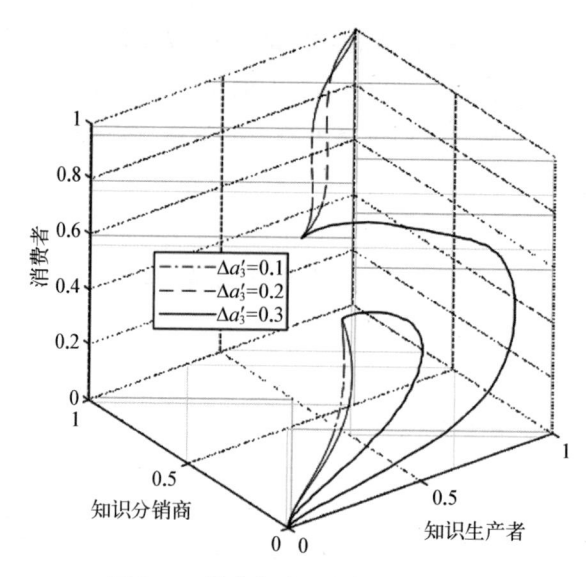

图 8-4 消费者购买正版激励的影响

者寻求盗版的潜在损失,不仅会使得(0.5,0.6,0.6)快速收敛,而且会使原来朝着(0,0,0)演化的博弈系统朝着(1,1,1)。这说明,要想培育三方共益的知识付费生态,就要在初始阶段加大监管力度。积极打击盗版行为,使消费者购买盗版的潜在损失大大增加,这样才能形成知识生产者努力、知识分销商积极合作和消费者购买正版的和谐、喜人局面。

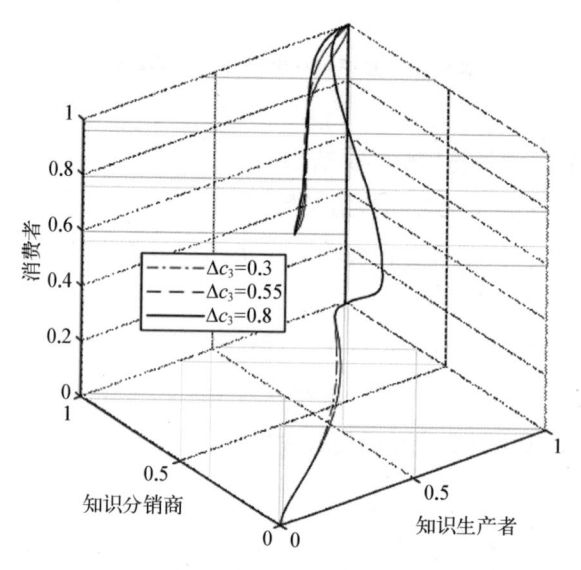

图 8-5 消费者寻求盗版潜在损失的影响

第四节 结论与启示

一、主要结论

影响知识付费市场有序发展的主要参数(变量)包括知识生产者努力时的额外成本(Δc_1)和收益(β_1),当前的机会损失(π),知识分销商积极合作时投入的附加成本(Δc_2),给知识生产者和消费者的激励(β_2、$\Delta a'_3$),消费者购买正版知识付费产品的成本(c_3)和盗版时的违规成本(Δc_3)。博弈模型与数据仿真的结合充分体现了各参与主体行为决策之间的相互关系,更好地刻画了各主体的动态均衡。

二、关键启示

从实际管理来看,应当强化以下几个方面,以期对我国建设权责分明和内容丰富的知识付费产业起到实效:

第一,实行创作激励计划,引导知识生产者积极贡献。知识付费平台允许普通生产者贡献自己的盈余知识,并满足消费者碎片化的知识需求。据此,平台应考虑提高知识生产者积极合作时的制度化收益,而非提供一次性的奖励。另外,有序制定和调整目前知识付费市场的相应标准,提高相应的入驻门槛和收益提现要求,倒逼一些低质量的知识内容生产者及时退出或者改变策略以提高知识产品的品质。

第二,实施知识产品生态体系构建计划,使平台受益于知识内容生产。一方面,政府应当考虑嘉奖市场上优秀的知识分销平台,使其更好地起到桥接生产者和消费者的作用;另一方面,企业自身应当考虑建立产品生态系统,开发相应的衍生品,增加衍生业务收入,使其能最大限度地受益于知识市场的繁荣。同时,知识分销商不要盲目实施超出能力范围的激励,对优质的知识内容生产者和初次进行产品购买的消费者给予相应补贴。

第三,实施知识产品版权保护计划,增大消费者的违规成本。欲促使消费者最终选择购买正版,就要考虑以相对实惠的价格让消费者受益,尽量让消费者买得起正版的知识付费产品。正如前文指出的,由于知识付费内容产品的边际生产成本几乎为零,因此可考虑采用薄利多销的形式。另外,政策制定方和知识分销商应当加大对盗版行为的打击幅度和力度,积极检索和举报贩卖盗版知识付费内容产品的不法分子,抬高消费者寻求盗版的成本。

第九章
数字文化产业视域下元宇宙中的虚拟数字人

第一节 问题的提出

数字文化产业的推进使得个体拥有更多接触数字资源的机会,甚至可以创造自己在数字世界中的虚拟化身。拥有人的外观、能像人一样行动与对话的虚拟数字人(Virtual Digital Humans)在数字升级方面大放异彩,其以丰富的表现形式、广泛的应用场景,为数字文化产业进一步触及消费者提供更多可能。例如,虚拟数字人可应用于电子游戏、虚拟现实和增强现实,为用户提供更丰富、更引人入胜的互动和娱乐体验;可用于远程合作和演出,使艺术家和演讲者跨越地理界限与观众互动;也是创作者的工具,帮助他们在数字文化领域生成新内容。在虚拟数字人行业开启新篇章之时,相关部门纷纷出台政策大力支持。"十四五"规划明确提出了要"发展数字经济,培育新的增长动力",将虚拟现实和增强现实列为数字经济的关键领域(国晔,2022)。为此,工信部等五个部门联合发布了《虚拟现实与行业应用融合发展行动计划(2022—2026年)》,计划在2026年之前,将我国的虚拟现实产业总体规模(包括硬件、软件、应用等方面)发展至超过3 500亿元。基于2018年工业和信息化部发布的《关于加快推进虚拟现实产业发展的指导意见》以及2021年国家新闻出版署发布的《关于开展出版业科技与标准创新示范项目试点工作的通知》,预计到2025年,我国虚拟现实产业将取得全球领先地位,掌握关键的虚拟现实专利和标准;此外,还将加强虚拟现实在工业制造、教育培训、娱乐媒体、国际贸易等领域的融合应用。根据天眼查透露的信息,目前中国"虚拟数字人"和"数字人"领域的企业数量已超过30万家;在

2016年至2020年这5年间,新注册企业的复合增速接近60%。头豹研究院提供的数据表明,现阶段虚拟数字人的市场规模已突破2 000亿元。量子位在其发布的《2021年虚拟数字人深度产业报告》中预测,到2030年,我国虚拟数字人市场的整体规模有望超越2 700亿元(张利娟,2022)。得益于虚拟IP的巨大商业潜力和虚拟第二分身技术的崛起,预计身份型虚拟数字人将成为市场的主力军,市值可能达到大约1 750亿元,并将逐渐融入元宇宙的发展。与此同时,服务型虚拟数字人也将保持稳定的发展势头,多模态人工智能助手尚有广阔的发展空间,众多对话式服务有望升级为虚拟数字人形态,其市场总值或将超过950亿元。在政策扶持、技术持续迭代和市场动力的推动下,虚拟数字人以及整体的虚拟现实行业都在经历快速发展,也在电影、动画、游戏、直播和音乐等领域催生了更多样化且吸引人的数字应用场景。

利用计算机进行视觉设计和生产(Computer Graphics,CG)、语音识别、图像识别、动态捕捉等,成为虚拟角色激增的原始推动力,赋予虚拟数字人商业运作的技术基础。总结过往文献,本章认为,虚拟数字人是具有拟人外观(外形与人类相似)、交互性(同步地、互惠地与交流者沟通)并由人或软件控制的数字化实体,详见图9-1。

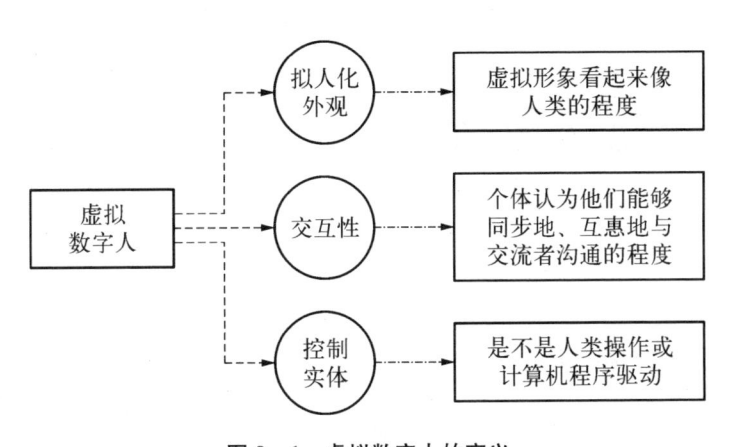

图9-1 虚拟数字人的定义

对虚拟数字人的研究可从消费者体验端更好地理解数字文化产业生态对个体福祉的促进作用。一方面,由于虚拟数字人正在成为越来越多消费者通过数字渠道体验数字文化产品和生态的方式,因此对虚拟数字人的系统性研究可以提供对这一新兴领域的深刻洞察,包括技术、文化和社会影响方面。这有助于决策者和从业者更好地理解虚拟数字人的潜力；同时，可以促进虚拟数字人技术持续创新。另一方面，虚拟数字人成为企业的数字形象化身，为企业提供一种全新的数字文化促进路径。本章的研究可以帮助不同领域的从业者更好地共同探讨虚拟数字人的发展和应用。

第二节 虚拟数字人的分类

按照虚拟形象呈现的外观特征以及所提供的实际功能，虚拟数字人可以大致分为如图 9-2 所示的类型。

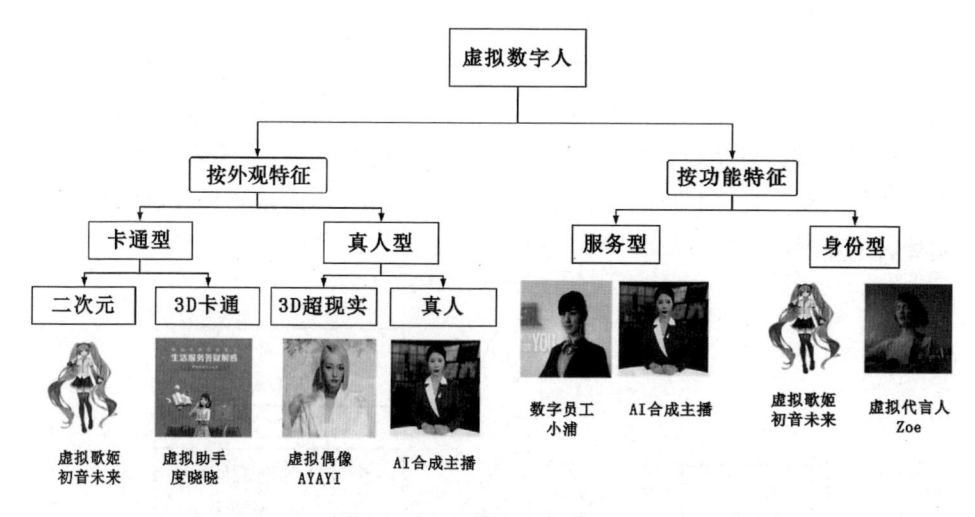

图 9-2 虚拟数字人的分类

一、基于外观特征的分类

虚拟数字人按外观的图形特征分成卡通型和真人型。卡通型常见的有二次元以及 3D 卡通。二次元的特点是在平面空间呈现，只能以单个视角浏览，在制作过程中已经确定了视角，用户不可自行更换视角；3D 卡通是三维（Three Dimensions）立体模型，能够以任意视角浏览。真人型常见的包括 3D 超写实以及真人形象。3D 超写实比较接近真人，只是对真人进行了卡通化，用户通常会将其与真人直接关联，用真人的社交行为标准来考量。

二、基于功能的分类

按实际功能,虚拟数字人主要分为服务型和身份型。服务型虚拟数字人的核心功能是提供服务,完成约定的服务内容。常见的服务型虚拟数字人主要有虚拟主播、虚拟老师、虚拟关怀师等。服务型虚拟数字人能够降低已有服务产业的成本,为存量市场降本增效,提升 AI 助手的交互效果,扩展其接受度和使用场景。身份型虚拟数字人的核心功能是用于娱乐、社交、虚拟 IP、虚拟偶像,以推动虚拟内容生产,能够为未来虚拟世界提供人的核心交互中介,在增量市场创造新价值增长点。

虚拟数字人的通用系统框架可分为五个主要模块,其中,交互模块属于可选组件,根据其是否存在,可将虚拟数字人分为交互型虚拟数字人(包括智能驱动型和真人驱动型)和非交互型虚拟数字人。根据相关产业实践,真人驱动型虚拟数字人的制作通常包括表演捕捉环节,需要借助动作捕捉设备捕捉真人的关键动作点变化,然后由真人演员进行相应的表演,以实时驱动虚拟数字人的表演。智能驱动型虚拟数字人则利用深度学习技术,学习模拟语音、唇形和表情参数之间的潜在映射关系,以形成各自的驱动模型和方式,最终通过高精度的驱动模型来还原真人的动作变化。

三、小结

我们认为,依据当下一些典型的虚拟数字人,可以对虚拟数字人进行匹配,这有助于我们更好地理解虚拟数字人及其实际应用(参见图 9-3)。其中,第 I 类(卡通-身份)代表的虚拟形象是洛天依和初音未来等,这类虚拟数字人拥有自己的卡通外观以及专属于自己的性格特点和身份背景,相比于真人偶像,用户及粉丝往往对这类虚拟形象有更大的话语权;第 II 类(真人-身份)代表的虚拟形象是虚拟偶像 AYAYI 以及雀巢咖啡虚拟代言人 Zoe 等,他们往往有着逼真的人体动作、精良的面部动画以及独立人设,能够创造出属于自己的商业价值;第 III 类(卡通-服务)代表的虚拟形象是度晓晓,它是一款由百度推出的养成类虚拟助手 App,拥有二次元形象,并为用户实时提供服务,具备答疑解惑、娱乐互动、情感陪伴等能力;第 IV 类(真人-服务)代表的虚拟形象是 AI 合成主播新小浩以及浦发银行数字员工小浦等,这类虚拟数字人拥有与真人相似的外观并为企业、社会提供价值服务。

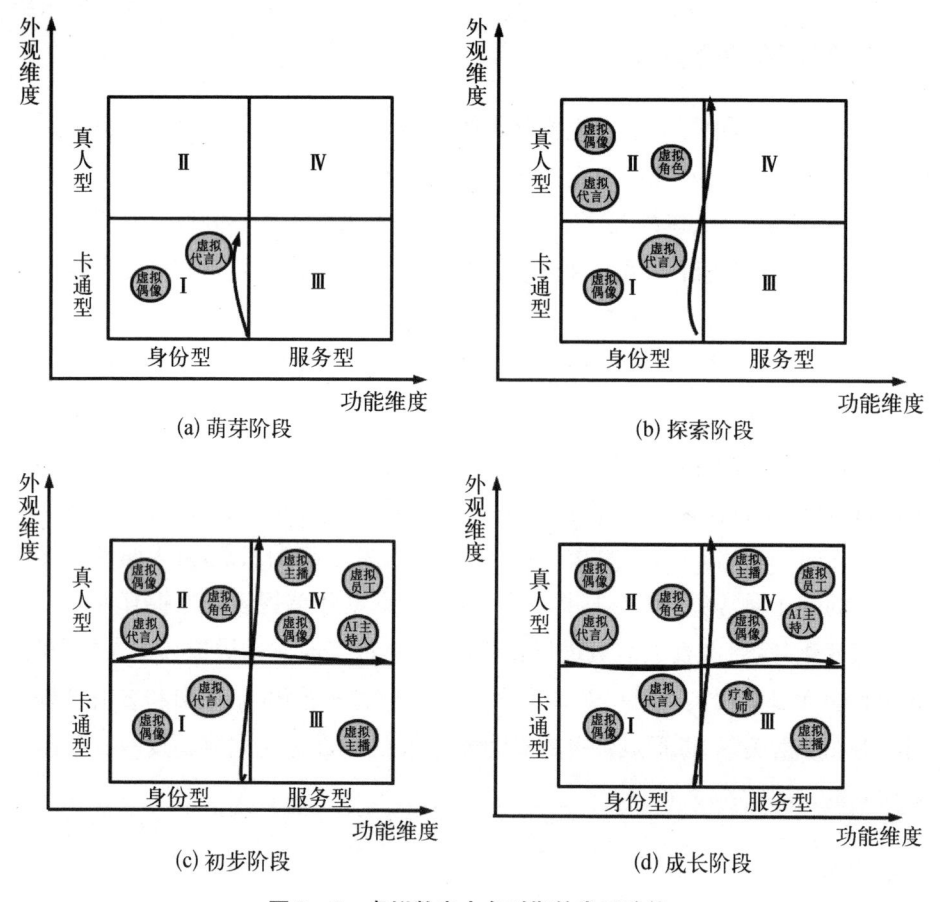

图 9-3　虚拟数字人各时期的发展脉络

第三节　虚拟数字人的演化历史

自第一次出现"虚拟数字人"这个概念以来,虚拟数字人的发展历程已有四十余年。通过对虚拟数字人实践的总结可以发现,从最早的手工绘制到现在的CG、AI合成,虚拟数字人的发展大致分为萌芽、探索、初步和成长四个阶段(如图9-3所示)。

一、阶段一：虚拟形象引入现实

20 世纪 80 年代是虚拟数字人发展的萌芽阶段,人们开始尝试将虚拟数字人引入现实世界。这一时期的代表虚拟数字人类型为第Ⅰ类（卡通-身份），主要体现在虚拟偶像方面，例如世界首位虚拟歌姬林明美、少女偶像芳贺唯，参与的公司主要是动漫制作方、游戏公司等，以通过向粉丝售卖音乐专辑或参演电影等影视作品的方式盈利。早期的虚拟偶像使用2D、3D动画卡通的形式表现虚拟数字人物形象，这一时期虚拟数字人的制作技术以手工绘制为主，二次元文化的盛行促使"纸片人"动起来并形成交互的情感。

二、阶段二：涉足影视娱乐

21世纪初，传统手绘逐渐被动作捕捉以及CG等技术取代。电影制作中的数字替身一般利用动作捕捉技术，如真人演员穿着绿色动作捕捉服装，脸上装上表情捕捉点，通过摄像机、动作捕捉设备采集演员的动作和表情，经计算机处理后赋予虚拟角色。以技术为支撑的虚拟角色的面部表情、动作等更加丰满。这一阶段，第Ⅰ类（卡通-身份）虚拟数字人的发展得到加深，第Ⅱ类（真人-身份）虚拟数字人开始萌发，虚拟形象主要为虚拟偶像和拥有真人外观的虚拟角色，如初音未来、洛天依等，参与公司多为顶尖电脑绘图公司、音乐制作公司、媒体公司。除了通过售卖音乐专辑等周边进行盈利尝试外，举办线下演唱会或商演等是商业价值变现的主要方式。

三、阶段三：虚拟数字人形象逼真，并向智能服务领域延伸

2016年后，虚拟数字人的制作过程越发精准和简化，这得益于各项技术的突破，尤其是仿真和人工智能技术的突破发展，传统媒体及商业机构开始使用服务型虚拟数字人来辅助业务。第Ⅲ类（卡通-服务）以及第Ⅳ类（真人-服务）服务类虚拟数字人开始登上虚拟数字人的舞台。四种类型虚拟数字人齐头并进、飞速发展。这一时期以第Ⅲ类（卡通-服务）虚拟主播以及第Ⅳ类（真人-服务）虚拟主播、虚拟主持和虚拟员工等发展为主。比如，二次元虚拟主播Vtuber，其形象以二次元、卡通风格为主，利用粉丝经济，通过平台粉丝打赏及直播分成实现盈利，吸粉能力很强；在人工智能等技术的加持下，2017年，哔哩哔哩推出"虚拟次元计划"，打造了国内初代虚拟Up主[①]小希和小桃；2019年，浦发银行和百度共同推出数字员工"小浦"。这一时期，智能服务型虚拟数字人的加入使得虚拟数

---

① Up主（Uploader），指在视频网站、论坛等平台上，上传内容的人。

字人正式迎来初级发展阶段。

四、阶段四：技术突破，供不应求，四类虚拟数字人渐入佳境

2019年以来，不同类型虚拟数字人的商业模式随着行业的迅速成长，逐渐清晰。虚拟数字人制作涉及的建模、驱动和渲染三大技术逐渐成熟。虚拟KOL、虚拟偶像团体等引领潮流，形象风格多变，商业价值不断显现；虚拟KOL与时尚、美妆等品牌的合作催生了巨大的商业价值；服务型虚拟数字人24小时不间断直播的独特性为商家经营创新带来了新可能和未来畅想。2020年，数字王国软件研发部负责人携自己的虚拟形象登上TED①，超写实虚拟数字人登上舞台。2021年10月31日，"会捉妖的美妆达人"柳夜熙发布第一条抖音短视频后迅速获赞300万、涨粉超100万。

综合来说，虚拟数字人最早在日本出现并外延发展，虚拟数字人主要是以虚拟歌姬林明美为代表的第Ⅰ类（卡通-身份）。此后，虚拟数字人开始在影视作品尤其是科幻类作品中频繁出现，行业发展由小众文化的情感连接需求，向技术驱动转移，在第Ⅰ类（卡通-身份）虚拟数字人持续发展的基础上，第Ⅱ类（真人-身份）虚拟数字人逐渐进入大众视野，主要表现为虚拟偶像和拥有真人外观的虚拟角色。随着建模、渲染技术和动捕、面捕技术以及AI的发展，虚拟数字人的形态和应用场景被极大丰富，第Ⅲ类（卡通-服务）、第Ⅳ类（真人-服务）快速发展，智能服务类虚拟数字人开始登上虚拟数字人的舞台，虚拟主播、虚拟主持和虚拟员工等渐成趋势。可以预见，随着偶像文化、直播文化的迅速发展，虚拟数字人商业化路径进一步拓宽，虚拟主播、虚拟偶像以及虚拟KOL等有望迎来高速发展。

第四节 虚拟数字人的研究基础

相对于虚拟数字人的井喷式发展，囿于数据的可得性和丰富性及时间跨度，对于相关产业或者产品的学术研究略显落后，特别是针对成长期虚拟数字人的研究，如虚拟偶像、虚拟代言人以及新兴的智能服务型虚拟数字人等。目前研究

---

① TED（Technology，Entertainment，Design）是美国一家私有非营利机构，该机构以它组织的TED大会著称，这个会议的宗旨是"传播一切值得传播的创意"。

更多关注聊天机器人、虚拟销售等虚拟助手。就现有文献来看,研究角度相对单一,一般局限于关注虚拟数字人外观或行为的一方面,关于交互等相关的正式研究还有待未来发展。形式和行为如同硬币的正反面,虚拟数字人研究中综合考虑以上两方面因素及其交互影响是很有必要的。具体参见图9-4。

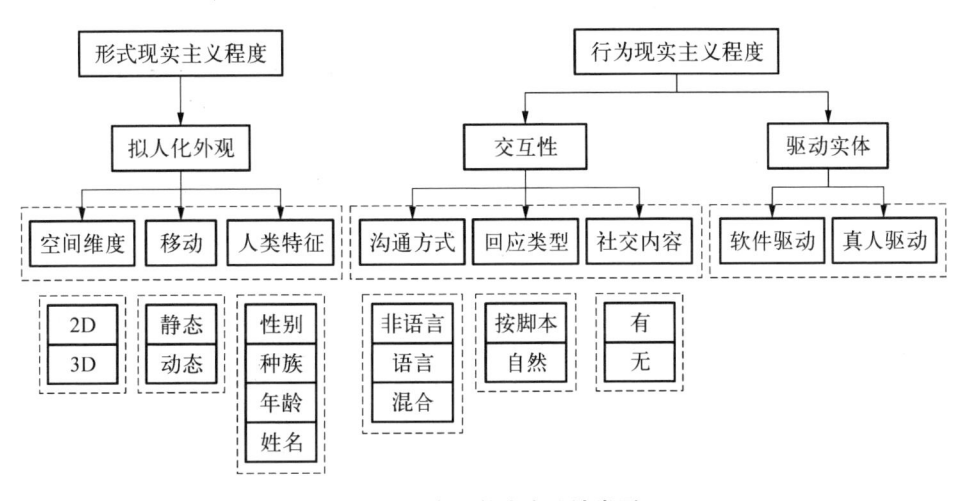

图9-4 虚拟数字人设计类型

基于Miao等（2022）的研究,本章梳理了近十年主要研究文献,并将其分为拟人化外观、驱动实体以及专业能力三个层面进行阐述,相应的研究概括如表9-1所示。

表9-1 关于虚拟数字人的研究总结

层面	引用文献	类型	自变量	因变量	主要发现
外观	Suh等,2011	第二化身	化身与真人相似性	使用态度和倾向	虚拟化身与用户越相似,用户对虚拟化身的态度就越积极(如喜爱、联系和热情),能够更好地评估服装产品的质量和性能,而积极态度也会增强用户使用虚拟化身的意图
	Lin等,2021	虚拟销售	化身形象拟人程度	负面影响程度	当虚拟销售人员评论与在线客户评论存在矛盾时,自动化社会存在会对低可爱程度虚拟形象的负面影响产生调节作用

第九章　数字文化产业视域下元宇宙中的虚拟数字人

续 表

层面	引用文献	类型	自变量	因变量	主 要 发 现
驱动实体	Garvey等，2023	虚拟销售	真人对比人工智能	感知意图	因为消费者推断人工智能的自私意图较弱，在产品或服务提供比预期差的情况下，与人工智能互动会增加购买可能性和满意度。但是在比预期好的情况下，消费者与真人互动时的反应会更为积极，并且可以通过拟人化人工智能销售来加强感知的意图
	Luo等，2019	聊天机器人	真人对比人工智能	购买产品数量	当对话非真人时，客户会减少购买，因为其认为机器人知识较少、同理心不强。尽管人工智能聊天机器人具有客观能力，但负面的披露效应是由人类对机器的主观感知驱动的，这种负面影响可以通过延迟披露时间和客户以前的人工智能体验来减轻
	Longoni和Cian，2022	虚拟销售	真人对比人工智能	推荐接受程度	人工智能推荐人在实用领域比人类推荐人好，而在享乐领域不如人类推荐人。功利属性的重要性决定了对人工智能推荐人的偏好，而享乐属性的重要性决定了对人工智能推荐人的抵制
专业能力	Luo等，2021	虚拟销售教练	虚拟销售教练水平	性能提升程度	对在线学习培训，中等水平虚拟教练的性能提升最大，低等和高等水平的增量收益相对有限；自身水平较高的销售由于严重的信息过载问题而对人工智能教练的厌恶程度最强；限制训练反馈水平可以显著提升排名靠后教练的表现，且人工智能-人类教练组合的性能优于单一的人工智能或人类教练
	Holzwarth等，2006	虚拟销售	虚拟销售水平	销售有效性	使用虚拟化身销售可以提高对零售商的满意度、对产品的积极态度以及购买意愿。在中等参与度下，外观具有吸引力的虚拟化身的销售更有效，而在高水平的产品参与度下，专家虚拟化身的销售更有效
	Crolic等，2022	聊天机器人	人工智能拟人化程度	客户购买意向	客户在愤怒状态下与聊天机器人交互时，会对客户满意度、公司评价以及随后的购买意向产生负面影响，这是由于用户对聊天机器人预期违规；但对处于非愤怒情绪状态的客户来说则没有负面影响

一、拟人化外观方面

现有研究表明,虚拟数字人外观越像真人,即拟人化程度越高,用户越用人类的标准衡量虚拟数字人,比如当虚拟销售人员的评论与在线客户的评论存在矛盾时,自动化社会存在(Automated Social Existence,ASP)会对低可爱程度虚拟形象的负面影响产生调节作用。拟人化程度越高,在存在利益冲突的情况下,用户越会将其当作真人看待并认为高拟人化的虚拟数字人的自私意图较强(Lin 等,2021)。虚拟化身与用户越相似,用户对虚拟化身的态度(如喜爱、联系和热情)就越积极,并且能够更好地评估产品的质量和性能,同时增强用户使用虚拟化身的意图(Suh 等,2011)。

二、驱动实体方面

当消费者被提醒或自己意识到与其对话的是 AI 或者真人时,会分别触发自身的人类启发式感知或机器启发式感知,相应地影响他们评估交互质量的标准,导致出现不同的效果(Go 和 Sundar,2019)。如果用户在网购时被提醒,对话的不是真人,他们就会减少购买,因为他们认为所披露的机器人的知识较少、同理心不强。尽管聊天机器人具有客观能力,但负面的披露效应似乎是由人类对机器的主观感知驱动的(Luo 等,2019)。在涉及敏感个人信息的情况下,被提醒虚拟数字人是由非真人驱动的会十分有效,比如在心理咨询室,用户被提醒此时对话的虚拟化身是由智能技术驱动的,用户会更倾向于倾诉,因为用户会有安全感。在不同的应用场景下,不同驱动实体能产生不同的效果,人工智能推荐人在实用领域比人类推荐人更有能力,而在享乐领域不如人类推荐人(Longoni 和 Cian,2022)。

三、专业能力方面

现有研究对专业能力的探讨并没有取得统一的认知,专业能力与对应的效果之间并非单纯的正相关关系。对虚拟销售教练来说,中等水平虚拟教练的性能总体来说是提升最大的,低等和高等水平的增量收益都有限,且虚拟-人类教练组合的性能优于单独的虚拟或人类教练(Luo 等,2021)。对不同产品参与度的购买者来说,不同专业水平的虚拟销售效果不同,在高水平的产品参与度下,专家虚拟化身的销售更有效,但在中等水平的产品参与度下并不尽然(Holzwarth 等,2006)。当面对不同情绪的消费者时,不同专业能力的虚拟聊天机器人的效果也不同,当客户在愤怒的情绪状态下进入由聊天机器人主导的服务交互时,由于用户可能事先已经产生对聊天机器人服务能力的低预期,因此聊天机器人会对客户满意度、公司评价以及随后的购买意向有负面影响。然而,对处于非愤怒情绪状态的客户来说,聊天机器人并没有负面影响(Crolic 等,2022)。尽管用户完全意识到他们正在与无生命体交流,但也倾向于将具有人类特征的虚拟数字人视为社会参与者并应用相同的社会规则(Holzwarth 等,2006)。

第五节 虚拟数字人与文化产业数字化的结合

虚拟数字人已然成为公众能够接受的跨次元形式,涉及的消费者群体非常广泛。例如虚拟数字人在电子游戏中扮演着各种角色,吸引了数以百万的游戏玩家。这些玩家可能购买虚拟数字人的皮肤、服装和其他虚拟物品,以个性化和美化他们在游戏中的角色。虚拟数字人可以用于虚拟现实和增强现实,提供沉浸式的体验。这包括虚拟旅游、虚拟培训、虚拟展览和虚拟社交等。对数字文化、虚拟明星和虚拟艺术感兴趣的人会成为虚拟数字人的消费者,他们会关注虚拟歌手、虚拟演员等虚拟明星的表演和内容。虚拟数字人也可以在虚拟社交平台中与其他用户互动,创造虚拟社交体验。企业也可以根据虚拟数字人的这些特点挖掘背后的商业价值。创建虚拟数字人代言产品或服务,可以与受众建立情感联系,增强品牌认知度和忠诚度。无论是通过品牌宣传、客户服务、销售、培训还是娱乐活动等,虚拟数字人都有着巨大的潜力。

随着元宇宙等的发展,虚拟数字人有望成为元宇宙等产业版图中最先发展起来并规模化的产业形态。服务型虚拟数字人成为元宇宙的基础要素,身份型虚拟数字人则拥有独特的身份标签和商业价值,比如 A-SOUL 女团有自己不断进化的演艺经历,各个成员性格迥异、特点鲜明。在商业化方面,从前述第Ⅰ类(卡通-身份)、第Ⅱ类(真人-身份)、第Ⅲ类(卡通-服务)和第Ⅳ类(真人-服务)虚拟数字人发展趋势来看,元宇宙为虚拟数字人提供了前所未有的最佳舞台、空间和推动力。

一、虚拟数字人+影视

元宇宙的实现与应用会带来新的信息传播方式,现实与虚拟的界限将被弱化、虚拟演员、全息呈现和实时交互将得到渐次应用，影视作品会呈现前所未有的交互性、开放性和全新空间。

（一）重构全新数字化虚拟时空

在元宇宙构建的虚拟世界里，用户可以利用头戴式显示设备、智能传感设备，借助虚拟空间中的虚拟数字人，全方位还原与再造一个高度仿真的世界，跨越现实与虚拟的壁垒，进入影视的叙事空间，体验故事的情节，感受作品的精神内涵，破除影视对还原现实的阻碍。市场上部分交互性影视作品在一定程度上具备了超文本影视的初级特征。奈飞交互电影作品《黑镜：潘达斯奈基》为观众设置了选择剧情走向的节点，在观看过程中，观众可以根据自己的选择对故事文本进行拼贴与重组，最终获取不同的结局呈现。国内类似《明星大侦探》这样的综艺节目也推出了互动情节，邀请用户互动破案，使用户从观看角度转变为沉浸式参与破案过程，根据用户的推理选择对应不同的破案结局。未来因为虚拟数字人的不断进化，一旦突破"恐怖谷"[1]，一些科幻电影中的场景就会走向现实。从最早的《头号玩家》，到迪士尼的《创》系列，以及《失控玩家》，以元宇宙为载体和形式的影视虚拟时空与现实互动、互通并最终成为大众或者特殊群体的生活形态。

（二）元宇宙促进影游融合

在传统影游世界中，观众只能观赏影视作品，无法具象化参与其中。观众无法突破传统影游作品的"第四堵墙"，即在传统三壁镜框式舞台或者影视银幕中虚构的"墙"，这堵墙昭示着观众与演员之间、现实与虚拟之间的界限。与此不同的是，具有元宇宙先锋形态的罗布乐思（Roblox）交互性实践探索给我们带来了关于影游无缝融合的可能性和可行性。罗布乐思只提供工具和方法，用户参与开发游戏，高度的自由性和交互性可以让玩家体验创建游戏剧情与玩法的乐趣，从而使观众从"局外人"变成"局中人"，"亲自"经历和体验丰富多彩的剧情，最终产生全新的全息化沉浸感。无论是用户借助虚拟数字人这一载体进入影视的叙事空间，还是用户以第一视角在游戏中畅游，无疑都是对第Ⅰ类（卡通-身份）或第Ⅱ类（真人-身份）虚拟数字人的延伸和突破，进而破除影视和游戏对还原现实

---

[1] 形容人类对跟他们相似到特定程度的机器人的排斥反应。

的有形阻碍。

二、虚拟数字人＋传媒

传统文娱产业长期积淀的品牌等价值以及用户群体和粉丝基础等资源优势,有利于减弱用户面对新颖技术的抵触心理,提升用户对元宇宙和虚拟数字人的接受度、感知有用性、感知易用性,更为顺畅地实现新老技术手段的融会贯通,传媒业中大量的数字孪生、虚拟主播等成功试水,表明这是目前技术性、营利性和规模化更为可行的领域。目前不仅有各大跨年晚会推出的虚拟数字人形象(如邓丽君虚拟形象在江苏卫视跨年晚会实现同台合唱),而且中央电视台、新华社和人民网等试水虚拟主播,中国空间站也迎来了全球首位数字航天员"小净"。虚拟数字人与传媒频频擦出火花,成为元宇宙的先行创新演艺形式,得益于积淀的品牌资产和粉丝基础,文娱产业不仅在虚拟数字人的 IP 生成等方面先行一步,而且在技术、内容等核心资产上占据得天独厚的优势,在元宇宙跑马圈地的过程中,数字文娱产业有望独占鳌头领跑市场。

三、虚拟偶像：从真人的数字孪生到新世代的虚拟偶像

虚拟偶像作为虚拟数字人的先锋,是当下元宇宙发展最为突出和显见的突破口。虚拟偶像在互联网等虚拟场景或现实场景进行演艺活动,本身不具有实体人物形象,具有参与性强、无负面信息、可塑性强、风险可控等特点。虚拟偶像早期以二次元偶像为代表,以日本的初音未来、中国的洛天依为主。随着技术的发展,超仿真虚拟偶像破土而出,国风偶像柳夜熙、虚拟偶像代言人翎以及华纳音乐签约的首位虚拟艺术家哈酱,是目前比较成功的典型代表。2022 年跨年舞台上,邓丽君高清虚拟形象和周深共同演绎《小城故事》《漫步人生路》和《大鱼》,屏幕上的邓丽君外观几近乱真,神态与动作方面向特定的原型靠近,类似这种虚拟数字人的尝试穿越时空,科技带来的视听盛宴令人流连忘返。

四、虚拟数字人＋商业模式

前述提到的虚拟数字人＋影视、虚拟数字人＋传媒以及得到业界垂青的虚拟主播,是得益于新技术发展的产物,新事物能够衍生新消费和新需求,演化新产业和新模式。虚拟数字人本身就是元宇宙重要的发展方向和应用场景,随着虚拟数字人理论和技术的不断进步,虚拟数字人发展不仅收获了口碑及可喜的

商业化成果,而且将最终主导和引领全新的商业形态和模式变革。基础层和应用层技术发展会助力前端新需求的蜕变,最终应用范围和产业会不断扩大,商业模式持续演进和多元化。如增强现实技术的商业应用一直乏力,但随着增强现实游戏《宝可梦Go》上线,玩家通过智能手机在现实世界抓捕、战斗以及交换宝贝,游戏上线19天就获得全球5亿用户,上线以来累计收入已超过380亿美元。

第六节 结论与启示

一、主要结论

首先,通过深入研究虚拟数字人的定义、分类和演变过程,介绍了虚拟数字人的概况,揭示了在国家大力推广数字化的背景下虚拟数字人出现的必然性,这也为深入理解数字文化产业的消费者促进作用提供了全新视角。其次,根据虚拟数字人的设计类型,虚拟数字人被分成三类——拟人化外观、交互性和驱动实体,并得到了相应的结论:虚拟数字人外观与真人越相似,客户越倾向于用人类的标准衡量虚拟数字人;当消费者被提醒与其对话的是虚拟数字人时,会触发人们的机器启发式;而在专业能力方面,结论还并未统一,专业能力与相应的结果之间并不是简单的正相关关系。最后,根据对虚拟数字人和文化产业数字化的分析,提出虚拟数字人是数字文化产业的重要组成部分,并揭示了虚拟数字人如何改变娱乐、艺术、教育和文化传媒等领域的运营方式,如何推动数字文化产业的不断扩展。对虚拟数字人的研究还深化了人们对技术与文化互动的理解,这对数字文化产业的未来发展至关重要。通过研究虚拟数字人与用户之间的互动、虚拟明星的崛起以及虚拟现实的应用,本章为数字文化产业的文化变迁提供了重要观点。作为社会数字化转型的伴生物,虚拟数字人产业蕴含着巨大的市场需求,也从多个领域为社会和经济生态系统带来了重要贡献。它们推动了数字文化产业的创新和发展,为游戏、娱乐、文化艺术等领域带来了全新的体验和可能性,吸引了广泛的受众。然而,目前虚拟数字人行业在角色自动生成、智能驱动等方面还有很多技术瓶颈需要突破,但是整体发展趋势呈现了一定的规律。

其一,拟人化。实现拟人化具体体现在虚拟数字人在形象或交互方面具有技术优势。它的前提是在视觉上达到逼真度和实时性的要求。在这个过程中,CG建模、图像迁移技术对虚拟数字人的外形拟人程度产生影响。语音驱动的深度模型会决定虚拟数字人的面部表情、肢体变动是否自然。

其二，融合化。伴随着虚拟数字人技术水平的不断提高，以及市场需求的不断释放，虚拟数字人将进一步融入泛娱乐、金融、旅游、医疗等行业。随着虚拟数字人在各个领域的应用前景与商业价值逐步被发现，该产业将迎来一个快速发展的时期。

其三，便捷化。虚拟数字人的制作流程将会随着技术迭代升级而更加简单化和一体化。例如在原始数据阶段，就可以通过自动装置同步采集模型获取身体、表情等，无须穿戴专业传感设备，制作更加便捷。

其四，工具化。设计更轻便的工具，让艺术创作者和普通用户都能快速生产高品质艺术资产数字孪生体，这使得工具化成为虚拟数字人技术未来发展的必然趋势之一。随着大量面部数据和资料的积累，将会有更多有效的工具出现。

其五，智能化。交互方式的持续演变以及人工智能技术的发展，将促使虚拟数字人交互方式的进一步演变，使得数字人拥有一次唤醒、多次交互的能力。它具有实时智能响应、智能打断、智能纠错以及多轮对话等功能，使得虚拟数字人更加智能。

二、研究启示

虚拟数字人在元宇宙中起着至关重要的作用。随着各界人士对元宇宙的关注日益增强，本章认为，元宇宙的构建需要建立一套具备包容性和审慎性的监管和治理体系，同时制定相关规则和行业标准。元宇宙作为一个虚拟环境，其中的虚拟角色在自我表征方面具有重要影响，这种影响会直接传导到用户在现实世界中的真实行为上。举例来说，一些元宇宙中的游戏可能要求玩家执行在日常生活中通常不会参与的行为，甚至可能涉及偷窃、谋杀以及不计后果的暴力等。如果不对用户在元宇宙中的行为进行适当限制，这些负面行为就可能影响现实社会，导致反社会行为的增加。如果用户在元宇宙中不受任何限制地随性行事，就可能潜移默化地改变其在现实世界中的道德认知和行为准则，从而影响既有社会秩序。这种情况可能导致一些用户变得"失控"，他们的行为可能不受任何道德和法律约束，这对社会秩序构成了潜在威胁。因此，建立具备包容性和审慎性的监管和治理体系对元宇宙的可持续发展至关重要。这一体系应该包括制定规则和行业标准，以明确用户在元宇宙中的行为规范，并确保这些规范与现实社会的法律和道德准则保持一致。只有这样，元宇宙才能在为用户提供沉浸式体验的同时,保持社会秩序和道德观念的稳定性,避免不必要的负面影响。这也将有助于演绎出一个更加积极的"头号"玩家的故事,而非"失控"玩家的故事。

三、未来研究展望

未来的研究方向包括但不限于以下几个方面:首先,继续研究虚拟数字人在不同领域的应用,以深化我们对其在娱乐、教育、艺术和社交领域中的影响的理解。其次,进一步研究虚拟数字人与人工智能、虚拟现实和增强现实等相关技术的整合,以推动数字文化产业的技术创新。再次,关注虚拟数字人与法律、伦理和隐私等问题的关系也是未来研究的一个重要方向,以确保其应用的合法性和道德性。最后,跨文化和国际研究可以探索不同文化背景下虚拟数字人的发展和可接受度,以促进全球数字文化产业的可持续发展。

第十章 数字文化产业高质量发展的治理视角

第一节 问题的提出

《中华人民共和国国民经济和社会发展第十四个五年规划和 2035 年远景目标纲要》所提出的发展社会主义先进文化和提升国家文化软实力的任务,具有深远的意义。在当代社会中,文化的传播和影响力已经不再受限于地域和时空,而是在数字化的背景下跨越国界,呈现全球性的特征。因此,实施文化产业数字化战略、发展新型文化企业和文化业态,不仅关乎国内文化生态的改善,而且推动国家文化影响力的提升和文化软实力的增强(唐琳,2021)。

习近平总书记的重要指示强调了文化与科技的融合,这一思想不只是简单的技术应用,更是一种深刻的文化观念。数字技术为文化领域带来了前所未有的创新机遇,通过虚拟现实技术,人们能够身临其境地体验历史事件和文化场景;通过人工智能,文化产品可以个性化定制,以满足不同人群的需求;通过区块链技术,保护知识产权和文化遗产的问题获得了新的解决方案。然而,数字技术的应用也面临诸多挑战,例如数字鸿沟的加剧等,需要国家与社会共同努力,建立健全法律法规和监管体系,确保数字技术在文化领域的良性运用。

党的十九届五中全会明确提出要繁荣发展文化事业和文化产业,这是对文化产业在国家发展中的重要地位和作用的高度认可。文化产业不仅是经济增长的一部分,而且是国家软实力的体现。数字化转型为文化产业注入了新的活力。通过数字化手段,文化产品的传播范围扩大,消费模式变得更加多样化,人们的文化消费体验得到了极大提升。这不仅促进了文化产业的繁荣,而且为文化的多元性和创新性提供了更加广阔的空间。

中国数字化技术发展的显著成就并不能掩盖当前文化领域所面临的挑战。随着社会的进步和人们不断增长的美好生活需要,文化的需求也日益多元化。数字技术与文化之间的巨大鸿沟表现在文化产品质量的提升、文化教育的创新、文化内容的可持续发展等方面。为了更好地满足人民日益增长的美好生活需要,文化产业必须进一步与技术融合,提升数字化技术在创作、传播、传承等方面的应用水平,以打破传统文化与数字技术之间的壁垒。

因此,实现社会主义文化强国的目标,需要在技术与文化融合的基础上推动文化产业的高质量发展。新时代下,技术的冲击既带来机遇,也带来挑战。为了充分发挥数字技术在文化领域的作用,需要加强人才培养,培养既懂技术又懂文化的复合型人才,推动数字技术与文化的深度融合。同时,也需要加强国际文化交流合作,以开放的心态吸收国际先进经验,丰富本国文化资源,提升国家文化软实力的国际影响力。在数字化转型的背景下,中国文化产业迎来了前所未有的发展机遇。只有充分挖掘数字技术的潜力,促进文化产业的创新和可持续发展,才能实现文化的蓬勃繁荣,为国家文化软实力的提升做出更大的贡献。

第二节 数字文化产业高质量发展的障碍分析

数字化的融合将改变传统文化行业的秩序格局、制度约束、组织形式和评价标准,因此在现有基础上发展数字文化产业将面临持续供给、需求创造、技术融合等方面的挑战。从现有文化产业链和创新链的发展、布局来看,文化产业与数字化发展的技术不对称、对接不精准、协同效用不明显等问题较为突出,主要表现在以下几个方面。

一、数字文化企业面临供给不足

满足提高人民生活品质的需求、适应高质量发展和融入新发展格局的优质数字文化供给不足。2019年文化产业增加值为4.5万亿元,占GDP的4.54%[1],特别

---

[1] 统计局网站.2019年全国文化及相关产业增加值占GDP比重为4.5%[EB/OL].(2021-01-05)[2024-05-06].https://www.gov.cn/xinwen/2021-01/05/content_5577115.htm.

是"新冠"疫情暴发以来,多样化文化消费成为拉动经济、提振信心及推动文化产业复苏的"新引擎";与此同时,品质高端、创意独特和体验完美的高附加值数字文化产品稀缺,服务价格价值错配,缺乏有效的购买力支撑。沉浸体验、高效互动、个性定制等"智能化"文化产品供给市场空间巨大,人民群众日益增长的多样化、多层次、多面向的精神文化需求亟待满足,"讲好中国故事,展示中国形象,弘扬中国精神"的高质量文化供给有待增强。因此,数字文化需求的快速增长、文化质量要求的快速提升和智能化数字技术的难度加大都给数字文化企业的供给带来了诸多挑战,势必引发供给不足的问题。

二、数字文化产业创新动力不强

数字文化产业的创新动力不足,整体实力和国际竞争力仍显薄弱。尽管我国整体经济实力迅速增强,文化产业对国民经济的贡献率不断上升,但与美国、日本、英国、韩国、欧洲等国家的文化产业占国民经济的比例超过10%甚至接近30%相比,我国文化产业在这方面仍存在明显差距。我国出口的文化产品和服务数字化程度相对较低,数字化驱动供给侧的转型升级动能不足,限制了国民经济转型升级和提质增效的速度。我国的文化产品中在国际市场上受欢迎的精品相对较少,这些产品往往未能充分体现中华优秀传统文化的精髓,也未能完美匹配国外受众的消费习惯。此外,我国文化企业在国际竞争中的实力相对较弱,处于全球产业链分工中的相对弱势地位,这不利于我国讲好中国故事,也限制了国家文化软实力的提升。因此,有必要加强数字文化产业的创新发展,提高国际竞争力,以进一步推动国民经济的转型和提升国家的文化软实力。

三、数字文化消费表现出不稳定趋势

"新冠"疫情、中美贸易摩擦和全球化逆流增添了文化产业数字化的不确定性,并影响其宏观持续性。突如其来的"新冠"疫情使世界各国文化和科技交流合作受到冲击。由美国单方面挑起的大规模贸易摩擦导致国际化出现波动甚至引致世界力量格局的调整,在一定程度上影响国际范围内的文化产业数字化融合、升级和发展,增加了中国优秀数字文化产品"出海"和国际贸易的不确定性。从国内文化消费市场来看,区域间数字化水平的不均衡、企业数字化转型的时间及程度差异、社会个体面临的数字贫困等问题,使得数字文化消费存在时间、空间、个体上的差异,从而使消费不够稳定。

四、数字文化生态系统发展不均衡、技术不对称

与生态学中的生态系统概念相似,数字文化生态系统在本质上是由一系列相关参与主体及其所在环境相互作用构成的一个协同共生的有机整体。然而,数字文化生态系统在其发展过程中,仍然面临一系列挑战和待完善之处。数字文化产业体系及其生态系统的构建不仅需要考虑主体间的协同关系,而且需要思考如何实现辐射溢出效应、引领产业发展以及掌握前沿技术。在这个体系中,技术创新主体与应用主体之间常常存在不对称性和不均衡性,这可能导致某些领域的发展滞后,从而限制整个数字文化生态系统的协同效应。新一代数字技术如大数据、区块链、云计算、人工智能和量子计算的迅猛发展,催生了文化产业数字化新生态和新业态,推动着文化产业创新发展和结构加速转型。然而,当前社会对数字文化产业的认知仍相对浅显,产业渗透整合的能力相对不足。在这一背景下,文化产业在内容、技术、业态等方面的自主创新受到限制,进而限制了整个文化产业竞争力的提升。同时,传统文化业态、服务模式以及文化企业在适应科技发展和满足时代要求方面仍然面临一定的挑战(党兴华,2021)。数字运营和原创能力的薄弱,以及缺乏具有国际影响力和全球文化产业主导权的数字文化内容、技术、平台和品牌,使得国家文化软实力难以充分展现,无法在全球范围内塑造有力的文化标识。所以,数字文化生态系统作为一个复杂的有机整体,需要在实现主体间协同共生的基础上,积极寻求创新发展的路径。通过加强技术创新、促进产业整合,数字文化生态系统可以更好地适应快速变化的技术和市场环境,提升国家文化软实力,推动中华文化的传播与融合,最终在国际舞台上打造具有世界标志性的中国文化产业。

第三节 数字文化产业的治理逻辑分析

数字文化治理包括在资源获取、风险管控、资源利用和资源服务等多方面构建数字文化治理体系。在确定治理内容、治理主体等基本前提后,需要进一步明确数字文化治理的各个维度。同时,文化企业不能因噎废食,需要通过一系列措施疏通文化企业面临的消费新场景、新模式和新业态的堵点,以适应不断革新的消费需求。治理机制是数字文化治理方法的一个组成部分,它从制度和政策等

方面确保数字文化治理的有效性。这有助于规划和管理数字文化资源,是影响数字文化治理效果的关键因素。在具体构建上,治理机制包括结构治理机制、程序治理机制和关系治理机制(见图10-1)。

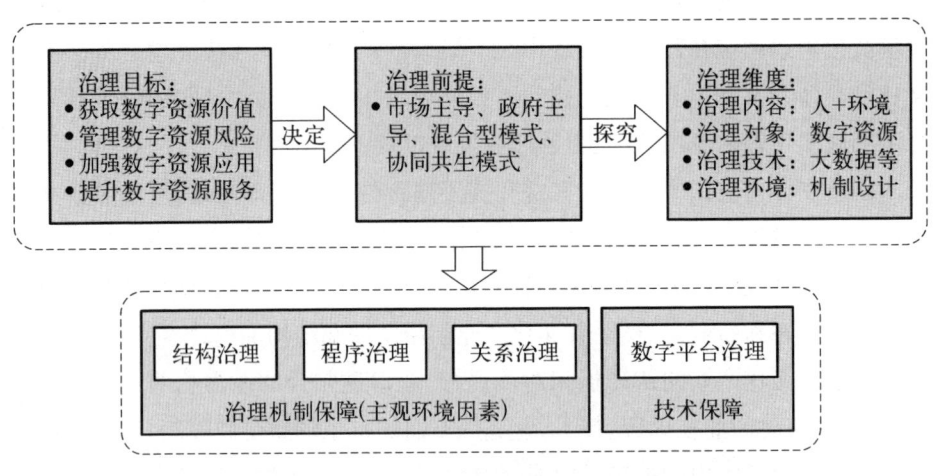

图10-1 数字文化治理的基本要素

一、结构治理机制

我国数字文化产业治理具有多层次属性,在宏观、中观、微观层次上具有不同的特征,共同构建了一个有机的框架,以确保数字文化产业健康、可持续地发展。这三个层面的治理机制相互联系、相互支撑,为数字文化产业提供了协同、协调和有序发展的环境。三个不同层面的治理机制构建了自上而下、纵向贯彻、协同统一的治理体系,以全局观、整体观引导形成数字文化产业高质量发展新格局,是实现我国数字文化产业治理体系和治理能力现代化的有效路径。

宏观层面保障和实现数字中国、文化强国等国家战略,治理主体为党中央和中央政府,注重顶层设计和制度建设,关注数字文化企业的数字设施覆盖率和便捷性、普通数字文化产品消费者、数字文化发展氛围的建设和核心价值观等。在宏观层面,政府在制定战略规划、政策引导和法律法规方面扮演着关键角色。政府需要制定促进数字文化产业发展的战略规划,明确发展目标、重点领域和政策导向,为产业提供清晰的发展方向;同时,政府需完善相关法律法规,加强知识产权保护,推动数字文化产业的创新和发展。政府的引导和监管作用有助于维护市场秩序,促进产业良性竞争,为数字文化产业提供稳定的发展环境。

中观层面治理主体以地方政府为主,肩负行政动员、治理主体协调、区域资源整合的重任,尤其是文化产业园区政府,通过压力型体制细化数字文化治理任务并将其贯彻落实,运用财政资金等完成数字文化治理。配置数字文化产业资源,拓宽数字文化产业经费来源,加快数字文化产业专项扶持项目立项审核,增大财政投入数字文化产业发展的比例,设立文化扶持发展专项基金,加快产业人才培训,打破数字文化产业发展藩篱,解决数字文化产业发展资金困境。促进城乡均衡发展,使资金和资源向数字文化产业倾斜,促进文化产业的一体化发展。培育特色文化项目,实现多态均衡发展。吸引多元主体参与和协同,强化政府引导作用,构建涵盖政社协同、公私协同的现代化农村治理体系,促进多元互动、相互促进、共同治理格局的形成,充分发挥政策法规的支持和引导作用。政府搭建平台,发挥市场在运营、服务、管理等方面的优势,加强资源整合与共享。推动文化产业协会自律组织的合法化,发挥文化产业协会组织的治理、协调作用,构建数字文化产业治理的社会组织体系。强化文化企业的主体地位,实现文化企业以主人翁姿态参与数字文化产业治理。丰富数字文化产业资源供给,广泛开展数字文化产业的推介活动,加快补齐文化企业的能力短板,鼓励多元主体为文化企业提供服务。

微观层面主要是文化企业,肩负数字文化产品的生产和管理、数字文化活动的组织和落实、消费者参与数字文化体验的保障等具体任务。重塑政府、企业与社会之间的关系,聚焦文化服务,构建由园区政府、企业、社会组织、消费者等构成的多元主体治理行动者网络,关注各治理主体的责任、诉求和利益,保障消费者文化诉求,注重治理主体角色转换、信息共享、服务需求等。企业作为数字文化产业的基本单元,发挥着创新和竞争的主要作用。企业需要强化自身的创新能力,积极拥抱新技术、新业态,不断提升产品质量和服务水平。企业间的合作与竞争也形成了微观层面的结构治理机制。通过合作,企业可以共同研发、共享资源,提高整体效益;竞争则能激发创新动力,推动产业迈向更高水平。

综合来看,宏观、中观和微观三个层面的结构治理机制相互融合,共同促进数字文化产业的健康有序发展。政府的宏观规划和政策引导为产业提供了整体指引;行业协会和组织在中观层面协调运作,促进产业链协同;企业在微观层面通过创新和竞争驱动产业发展。这一多层次、多主体的结构治理机制有助于数字文化产业实现可持续、创新驱动的发展目标。

二、程序治理机制

数字文化产业的程序治理在其发展过程中发挥着举足轻重的作用,它是基于一系列规则、政策和制度的管理方法,旨在引导、协调和监督数字文化产业的有序发展,以确保其创新性、可持续性和社会效益。一方面,政策制定是数字文化产业宏观程序治理的核心。政府在数字文化产业的发展中制定一系列政策、法规和规划,为产业的发展提供方向和引导。政策制定需要充分考虑产业发展的阶段性特点,广泛征求各利益相关者的意见,确保政策制定过程的透明性和公正性。政府还应关注国际趋势和创新动态,使政策更具前瞻性和可操作性。政策的周期性评估和调整也是确保政策与产业发展变化相适应的重要手段,以保障产业的可持续性和健康发展。另一方面,产业监管是宏观程序治理的另一个重要组成部分。通过建立监管机构和执法机制,政府可以维护数字文化产业的竞争秩序,防止市场失序和不正当竞争。监管机构应确立监管的权责范围,制定监管标准和指引,加强监管执法的透明性和规范性。此外,监管机构还需要建立信息共享平台,及时收集、分析市场信息,发现问题并采取相应措施,以保障产业的健康发展和公平竞争。

产业扶持和激励政策的实施也很关键。政府可以通过财政、税收等手段,鼓励数字文化产业的创新和发展。产业扶持政策应从多个角度出发,如减税降费、财政资金支持、创新基金设立等,以提高产业创新的积极性。此外,政府还应建立公平的申请、评估和审批程序,以确保资源投入具有创新潜力的领域。这样的扶持政策有助于推动产业向高质量、创新驱动的方向发展,培育一批具有核心竞争力的企业和品牌。宏观程序治理还涉及国际合作和交流。数字文化产业在全球范围内相互影响,因而国际合作具有重要意义。政府可以通过双边协议、多边合作等方式,促进数字文化内容的跨境传播,增强国际影响力,提升文化产业的国际竞争力。这种国际合作不仅可以促进文化交流,而且有助于扩大数字文化产品的国际市场份额,推动产业全球化发展。

总之,数字文化产业宏观程序治理的目标是实现产业的健康、有序发展。通过明确政策、强化监管、促进创新和开展国际合作,可以为数字文化产业搭建一个稳定的发展环境,推动其在创新、经济增长和文化传播方面发挥更大的作用。这将有助于提升国家文化软实力、促进文化产业的高质量发展,为社会提供更多样化、更丰富的文化产品。通过宏观程序治理,数字文化产业就能够在国内外的变化环境中持续蓬勃发展,为国家文化繁荣与文化软实力的提升做出积极贡献。

三、关系治理机制

在数字化时代,数字文化产业的关系治理变得尤为关键,这一治理包括企业之间的合作与竞争,以及企业与政府之间的互动。

（一）在企业间的关系治理方面

数字文化产业中的企业通常面临合作与竞争的双重压力。合作有助于共同开发新技术,推广数字文化内容,并扩大市场份额。然而,竞争是不可避免的,因为企业争夺有限的资源和消费者的眼球。这种合作与竞争的平衡需要有效的关系治理。在合作方面,企业可以建立伙伴关系,共同投资研发项目,共享资源,或者合并以创造更大的影响力。例如,数字音乐流媒体服务商声破天与音乐制作公司合作,为用户提供独家音乐内容,从而吸引更多的订阅用户。这种合作不仅有助于创造更多内容,而且提高了用户体验。在竞争方面,企业必须遵守竞争法规,以确保市场公平竞争。政府在这方面发挥着重要作用——监督市场并打击垄断行为。例如,美国政府曾对微软(Microsoft)进行反垄断诉讼,以确保竞争环境的公平性。

此外,数字文化产业涉及大量知识产权,包括专利和商标等。企业之间的关系治理在保护知识产权方面至关重要。合法的知识产权保护鼓励创新和投资,也维护了数字文化产业的可持续发展。然而,知识产权也可能引发争议。一些企业可能提出知识产权侵权的指控,这些指控可能需要通过法律程序来解决。在这种情况下,政府的角色是确保法律的公平执行,同时保护创新和知识产权的合法权益。

（二）在企业和政府的关系治理方面

政府在数字文化产业中扮演着监管和政策制定的重要角色。监管机构负责确保数字文化企业的合法运营,保护消费者权益,维护市场竞争。政府还通过制定政策来推动数字文化产业的发展,例如税收政策、创新激励计划和知识产权法规。然而,监管和政策制定需要在促进创新和保护公众利益之间取得平衡。过度监管可能抑制企业的发展,政策不足则可能导致市场混乱和不公平竞争。因此,政府需要与产业利益相关者密切合作,制定明智的政策和法规。

数字文化产业涉及用户数据的收集和处理。在这方面,政府的角色是确保数据安全,防止滥用用户数据。一些国家已经颁布了严格的数据隐私法规,要求企业在收集和使用用户数据时遵守一定的标准和程序。企业必须积极配合政府,确保数据的合法使用。此外,政府还需要监督网络安全,防止数字文化产业成为网络攻击的目标,从而保护国家安全。

第四节 结论与启示

一、打通技术壁垒,鼓励创新供给,开辟文化消费新场景

(一)以点带面,逐步辐射

相关部门应扶持有潜力的文化高新企业,培养骨干文化企业,充分发挥骨干文化企业对其他企业在创新方面的引领支撑与辐射作用。同时,注重对相关创新人才的定向培养和输送,鼓励产、学、研联合互动,实现多向共赢。

(二)重点扶持,鼓励研发

相关部门可以开辟文化产业园区或文化企业专区,在基础设施建设、土地使用、税收政策等方面给予支持,鼓励企业投入技术创新与原创研发,提升文化产品供给质量,建设一批文化创意、影视制作、出版发行、印刷复制、演艺娱乐和动漫等产业示范基地,并加快整合资源,形成创新合力。

(三)场景融合,重便捷化

文化企业应"以数字化为抓手,以场景应用为切入点",在中国丰富的文化资源基础上,以数字化技术为手段拓展文化消费场景。例如,通过网络平台、小程序或网络直播向消费者更具体地展现文创产品及其背后的文化内涵。除了便捷的消费购物平台,更重要的是打造线上和线下融合的体验平台,例如数字博物馆、非遗数字体验馆等场景。

二、打破时空限制,精准把握客户,打造文化消费新模式

(一)重体验化,强交互性

充分利用数字孪生、集成全息影音等跨时空新型数字体验技术,为消费者还

原"真实"的历史建筑与场景等,提升文化产品的交互性与沉浸感,例如采用虚拟现实技术和扩展现实技术在虚拟演出平台推出"沉浸式虚拟"线上演出。

(二)广泛"种草",精准推送

产品的文化属性决定了消费决策的复杂性和高度参考性,口碑营造成为文化产品的重要内容。以小红书为代表的影响者营销成为主流,需要强化在全平台有效"种草",引导消费者成为传播者,并通过大数据、用户画像等手段,精准推荐给目标客户。

(三)泛IP化,消费延伸

产品IP化及相关延伸本属行业消费业态范畴,但完全改变了用户的消费对象和消费模式。以火遍海内外的游戏《原神》为例,企业把游戏角色IP化,游戏角色成为虚拟偶像,可以"一石三鸟":粉丝持续投入以延长游戏生命周期,为自家偶像不吝消费,自发传播以帮助偶像"破圈";同时,《原神》为新角色"云堇"制作的动画,在国内外社交媒体上爆红,不仅让玩家爱上云堇,而且让无数外国人爱上京剧,实现了文化输出。

三、注重跨界融合,强化数据与版权保护,营造健康文化新业态

(一)跨界融合,吸纳周边

强IP属性的文化产品天然可以产生很多周边,与传统老字号、生活用品企业的联合及数字传播是重要方向。比如,电影《新大头儿子和小头爸爸5》、手游《王者荣耀》等文化产品与稻香村推出的联名糕点大获成功,这些都是突破文化产业边界使整个业态丰富化的方式。

(二)数字文化,深度传承

文化机构、文化企业和非遗传承人等多方可依托数字技术达成文化资源数字化开发的协作,使文化业态持续化。政府可以引导文化资源的管理者、使用者等有意识地建立合作关系,如文化机构与企业合作开发文化旅游产品,博物馆与文化企业合作开发数字藏品等。

(三)版权保护,数据监管

政府在维护知识产权和数据监管方面扮演着至关重要的角色。为确保对知

识产权的妥善保护,政府有必要通过制定和修订相关法律法规来强化知识产权的合法性。这一举措将有助于打击侵犯版权行为,进一步推动业态的规范化和健康化发展。特别值得一提的是,2021年颁布的《中华人民共和国著作权法》已经对互联网领域的著作权保护做出了重要规定,为知识产权的保护提供了更加坚实的法律基础。此外,政府可以通过三大手段(立法、宣传、补贴)来加强对版权问题的处理。通过制定更为严格的法规,政府能够在法律框架内约束侵权行为,提高侵权成本,从而降低侵权的吸引力。然而,与版权问题相比,数据问题更加复杂,需要采用技术手段来确保数据的安全和合法使用。在数据采集、加工、交易、分发、传输、存储以及数据治理等环节,技术手段起着关键性的作用。文化企业在这一领域必须高度重视信息监测,以确保数字信息的可靠性和透明性。只有如此,才能保证数据安全地进入文化产品的生产环节,并与数字赋能的创新生态系统相融合。综合而言,政府在版权保护和数据监管方面需要采取多层次、多手段的措施,以维护知识产权,促进数字文化产业的可持续发展(刘亚男,2022)。

第十一章 研究总结与研究展望

第一节 研究总结

随着科技的迅猛发展和数字化浪潮的席卷,数字文化产业正迅速成为全球经济的重要引擎,同时塑造着人们的生活方式、文化传承以及社会互动方式。本书较为系统和深入地探讨了数字文化产业的生态系统和治理问题,从多个维度考察了该产业的组成要素、各要素之间的相互关系以及对社会经济发展的深远影响。在近几十年里,数字文化产业不仅改变了传统产业的面貌,而且催生了新的商业模式、文化形态以及艺术表达方式。然而,随之而来的一系列挑战,如数字版权保护、隐私安全等问题亟待解决。

第一,文化产业数字化是我国实现文化强国远景目标的重要战略规划,也是满足人民群众精神文化需求的首要选择。面对文化产业数字化进程中凸显的内容原创力缺位、消费撕裂、企业数字赋能不足、产业共生联动匮乏、治理机制缺失等问题,本书明确了要构建一个以企业为主体、以消费为主导、以内容为核心、以业态为架构、以治理为总纲的文化产业生态系统,确立了以数字融合创新为核心的构建运作机理,厘清了"消费链+产业链+生态链+治理链+技术链"五链融合的转型升级思路,并最终从主体融合、数字融合、渠道融合和指标融合四个方面提出协同性政策建议,以期促进文化产业数字化生态系统积极融入以国内大循环为主体、国内国际双循环相互促进的新发展格局,实现可持续发展。

第二,本书以文创品牌"物东来"为例,借鉴基于消费者的品牌价值(Customer-based Brand Equity, CBBE)模型,强调消费者对文创品牌特性、感觉和体验的重要性,从消费者品牌感知的研究角度出发,通过企业调研和访谈的方式,制成文创品牌感知图,进一步分析、探讨"物东来"文创品牌该如何找准自身的行业定位;通过天猫店后台数据分析以及消费者问卷的方式,为品牌精准刻画消费者人群画像、主打产品品类等,并找出目前老客户留存度不足的原因;通过爬虫软件的消费者评论关键词大数据抓取,调查问卷的结果分析,得出普通消费者对文创产品的感知因素、消费者心目中应有的文创品牌建设方向,从而让"物东来"这个新兴的文创品牌逐步成为融合文创行业优质资源、偏向销售型的文创平台第一品牌。

第三,在文化产业数字化生态中,不同业态共生系统的建构是现阶段电影业与游戏业融合的主要目标。如今,电影业和游戏业间技术、人才和美学等要素的流动已形成规模化和常态化,有利于培育共生系统平稳有序生长的环境。但是,电影业与游戏业的版权资产受知识黏滞属性限制,极易衰变为不稳定能量,成为影响产业协同发展的关键阻力。电影业与游戏业亟须建立版权经济的全局思维,使两者的关系由缺乏产业互信的离散模式转向相互依存的共生模式,构建起能量高效传递、运转平稳有序的共生系统。

第四,数字化科技为出版行业带来了翻天覆地的变革,面对这样的挑战,全球出版界积极探索并发展了创新的平台化商业模式。这一模式依托数字科技的力量,对行业的核心资源进行重新整合,创立了基于平台的分发策略,寻找新颖的内容传播途径,建立起能吸引作者和消费者的在线平台,以实现丰厚的经济回报。本书在探讨国际出版行业为何采纳平台化商业模式的基础上,阐释了该商业模式的核心资产与经营策略,并提供了一系列数字化转型的建议,旨在为我国出版行业在数字化转型中寻找新的发展业态提供参考。

第五,利用数字技术培养文化产业的新业态,同时通过数字文化推动旅游产业向更高层次发展,数字技术已逐渐成为文化旅游产业高品质发展的核心动力。本书基于一个现象级事实——知名的数字文化产品对旅游经济发展有极大的影响进行研究。我们的研究采用从数字平台手工收集和筛选数字音乐产品的方法,基于中国281个城市2005—2019年的面板数据,将数字音乐产品的发布视为"准自然实验",运用多期双重差分等模型,从多个维度检验了数字音乐产品对区域旅游经济增长的影响及其背后的机制。研究发现,知名的数字音乐产品可以显著推动国内旅游经济的发展,但对国际旅游经济的影响则不太明显,这一结论在考虑了内生性问题和一系列稳健性检验后,仍然站得住脚。知名的数字音乐产品不仅能推动本地旅游经济的发展,而且能带动相邻城市的旅游经济。该类音乐产品对四线和五线城市以及拥有文化多样性和旅游资源的城市中的旅游经济的促进效应更为显著。通过激发市场活力，知名的数字音乐产品能有效推动地区旅游经济的发展。

第六，以"身临其境"为特点的网络直播对用户持续使用和推荐意愿的影响机制亟待深入研究。社会临场感反映了用户在线互动行为中的真实心理状态，体现为虚拟共存感、情感投入度以及参与行为的具体表现。本书旨在探究网络直播用户的社会临场感如何影响其对持续使用和推荐意愿的承诺，并考察感知有用性和感知易用性等技术相关因素的影响。通过对349份样本数据的分析，研究结果表明社会临场感与网络直播用户的持续使用和推荐意愿呈正相关关系；同时，社会临场感通过增强用户的承诺来积极影响持续使用和推荐意愿。此外，当用户的感知有用性较强时，社会临场感对承诺对推荐意愿的正向影响会进一步增强。这项研究有助于深入理解社会临场感对网络直播用户持续使用和推荐意愿的中介作用机制和边界条件，并为网络直播平台的关系绩效管理提供有效指导。

第七，针对知识付费消费者版权意识不足，知识付费分销商（知识付费平台）监管缺位从而引发的盗版猖獗问题，本书初步构建了知识生产者、知识分销商和消费者三方利益主体的行为决策演化博弈模型，利用 Matlab 软件进行仿真，分析了各主体策略抉择的影响因素与策略稳定性。结果显示：增大对知识生产者的创作利益激励和机会损失有助于知识生产者高效创作，知识分销平台应制定恰当的利益激励机制以促进市场合理运行，降低正版知识产品的价格并加大对盗版产品的监督力度，以有效促进知识产品消费稳态的实现。研究结论为知识分销商提高生产者的创作热情和保障付费知识的稳定提供了有效建议：知识分销商可从激励生产者和消费者的角度提供更多的利益分配。

第八，消费者在数字文化产业中的虚拟自我延伸是实现文化企业打造数字文化多产品生态的关键。其中，虚拟数字人是元宇宙发展的重要方向和应用场景，其发展经历了从传统手绘到动作捕捉和CG技术的过程。目前虚拟数字人主要分为卡通型和真人型、服务型和身份型。虚拟数字人具有参与性强、无负面信息、可塑性强、风险可控等特点，在影视娱乐、传媒、虚拟偶像等领域得到了广泛应用。虚拟数字人的发展需要加强关键核心技术研发和基础设施超前布局，谨防"卡脖子"现象。

第九，本书最后讨论了数字文化产业高质量发展的障碍，数字文化治理的基本要素,以及数字文化治理的结构治理逻辑、程序治理逻辑和关系治理逻辑。当前数字文化产业高质量发展面临供给不足、需求创造、技术融合等方面的挑战,数字文化治理需要从结构治理机制、宏观程序治理、中观关系治理、微观企业治理等方面着手。本书还以数字文化治理的实践案例为例,说明了数字文化治理的重要性和必要性。

第二节 研究展望

随着数字化时代的迅猛发展,文化产业数字化生态及其治理面临更为复杂和多元化的挑战与机遇。本书着眼于文化产业数字化生态的发展趋势和治理体系的完善,在未来的研究中将持续深入探讨以下两个议题,以期为产业的可持续发展和治理体系的创新提供更具前瞻性的支持。

一、数字文化产业的新型模式和动态治理机制

随着技术的不断进步和创新,数字文化产业正迎来全新的商业模式和运营方式,为这个产业带来了无限的可能性。虚拟现实、增强现实、人工智能以及区块链技术等的崛起,正逐渐改变人们的创作、传播和消费方式。这些新兴技术不仅催生了全新的数字文化体验,而且为文化产业带来了前所未有的机遇和挑战。未来的研究可深入探讨这些新型模式对动态治理方面的影响。例如,针对数字文化产业中涉及的知识产权问题(如版权保护、创作权利的确认等),可关注技术创新如何在现有治理框架下得到适当的保护,以确保创作者和权利持有人的权益。随着数字内容的多样化和快速传播,数字内容的分发和使用的治理规则也需要不断创新,以适应新的商业模式和用户行为。进一步,新兴模式带来了数字文化产业内部合作关系的重塑。数字化技术的应用使得文化产业参与者能够更加紧密地合作,共同创造出更丰富、多样的文化产品。未来研究可充分探讨如何建立更加灵活的合作伙伴关系,以便不同参与者充分发挥各自的优势,实现合作共赢。

二、数字文化产业生态治理的跨界合作与创新

数字文化产业的生态系统涵盖了创意、文学、音乐、影视和文化等多个领域,

其治理需要跨界合作与创新。在未来的研究中,我们将关注不同领域之间的合作模式和机制,探讨如何在数字文化产业生态中建立更加开放和协同的合作关系。特别是在知识产权保护、数据隐私、市场准入等方面,跨界合作将是实现良好治理的关键。通过搭建多领域的研究平台,未来研究可探索合作创新的路径,为数字文化产业生态治理提供更具有前瞻性和可操作性的建议。未来研究将进一步紧密围绕数字文化产业数字化生态及其治理展开,关注新兴模式的治理机制和跨界合作的创新方式,旨在为我国数字文化产业的可持续发展和治理体系的进一步完善提供有益的指导和支持。通过不断深入研究和探索,可推动数字化时代下社会主义文化产业的繁荣与创新。

参考文献

[1] 白春礼.加快完善科技创新体制机制[J].中国科技奖励,2020(02):6-7.

[2] 保罗·莱文森.数字麦克卢汉:信息化新纪元指南[M].北京:社会科学文献出版社,2001.

[3] 贝尔纳·斯蒂格勒.技术与时间:3.电影的时间与存在之痛的问题[M].南京:译林出版社,2012.

[4] 蔡舜,石海荣,傅馨,等.知识付费产品销量影响因素研究:以知乎 Live 为例[J].管理工程学报,2019,33(3):71-83.

[5] 蔡武进.我国文化治理现代化 70 年:历程和走向[J].深圳大学学报(人文社会科学版),2020,37(03):25-35.

[6] 陈端计.快速工业化地区农民工文化消费问题及提升对策探讨——以东莞市为例[J].消费经济,2012(4):5.

[7] 陈剑,刘运辉.数智化使能运营管理变革——从供应链到供应链生态系统[J].管理世界,2021,37(11):227-240.

[8] 陈静、吕雁琴、赵斌.数字普惠金融发展对居民社会福利绩效的影响[J].统计与决策,2024(08):138-143.

[9] 戴和忠.网络推荐和在线评论对数字内容商品体验消费的整合影响及实证研究[D].杭州:浙江大学,2014.

[10] 党兴华,吴艳霞,王文莉.中国幸福产业体系论[M].北京:经济管理出版社,2021.

[11] 邓淳兰.文化创意产业的发展前景分析[N].法制生活报,2022-08-17(7).

[12] 董晓松,刘霞,姜旭平.空间溢出与文化距离——基于数字内容产品扩散的实证研究[J].南开管理评论,2013,16(05):100-109.

[13] 董玉瑛,白日霞.环境学[M].北京:科学出版社,2019.

[14] 杜梁,聂伟.从"后窗"走向"广场":试论电影与电竞的互融叠合[J].当代电影,2020(2):6.

[15] 杜梁,徐锦江.影游融合——从联动到共生[M].上海：上海社会科学院出版社,2022.

[16] 范周.从三个方面解读数字文化产业发展新思路[J].人文天下,2017(09)：22-26.

[17] 方娴,金刚.社会学习与消费升级——来自中国电影市场的经验证据[J].中国工业经济,2020(01)：43-61.

[18] 冯晨.陕南传统村落景观中的生态手法研究[D].西安：西安建筑科技大学,2018.

[19] 耿相新.论按需型出版[J].出版发行研究,2017(7)：19-23.

[20] 龚诗阳,刘霞,刘洋,等.网络口碑决定产品命运吗——对线上图书评论的实证分析[J].南开管理评论,2012,15(04)：118-128.

[21] 古明秋.金融投资中的风险及应对措施[J].中国集体经济,2023,(15)：100-103.

[22] 顾江,陈鑫,郭新茹,等."十四五"时期健全现代文化产业体系的逻辑框架与战略路径[J].管理世界,2021,37(03)：9-18+2.

[23] 顾江.文化强国视域下数字文化产业发展战略创新[J].上海交通大学学报（哲学社会科学版),2022,30(04)：12-22.

[24] 光明网.更好担负起新的文化使命 为强国建设民族复兴注入强大精神力量[EB/OL].(2023-06-08)[2024-04-30].https：//baijiahao.baidu.com/s?id=1768077867200260484&wfr=spider&for=pc.

[25] 贵州日报.贵州博物馆文创聚力出圈[EB/OL].(2022-07-01)[2024-04-30].https：//m.gmw.cn/baijia/2022-07/01/35852802.html.

[26] 郭灵凤.欧盟文化政策与文化治理[J].欧洲研究,2007(02)：64-76+157.

[27] 国晔.VR里"看"未来——充满无限可能的沉浸式新时代开启[J].国企管理,2022(12)：76-79.

[28] 哈肯·H.高等协同学[M].北京：科学出版社,1989.

[29] 韩东林,宣文娟."双循环"下我国数字文化消费及其影响因素研究[J].重庆工商大学学报(社会科学版),2022：1-13.

[30] 航奕.5G赋能引智共富|数智鸬鸟打造"数字乡村"[EB/OL].(2021-11-23)[2024-04-30].https：//zj.zjol.com.cn/news.html?id=1764952.

[31] 何念,洪建中.生态系统理论视角下青少年网络成瘾原因及对策浅论[J].教育观察(上旬刊),2013,2(03)：5-8.

[32] 何易,刘彦芝,王铮.知识付费何以可能：一种基于行为经济学的分析路径[J].图书馆论坛,2020,40(03)：47-54.

[33] 亨利·詹金斯.融合文化：新媒体和旧媒体的冲突地带[M].北京：商务印书馆,2012.

[34] 洪红,徐迪.移动社交应用的持续使用意愿影响因素研究——探讨网络外部性和羊群行为的共同作用[J].经济管理,2015(5)：40-50.

[35] 侯嘉怡,李波涛,金昇.海南黎族原始制陶中具象与抽象的共存[J].大众文艺,2020(04)：29-30.

[36] 胡伯项.增强新时代意识形态工作的文化底蕴[J].理论导报,2018(02)：37-38.

[37] 胡惠林,陈昕.中国文化产业评论：第24卷[M].上海：上海人民出版社,2017.

[38] 胡正荣.媒介产业的集群化发展[J].新媒体：竞合与共赢,2007：3-5.

[39] 花间,田野.国际文化贸易的新趋势与中国对外文化传播的新作为[J].上海交通大学学报(哲学社会科学版),2023,31(04)：78-92.

[40] 黄倩妮.全球化语境下中国城市文化消费差异研究[D].上海：华东师范大学,2011.

[41] 戢斗勇.文化生态学论纲[J].佛山科学技术学院学报(社会科学版),2004(05)：1-7.

[42] 季丹,郭政.数字化环境下西班牙出版业的发展现状及启示[J].出版科学,2020,28(4)：105-111.

[43] 季丹.数字时代国际出版业的平台型商业模式研究[J].出版发行研究,2023(03)：55-59.

[44] 江小涓.数字时代的技术与文化[J].中国社会科学,2021(08)：4-34.

[45] 江小涓.网络空间服务业：效率、约束及发展前景——以体育和文化产业为例[J].经济研究,2018,53(04)：4-17.

[46] 荆浩,刘垭,徐娴英.数字化使能的商业模式转型：一个制造企业的案例研究[J].科技进步与对策,2017,34(03)：93-97.

[47] 孔令章,李金叶.高铁开通、网络中心性与旅游经济发展[J].产业经济研究,2021(05)：113-127.

[48] 乐祥海,陈晓红.中国文化产业技术效率度量研究：2000—2011年[J].中国软科学,2013(01)：143-148.

[49] 雷晓艳."互联网+"时代传统出版业的知识服务转型[J].编辑之友,2018(11)：16-21.

[50] 李婵,陶丽,张文德.视频类知识付费内容著作权侵权风险评价指标体系构建[J].情报理论与实践,2021,44(03)：84-90+108.

[51] 李晨阳.文化消费问题研究：一个文献综述[J].现代经济信息,2018(18)：439.

[52] 李汉卿.协同治理理论探析[J].理论月刊,2014(01):138-142.
[53] 李红,韦永贵.文化多样性与区域经济发展差异——基于民族和方言视角的考察[J].经济学动态,2020(07):47-64.
[54] 李慧凤.公共治理视域下的社会管理行为优化[J].中国人民大学学报,2014,28(02):22-30.
[55] 李康化,王禹鑫.数字文化贸易的发展格局与提升路径[J].艺术百家,2023,39(01):32-40.
[56] 李荣坤.数字技术为文化破圈注入新活力[EB/OL].(2023-06-30)[2024-04-30].http://k.sina.com.cn/article_7517400647_1c0126e47059043a19.html.
[57] 李瑞敬,党素婷,李百兴,等.CEO的信息技术背景与企业内部控制质量[J].审计研究,2022(01):118-128.
[58] 李翔,宗祖盼.数字文化产业:一种乡村经济振兴的产业模式与路径[J].深圳大学学报(人文社会科学版),2020,37(02):74-81.
[59] 李炎,胡洪斌.集成创新:文化产业与科技融合本质[J].深圳大学学报(人文社会科学版),2015,32(06):106-112.
[60] 李有文."互联网+"文化产业模式创新研究综述——基于产业链、供应链和价值链的视角[J].长江师范学院学报,2020,36(05):29-36+125.
[61] 李雨辰,李妍.文化产业数字化的关键问题[J].人民论坛,2022,(24):88-90.
[62] 李震.谁创造了体验——体验创造的三种模式及其运行机制研究[J].南开管理评论,2019,22(05):178-191.
[63] 林家宝,鲁耀斌,章淑婷.网上至移动环境下的信任转移模型及其实证研究[J].南开管理评论,2010(3):80-89.
[64] 林旭东,马利军,田歆.数字盗版控制策略研究综述与展望——法律、技术与企业运营层面的分析视角[J].管理评论,2018,30(6):93-103.
[65] 刘爱利,刘福承,刘敏,等.国内外旅游声景研究进展[J].旅游学刊,2016,31(03):114-126.
[66] 刘德文.数字内容产品个体生产者营销策略研究[D].上海:上海财经大学,2022.
[67] 刘广.浅谈艺术衍生品发展的意义[N].人民政协报,2018-07-02(10).
[68] 刘健,陈卓.荷兰新媒体Blendle的成功及启示[J].中国记者,2016(11):122-123.
[69] 刘力.旅游目的地形象感知与游客旅游意向——基于影视旅游视角的综合研究[J].旅游学刊,2013,28(09):61-72.
[70] 刘乃千,孔朝蓬.人工智能对传统文化产业迭代升级的影响[J].云南社会科学,

2022(3):38-43.

[71] 刘瑞明,李林,亢延锟,等.景点评选、政府公共服务供给与地区旅游经济发展[J].中国工业经济,2018(02):118-136.

[72] 刘瑞明,毛宇,亢延锟.制度松绑、市场活力激发与旅游经济发展——来自中国文化体制改革的证据[J].经济研究,2020,55(01):115-131.

[73] 刘霞,董晓松,姜旭平.数字内容产品消费扩散与模仿的空间模式——基于空间面板模型的计量研究[J].中国管理科学,2014,22(01):139-148.

[74] 刘亚男.文化企业数字化转型战略探析——基于数字创新生态系统[J].人文天下,2022(01):65-70.

[75] 刘洋,肖远平.数字文化产业赋能实体经济高质量发展:市场逻辑、跨界效应及现实向度[J].理论月刊,2021(12):100-108.

[76] 刘永谋.技术治理主义:批评与辩护[N].光明日报,2017-02-20(15).

[77] 刘勇,张弛.文化原创力与创新型城市建设[J].天津师范大学学报(社会科学版),2013(05):9-13.

[78] 刘悦笛."英国文化创意十年"对文化产业的启示[J].现代传播(中国传媒大学学报),2008(4):107-109.

[79] 刘征驰,古方,周莎.知识付费的社群中心性及其激励效应——基于"知乎 Live"微观数据的实证研究[J].科研管理,2022,43(1):168-175.

[80] 陆建栖,任文龙.数字经济推动文化产业高质量发展的机制与路径——基于省级面板数据的实证检验[J].南京社会科学,2022(05):142-151.

[81] 吕德胜,王珏,高维和.数字音乐产品与慕"名"而来的目的地旅游经济效应——一项准自然实验[J].旅游学刊,2022,37(11):101-115.

[82] 吕芬,朱煜明,凯瑟琳·罗伯特,等.中小型企业数字创新的价值链路径[J].科技管理研究,2022,42(08):102-110.

[83] 吕庆华,任磊.文化业态演化机理及其趋势[J].理论探索,2012(03):93-97.

[84] 吕兴洋,徐海军,谭慧敏,等.声音营销力:目的地歌曲对潜在旅游者的影响研究——以歌曲《成都》为例[J].旅游学刊,2020,35(05):124-138.

[85] 罗立彬.数字技术、数字文化产业与共同富裕[J].学术论坛,2023,46(5):116-124.

[86] 罗戎,周庆山.我国数字内容产品消费模式的实证研究[J].情报理论与实践,2015,38(10):67-72.

[87] 马海宁,汪卫霞,张燕.数字内容产业经济学研究综述[J].现代情报,2013,33(02):171-176.

[88] 米国芳,郭亚帆,海小辉.普惠金融发展中农村人口金融能力提升研究[M].北

京：经济管理出版社,2020.

[89] 莫怡青,李力行.零工经济对创业的影响——以外卖平台的兴起为例[J].管理世界,2022,38(02)：31-45.

[90] 倪建文.中国式现代化视域下数字文化产业助力共同富裕研究[J].贵州师范大学学报(社会科学版),2023(04)：58-67.

[91] 聂莉.Z世代的故事世界——论长篇小说《渡鸦》的元宇宙叙事[J].粤港澳大湾区文学评论,2023(01)：93-101.

[92] 聂伟,杜梁.泛娱乐时代的影游产业互动融合[J].中国文艺评论,2016(11)：9.

[93] 欧翠珍.文化消费研究述评[J].经济学家,2010(3)：6.

[94] 潘爱玲,王雪.数字化转型如何推动文化企业高质量发展[J].深圳大学学报(人文社会科学版),2023,40(04)：44-54.

[95] 潘爱玲,王雪.现代文化产业体系与市场体系协同发展的机制和路径研究[J].华中师范大学学报(人文社会科学版),2021,60(1)：64-71.

[96] 潘善琳,崔丽丽.SPS案例研究方法：流程、建模与范例[M].北京：北京大学出版社,2016.

[97] 潘雁.文化治理,关键在"治"[J].人民论坛,2018(30)：136-137.

[98] 彭刚,高劲松.数字经济、数字鸿沟和城乡要素配置——基于我国257个城市的实证研究[J].调研世界,2023(06)：71-82.

[99] 齐志明.激发数字文化消费活力[N].人民日报,2021-10-27(19).

[100] 乔根·W.威布尔,王永钦.演化博弈论[M].上海：上海人民出版社,2006.

[101] 屈海涛.价值链重构视角下科技与金融结合模式：机制、创新与路径[J].全国流通经济,2020(26)：171-173.

[102] 人民资讯.浙江：5G"快技术"激活"慢乡村"[EB/OL].(2022-02-14)[2024-04-30].https://baijiahao.baidu.com/s?id=1724672345481082466&wfr=spider&for=pc.

[103] 任鹏燕."数字+"就业生态系统演进变迁机理研探[J].信息通信技术与政策,2022(02)：73-78.

[104] 任志安.知识共享与规模经济、范围经济和联结经济[J].科学学与科学技术管理,2005,(10)：119-124.

[105] 沈杨雅淇.对我国文化治理的几点认识[J].文教资料,2016(08)：59-60.

[106] 石良平,王素云,王晶晶.从存量到流量的经济学分析：流量经济理论框架的构建[J].学术月刊,2019,51(01)：50-58.

[107] 史达,张冰超,衣博文.游客的目的地感知是如何形成的?——基于文本挖掘的探索性研究[J].旅游学刊,2022,37(03)：68-82.

[108] 苏东水.产业经济学[M].2版.北京：高等教育出版社,2005.

[109] 孙佳山.如何释放"影游融合"话语的现实阐释力和理论想象力？[J].电影艺术,2021(05)：147-153.

[110] 孙久文,胡俊彦.迈向现代化的中国区域协调发展战略探索[J].改革,2022(09)：1-10.

[111] 孙久文,蒋治."十四五"时期中国区域经济发展格局展望[J].中共中央党校(国家行政学院)学报,2021,25(02)：77-87.

[112] 孙兰兰,钟琴,祝兵,等.数字化转型如何影响供需长鞭效应？——基于企业与供应链网络双重视角[J].证券市场导报,2022(10)：26-37.

[113] 孙林霞.中国文化创意产品贸易问题研究[M].天津：天津大学出版社,2021.

[114] 孙巍,陆地.收入空间分布不均衡与消费新动能转换的实证检验[J].统计与决策,2018,34(21)：142-146.

[115] 孙新波,苏钟海,钱雨,等.数据赋能研究现状及未来展望[J].研究与发展管理,2020,32(02)：155-166.

[116] 谭娜,黄伟.文化产业集聚政策带动地区旅游经济增长了吗？——来自文创园区评选准自然实验的证据[J].中国软科学,2021(01)：68-75.

[117] 汤莉萍,殷瑜,殷俊.世界文化产业案例选析[M].成都：四川大学出版社,2006.

[118] 唐琳.文化产业数字化转型的对策研究——5G时代广西文化产业转型研究系列论文之九[J].文化创新比较研究,2021,5(36)：150-153.

[119] 田村正纪.品牌的诞生[M].杭州：浙江大学出版社,2017.

[120] 田蕾.北京网络游戏产业创新生态优化路径研究[J].决策咨询,2020(05)：89-92+96.

[121] 田蕾.我国数字文化产业发展的痛点与趋势[J].时代经贸,2020(17)：51-53.

[122] 万东华,陈伊丽.文化及相关产业如何界定和统计？（上）[EB/OL].(2023-02-23)[2024-04-30].http://www.zgxxb.com.cn/pad/content/202302/23/content_24115.html.

[123] 汪秀英.品牌学[M].北京：首都经济贸易大学出版社,2007.

[124] 王春杨,兰宗敏,张超,等.高铁建设、人力资本迁移与区域创新[J].中国工业经济,2020(12)：102-120.

[125] 王分棉,任倩宜,周煊.生态位宽度、观众感知与市场绩效——来自中国电影市场的证据[J].中国工业经济,2021(11)：155-173.

[126] 王海冬.法国的文化政策及对中国的历史启示[J].上海财经大学学报,2011,13(05)：10-17.

[127] 王海忠.品牌管理[M].北京：清华大学出版社,2014.

[128] 王丽艳,季奕,王咿瑾.城市创意人才居住选址偏好研究——基于天津市微观调查与大数据的实证分析[J].管理学刊,2019,32(5)：30-37.

[129] 王萌,王晨,李向民.数字内容产品特征及其商业模式研究[J].科技进步与对策,2009,26(2)：45-48.

[130] 王萌,赵小璐,王松.入京农民工文化消费调研报告[J].经济视角（中旬）,2011(01)：167-169.

[131] 王锰,郑建明.整体性治理视角下的数字文化治理体系[J].图书馆论坛,2015,35(10)：20-24.

[132] 王浦劬,臧雷振.治理理论与实践：经典议题研究新解[M].北京：中央编译出版社,2017.

[133] 王仕勇.大学生网络文化消费行为特征及其引导[J].商场现代化,2007(35)：185-186.

[134] 王爽.互联网与文化生产、推广和消费研究[M].济南：山东人民出版社,2020.

[135] 王松茂,何昭丽,郭英之,等.旅游减贫具有空间溢出效应吗？[J].经济管理,2020,42(05)：103-119.

[136] 王婷,吴必虎.基于关键词共现和社会网络分析的北京城市歌曲中地方意象特征研究[J].人文地理,2020,35(06)：57-65.

[137] 王伟光,张钟元,侯军利.创新价值链及其结构：一个理论框架[J].科技进步与对策,2019,36(01)：36-43.

[138] 王昕,冯凯,慈庆琪.城镇化背景下农村居民文化消费需求的文献综述[J].天津农业科学,2016,22(03)：82-85.

[139] 王育济,何昭旭."技术-文化"与数字时代中华文化的复兴[J].烟台大学学报（哲学社会科学版）,2023,36(04)：37-48.

[140] 王昀.礼物、娱乐及群体交往：网络视频文化的公共性考察[J].新闻与传播研究,2017(9)：61-78.

[141] 韦苇,任锦鸾,杨青峰.短视频平台数据治理框架和机制研究[J].电子政务,2022(04)：64-72.

[142] 温忠麟,张雷,侯杰泰,等.中介效应检验程序及其应用[J].心理学报,2004(05)：111-117.

[143] 吴丽萍,黄勇赟."一键游广西"项目完成投资近3亿元[EB/OL].(2022-07-01)[2024-04-30].http：//ssw.gxrb.com.cn/json/interface/epaper/index.php?name=gxrb&date=2022-07-01&code=018&xuhao=6.

[144] 吴梦琳.2022年全省文化和旅游数字化创新实践十大案例发布[EB/OL].

(2023-05-18)[2024-04-30].https：//sichuan.scol.com.cn/ggxw/202305/58895063.html.

[145] 习近平.不断做强做优做大我国数字经济[J].装备制造与教育,2022,36(1)：82-83.

[146] 习近平.高举中国特色社会主义伟大旗帜为全面建设社会主义现代化国家而团结奋斗——在中国共产党第二十次全国代表大会上的报告[J].九江学院学报(自然科学版),2023,38(01)：2.

[147] 习近平.习近平主持召开中央财经委员会第十次会议强调在高质量发展中促进共同富裕统筹做好重大金融风险防范化解工作[J].中国医疗保险,2021(11)：1.

[148] 向晓梅,胡晓珍,吴伟萍.我国文化产业高质量发展的理论逻辑与政策取向[J].广东社会科学,2023(03)：15-23.

[149] 肖优.文化生态视角下的旅游文创产品设计研究[J].美与时代(上),2023(06)：138-141.

[150] 谢家平,孔令丞,梁玲.数字时代市场导向下中国绿色技术创新体系构建研究[J].当代经济管理,2022,44(12)：18-26.

[151] 新华网.中办国办印发《"十四五"文化发展规划》[EB/OL].(2022-08-16)[2024-04-30].http：//www.xinhuanet.com/politics/2022-08/16/c_1128920613.htm.

[152] 邢学生.从文化生态看中国现代动画的发展契机[J].电影文学,2011(18)：61-62.

[153] 徐海军,吕兴洋.声音品牌化：目的地歌曲对旅游者感知形象的影响研究[J].旅游科学,2019,33(06)：1-16.

[154] 徐健,暴海玲,汪旭晖.基于社会因素视角的微博用户持续使用研究[J].营销科学学报,2014,10(04)：41-54.

[155] 徐鹏程.文化产业与金融供给侧改革[J].管理世界,2016(08)：16-22.

[156] 徐一超."文化治理"：文化研究的"新"视域[J].文化艺术研究,2014,7(03)：33-41.

[157] 徐子超,燕昱,崔滢珠."一带一路"背景下甘肃文化产业"走出去"路径研究[J].社科纵横,2021,36(04)：52-57.

[158] 闫俊周,单浩远,任润芹.平台生态系统：理论框架与未来研究方向[J].创新科技,2023,23(06)：1-15.

[159] 燕道成,刘振,王淼.网红微博营销对受众消费态度的影响路径及应对策略[J].国际新闻界,2018,40(7)：62-78.

[160] 杨添天.电影的不纯性——电影和电子游戏[J].世界电影,2005(6):5.

[161] 杨文溥.中国产业数字化转型测度及区域收敛性研究[J].经济体制改革,2022(01):111-118.

[162] 杨滟,田吉明.基于科技与人文融合的数字文化治理体系建设研究[J].现代情报,2020(10):43-51.

[163] 杨洋,蔡溢,范乐乐,等.侗族大歌的旅游实践、地方性重构与族群认同——贵州肇兴侗寨案例[J].旅游学刊,2021,36(02):80-91.

[164] 杨樱,王子龙.当代中国文化生态建设问题思考[J].甘肃高师学报,2022,27(06):58-62.

[165] 杨宇婷.数字化赋能文化遗产保护[EB/OL].(2023-08-04)[2024-04-30].https://baijiahao.baidu.com/s?id=1773257592380740142&wfr=spider&for=pc.

[166] 姚慧丽,毛翔宇,金辉.考虑平台影响因素的虚拟社区知识共享演化博弈研究[J].运筹与管理,2020,29(12):82-88.

[167] 尹应凯,彭兴越.数字化基础、金融科技与经济发展[J].学术论坛,2020,43(02):109-119.

[168] 于婷婷,窦光华.社会临场感在网络购买行为研究中的应用[J].国际新闻界,2014,36(5):133-146.

[169] 余俊杰,陈爱平.文旅部力推文化IP数字化开发和转化[EB/OL].(2020-11-26)[2024-04-30].http://www.xinhuanet.com/politics/2020-11/26/c_1126791304.htm.

[170] 袁纯清.共生理论及其对小型经济的应用研究(上)[J].改革,1998(02):100-104.

[171] 张焕波,郭栋,王军.中国可持续发展评价报告2021[M].北京:社会科学文献出版社,2021.

[172] 张卉,张捷,仇梦嫄,等.音乐景观意象对游客地方依恋的影响研究——以厦门鼓浪屿为例[J].人文地理,2020,35(03):58-64.

[173] 张家平,程名望,龚小梅.中国城乡数字鸿沟特征及影响因素研究[J].统计与信息论坛,2021,36(12):92-102.

[174] 张建锋,肖利华,安筱鹏.消费互联网和产业互联网双轮驱动新增长[M].北京:电子工业出版社,2022.

[175] 张婕琼,韩晟昊,高维和.身临其境:网络直播用户行为意愿机制探析[J].外国经济与管理,2022,44(11):49-62.

[176] 张婧.数字文化产业高质量发展再迎利好[N].中国文化报,2020-11-27(01).

[177] 张利娟.虚拟数字人的未来[J].今日中国,2022,71(4):3.

[178] 张琦,郑瑶.媒体报道能影响政府决算披露质量吗?[J].会计研究,2018(01):39-45.

[179] 张晓欢.我国文化经济的主要特征和发展趋势[J].中国市场,2020(35):1-5.

[180] 张翼.2022年文化产业平稳增长[N].光明日报,2023-01-31(10).

[181] 张振鹏.基于扎根理论的文化企业商业模式创新机理研究[J].理论学刊,2022(04):109-116.

[182] 张铮,许馨月.从创意者经济到认同者经济——数字文化产业发展模式的需求侧转型[J].苏州大学学报(哲学社会科学版),2023,44(02):162-170.

[183] 赵伟.文化产业数字化发展趋势及路径探析[J].人民论坛,2022,(19):107-109.

[184] 赵伟,吴松强,吴琨.韧性视角下科技型中小企业创新风险防范研究[J].现代管理科学,2022(1):115-124.

[185] 赵新平,赵凯悦.财务公司在国有资本投资公司中的定位与功能作用研究[J].经济研究导刊,2020(26):108-110.

[186] 郑建明,王锰.数字文化治理的内涵、特征与功能[J].图书馆论坛,2015,35(10):5.

[187] 周逵.沉浸式传播中的身体经验:以虚拟现实游戏的玩家研究为例[J].国际新闻界,2018,40(5):6-26.

[188] 周莉,顾江,陆春平.基于ELES模型的文化消费影响因素探析[J].现代管理科学,2013(08):12-14+45.

[189] 周庆富.文化大数据[M].北京:中国旅游出版社,2021.

[190] 朱欣悦,李士梅,张倩.文化产业价值链的构成及拓展[J].经济纵横,2013(07):74-77.

[191] 朱镇,姚甜甜,刘琪.质量保证机制、平台治理透明度与旅游线路在线销售——携程网的准自然实验研究[J].旅游学刊,2021,36(08):71-85.

[192] 宗祖盼.从传统迈向新型:文化企业数字化转型的内涵认知、制约因素与路径选择[J].同济大学学报(社会科学版),2023,34(03):60-71.

[193] 左惠.文化产业数字化发展趋势论析[J].南开学报(哲学社会科学版),2020(06):47-58.

[194] Abraham R, Schneider J, Vom Brocke J. Data governance: A conceptual framework, structured review, and research agenda[J]. International Journal of Information Management, 2019(49):424-438.

[195] Aguiar L, Martens B. Digital music consumption on the internet: Evidence

from clickstream data[J]. Information Economics and Policy, 2016, 34(3): 27-43.

[196] Amin M, Rezaei S, Abolghasemi M. User satisfaction with mobile websites: the impact of perceived usefulness (PU), perceived ease of use (PEOU) and trust[J]. Nankai Business Review International, 2014, 5(3): 258-274.

[197] Anderson J R. Learning and Memory: An Integrated Approach[M]. New York: John Wiley & Sons Inc, 2000.

[198] Anderson T. Popular music in a digital music economy: Problems and practices for an emerging service industry[M]. New York: Routledge, 2013.

[199] Babić Rosario A, Sotgiu F, De Valck K, et al. The effect of electronic word of mouth on sales: A meta-analytic review of platform, product, and metric factors[J]. Journal of Marketing Research, 2016, 53(3): 297-318.

[200] Baggerman K. De gustibus non est disputandum[J]. Pharmaceutisch Weekblad, 2021, 156(9): 27.

[201] Bagozzi P R, Yi Y. On the evaluation of structural equation models[J]. Journal of the Academy of Marketing Science, 1988, 16(1): 74-94.

[202] Bagozzi R P, Yi Y. On the use of structural equation models in experimental designs[J]. Journal of marketing Research, 1989, 26(3): 271-284.

[203] Baron R M, Kenny D A. The moderator-mediator variable distinction in social psychological research: Conceptual, strategic, and statistical considerations [J]. Journal of Personality and Social Psychology, 1986, 51(6): 1173-1182.

[204] Bellon A. The Digitalization of Cultural Policies in France[M]. Chichester: John Wiley & Sons, Ltd, 2019.

[205] Benghozi P J, Salvador E. Strategies and business models of online platforms in CCIs: Convergence or differentiation in the e-book sector[C]//Third International Research Conference on 'Cultural and Creative Industries, Knowledge Institutions and the Urban Environment'. Belgium: University of Antwerp, 2014(1-11).

[206] Bennett T. Civic Laboratories: Museums, cultural objecthood and the governance of the social[J]. Cultural Studies, 2005, 19(5): 521-547.

[207] Bhattacherjee A, Limayem M, Cheung C M K. User switching of information technology: A theoretical synthesis and empirical test[J]. Information & Management, 2012, 49(7-8): 327-333.

[208] Biocca F, Harms C, Gregg J. The networked minds measure of social

presence: Pilot test of the factor structure and concurrent validity[C]//4th Annual International Workshop on Presence. Philadelphia, PA, 2001: 1-9.

[209] Bornhorst T, Ritchie J, Sheehan L. Determinants of tourism success for DMOs & destinations: An empirical examination of stakeholders' perspectives [J]. Tourism Management, 2010, 31(5): 572-589.

[210] Bowen J T, Shoemaker S. Loyalty: A strategic commitment[J]. Cornell Hotel and Restaurant Administration Quarterly, 2003, 44(5-6): 31-46.

[211] Brand S, Crandall R E. The media lab: Inventing the future at MIT[J]. Computers in Physics, 1988, 2(1): 91-92.

[212] Brinton J. The impact of COVID-19 on the UK publishing industry: Findings and opportunity[J]. Learned Publishing, 2021, 34(1): 43-48.

[213] Cai J, Wohn D Y. Live streaming commerce: Uses and gratifications approach to understanding consumers' motivations[C]//52nd Annual Hawaii International Conference on System Sciences, HICSS 2019. IEEE Computer Society, 2019: 2548-2557.

[214] Cantoni D, Chen Y, Yang D Y, et al. Curriculum and ideology[J]. Journal of Political Economy, 2017, 125(2): 338-392.

[215] Caspi A, Blau I. Social presence in online discussion groups: Testing three conceptions and their relations to perceived learning[J]. Social Psychology of Education, 2008(11): 323-346.

[216] Chakravorti B, Bhalla A, Chaturvedi R S. Which countries are leading the data economy[J]. Harvard Business Review, 2019(1): 2-8.

[217] Cheikh-Ammar M, Barki H. The influence of social presence, social exchange and feedback features on SNS continuous use: The Facebook context[J]. Journal of Organizational and End User Computing, 2016, 28(2): 33-52.

[218] Chen C C, Lin Y C. What drives live-stream usage intention? The perspectives of flow, entertainment, social interaction, and endorsement[J]. Telematics and Informatics, 2018, 35(1): 293-303.

[219] Chen H, Rahman I. Cultural tourism: An analysis of engagement, cultural contact, memorable tourism experience and destination loyalty[J]. Tourism Management Perspectives, 2018(26): 153-163.

[220] Christensen C M. The Innovator's Dilemma[M]. Boston: Harvard Business Review Press, 1997.

[221] Crolic C, Thomaz F, Hadi R, et al. Blame the bot: Anthropomorphism and

anger in customer-chatbot interactions[J]. Journal of Marketing, 2022, 86(1): 132-148.

[222] Cronin Jr J J, Brady M K, Hult G T M. Assessing the effects of quality, value, and customer satisfaction on consumer behavioral intentions in service environments[J]. Journal of Retailing, 2000, 76(2): 193-218.

[223] Dabbish L, Farzan R, Kraut R, et al. Fresh faces in the crowd: Turnover, identity, and commitment in online groups[C]//Proceedings of the ACM 2012 Conference on Computer Supported Cooperative Work, 2012: 245-248.

[224] Dale C, Pymm J M. Podagogy: The iPod as a learning technology[J]. Active Learning in Higher Education, 2009, 10(1): 84-96.

[225] Darke P R, Brady M K, Benedicktus R L, et al. Feeling close from afar: The role of psychological distance in offsetting distrust in unfamiliar online retailers [J]. Journal of Retailing, 2016, 92(3): 287-299.

[226] Dattée B, Alexy O, Autio E. Maneuvering in poor visibility: How firms play the ecosystem game when uncertainty is high[J]. Academy of Management Journal, 2018, 61(2): 466-498.

[227] Davis F D, Bagozzi R P, Warshaw P R. User acceptance of computer technology: A comparison of two theoretical models[J]. Management Science, 1989, 35(8): 982-1003.

[228] Dawson D. Creating content together: An international perspective on digitisation programmes[J]. New Review of Information Networking, 2002, 8(1): 109-116.

[229] Ding A W, Li S. Herding in the consumption and purchase of digital goods and moderators of the herding bias[J]. Journal of the Academy of Marketing Science, 2019, 47(3): 460-478.

[230] Dost F, Phieler U, Haenlein M, et al. Seeding as part of the marketing mix: Word-of-mouth program interactions for fast-moving consumer goods[J]. Journal of Marketing, 2019, 83(2): 62-81.

[231] Dwyer F R, Schurr P H, Oh S. Developing buyer-seller relationships[J]. Journal of marketing, 1987, 51(2): 11-27.

[232] Edwards J R, Lambert L S. Methods for integrating moderation and mediation: A general analytical framework using moderated path analysis [J]. Psychological methods, 2007, 12(1): 1-22.

[233] Elkington T. Too many cooks: Media convergence and self-defeating adaptations

[M]//The Video Game Theory Reader 2. London: Routledge, 2008.

[234] Faber B, Gaubert C. Tourism and economic development: Evidence from Mexico's coastline[J]. American Economic Review, 2019, 109(6): 2245-2293.

[235] Farzan R, Dabbish L A, Kraut R E, et al. Increasing commitment to online communities by designing for social presence[C]//Proceedings of the ACM 2011 Conference on Computer Supported Cooperative Work, 2011: 321-330.

[236] Foucault M. Security, Territory, Population: Lectures at the Colle'se, de France, 1977—1978[M]. Basingstoke and New York: Palgrave Macmillan, 2009.

[237] Gao Y, Liu C, Gao N, et al. Nature of arcade games[J]. Entertainment Computing, 2022(41): 100469.

[238] Garbarino E, Johnson M S. The different roles of satisfaction, trust, and commitment in customer relationships[J]. Journal of Marketing, 1999, 63(2): 70-87.

[239] Garrison D R, Anderson T, Archer W. Critical inquiry in a text-based environment: Computer conferencing in higher education[J]. The Internet and Higher Education, 1999, 2(2-3): 87-105.

[240] Garvey A M, Kim T W, Duhachek A. Bad news? Send an AI. Good news? Send a human[J]. Journal of Marketing, 2023, 87(1): 10-25.

[241] Gefen D, Karahanna E, Straub D W. Trust and TAM in online shopping: An integrated model[J]. MIS Quarterly, 2003, 27(1): 51-90.

[242] Giannakos M N, Vlamos P. Educational webcasts' acceptance: Empirical examination and the role of experience[J]. British Journal of Educational Technology, 2013, 44(1): 125-143.

[243] Gibson C, Connell J. Music and Tourism: On the Road Again[M]. Clevedon: Channel View Publications, 2005.

[244] Gillenson M L, Sherrell D L. Enticing online consumers: An extended technology acceptance perspective[J]. Information & Management, 2002, 39(8): 705-719.

[245] Godes D, Mayzlin D. Using online conversations to study word-of-mouth communication[J]. Marketing Science, 2004, 23(4): 545-560.

[246] Go E, Sundar S S. Humanizing chatbots: The effects of visual, identity and conversational cues on humanness perceptions[J]. Computers in Human Behavior, 2019(97): 304-316.

[247] Gustafsson A, Johnson M D, Roos I. The effects of customer satisfaction, relationship commitment dimensions, and triggers on customer retention [J]. Journal of Marketing, 2005, 69(4): 210-218.

[248] Hansen M T, Birkinshaw J. The innovation value chain[J]. Harvard Business Review, 2007, 85(6): 121-133.

[249] Harman G. Practical reasoning[J]. The Review of Metaphysics, 1976, 29(3): 431-463.

[250] Harris H, Park S. Educational usages of podcasting[J]. British Journal of Educational Technology, 2008, 39(3): 548-551.

[251] Ha S, Stoel L. Consumer e-shopping acceptance: Antecedents in a technology acceptance model[J]. Journal of Business Research, 2009, 62(5): 565-571.

[252] Hayes A F. Introduction to Mediation, Moderation, and Conditional Process Analysis: A Regression-based Approach[M]. New York: Guilford Publications, 2017.

[253] Hewett K, Money R B, Sharma S. An exploration of the moderating role of buyer corporate culture in industrial buyer-seller relationships[J]. Journal of the Academy of Marketing Science, 2002(30): 229-239.

[254] He W. Examining students' online interaction in a live video streaming environment using data mining and text mining[J]. Computers in Human Behavior, 2013, 29(1): 90-102.

[255] Hinds P J, Bailey D E. Out of sight, out of sync: Understanding conflict in distributed teams[J]. Organization Science, 2003, 14(6): 615-632.

[256] Holzwarth M, Janiszewski C, Neumann M M. The influence of avatars on online consumer shopping behavior[J]. Journal of Marketing, 2006, 70(4): 19-36.

[257] Hudson S, Huang L, Roth M S, et al. The influence of social media interactions on consumer-brand relationships: A three-country study of brand perceptions and marketing behaviors[J]. International Journal of Research in Marketing, 2016, 33(1): 27-41.

[258] Huntley J K. Conceptualization and measurement of relationship quality: Linking relationship quality to actual sales and recommendation intention [J]. Industrial Marketing Management, 2006, 35(6): 703-714.

[259] Hwang Y C, Lim J S. The impact of engagement motives for social TV on social presence and sports channel commitment[J]. Telematics and Informatics,

2015, 32(4): 755-765.

[260] International D. DAMA-DMBOK: Data Management Body of Knowledge [M]. Westfield: Technics Publications, 2017.

[261] Jiang L, Jun M, Yang Z. Customer-perceived value and loyalty: How do key service quality dimensions matter in the context of B2C e-commerce? [J]. Service Business, 2016(10): 301-317.

[262] Jiang Z Z, He N, Qin X, et al. Evolutionary game analysis and regulatory strategies for online group-buying based on system dynamics[J]. Enterprise Information Systems, 2018, 12(6): 695-713.

[263] Jones M D, Hutcheson S, Camba J D. Past, present, and future barriers to digital transformation in manufacturing: A review[J]. Journal of Manufacturing Systems, 2021(60): 936-948.

[264] Kannan P K, Pope B K, Jain S. Pricing digital content product lines: A model and application for the National Academies Press[J]. Marketing Science, 2019, 28(4): 620-636.

[265] Karahanna E, Straub D W. The psychological origins of perceived usefulness and ease-of-use[J]. Information & Management, 1999, 35(4): 237-250.

[266] Kent S L. The Ultimate History of Video Games[M]. New York: Three Rivers Press, 2001.

[267] Kim J W, James J D, Kim Y K. A model of the relationship among sport consumer motives, spectator commitment, and behavioral intentions[J]. Sport Management Review, 2013, 16(2): 173-185.

[268] Kim T, Biocca F. Telepresence via television: Two dimensions of telepresence may have different connections to memory and persuasion[J]. Journal of Computer-mediated Communication, 1997, 3(2): JCMC325.

[269] Koellner T, Sell J, Navarro G. Why and how much are firms willing to invest in ecosystem services from tropical forests? A comparison of international and costa rican firms[J]. Ecological Economics, 2010, 69(11): 2127-2139.

[270] Kraus S, Palmer C, Kailer N, et al. Digital entrepreneurship: A research agenda on new business models for the twenty-first century[J]. International Journal of Entrepreneurial Behavior & Research, 2019, 25(2): 353-375.

[271] Kraus S, Schiavone F, Pluzhnikova A, et al. Digital transformation in healthcare: Analyzing the current state-of-research[J]. Journal of Business Research, 2021(123): 557-567.

[272] Kumar N, Benbasat I. Para-social presence: A re-conceptualization of social presence to capture the relationship between a web site and her visitors[C]// Proceedings of the 35th Annual Hawaii International Conference on System Sciences. IEEE, 2002: 106-112.

[273] Kumar N, Scheer L K, Steenkamp J B E M. The effects of perceived interdependence on dealer attitudes[J]. Journal of Marketing Research, 1995, 32(3): 348-356.

[274] Kurn Park Y, An J G. Hotel room reservation employees relationship with customers and customer trust, commitment and hotel performance[J]. International Journal of Tourism Sciences, 2004, 4(2): 85-99.

[275] Kwon O, Wen Y. An empirical study of the factors affecting social network service use[J]. Computers in Human Behavior, 2010, 26(2): 254-263.

[276] Lashua B, Spracklen K, Long P. Introduction to the special issue: Music and tourism[J]. Tourist Studies, 2014, 14(1): 3-9.

[277] Lee K M, Nass C. The multiple source effect and synthesized speech: Doubly-disembodied language as a conceptual framework[J]. Human Communication Research, 2004, 30(2): 182-207.

[278] Lee K M, Peng W, Jin S A, et al. Can robots manifest personality? An empirical test of personality recognition, social responses, and social presence in human-robot interaction[J]. Journal of Communication, 2006, 56(4): 754-772.

[279] Lee M R, Chen T T. Digital creativity: Research themes and framework[J]. Computers in Human Behavior, 2015(42): 12-19.

[280] Lerro A, Schiuma G, Manfredi F. Entrepreneurial development and digital transformation in creative and cultural industries: Trends, opportunities and challenges[J]. International Journal of Entrepreneurial Behavior & Research, 2022, 28(8): 1929-1939.

[281] Leslie D, Russell H. The importance of foreign language skills in the tourism sector: A comparative study of student perceptions in the UK and continental Europe[J]. Tourism Management, 2006, 27(6): 1397-1407.

[282] Li L, Su F, Zhang W, et al. Digital transformation by SME entrepreneurs: A capability perspective[J]. Information Systems Journal, 2018, 28(6): 1129-1157.

[283] Limayem M, Hirt S G, Cheung C M K. How habit limits the predictive power

of intention: The case of information systems continuance[J]. MIS Quarterly, 2007: 705-737.

[284] Lim J S, Hwang Y C, Kim S, et al. How social media engagement leads to sports channel loyalty: Mediating roles of social presence and channel commitment[J]. Computers in Human Behavior, 2015(46): 158-167.

[285] Lin H, Fan W, Chau P Y K. Determinants of users' continuance of social networking sites: A self-regulation perspective[J]. Information & Management, 2014, 51(5): 595-603.

[286] Lin Y T, Doong H S, Eisingerich A B. Avatar design of virtual salespeople: Mitigation of recommendation conflicts[J]. Journal of Service Research, 2021, 24(1): 141-159.

[287] Lin Z. An empirical investigation of user and system recommendations in e-commerce[J]. Decision Support Systems, 2014(68): 111-124.

[288] Little K. The tourist gaze: Leisure and travel in contemporary societies [J]. American Ethnologist, 1994, 21(4): 940-941.

[289] Liu R M, Mao Y, Kang Y K. Deregulation, market vitality and tourism economy development from Chinese culture system reform[J]. Economic Research Journal, 2020, 55(1): 115-131.

[290] Liu Z, Yang J, Ling L. Exploring the influence of live streaming in mobile commerce on adoption intention from a social presence perspective[J]. International Journal of Mobile Human Computer Interaction (IJMHCI), 2020, 12(2): 53-71.

[291] Longoni C, Cian L. Artificial intelligence in utilitarian vs. hedonic contexts: The 'word-of-machine' effect[J]. Journal of Marketing, 2022, 86(1): 91-108.

[292] Luo X, Qin M S, Fang Z, et al. Artificial intelligence coaches for sales agents: Caveats and solutions[J]. Journal of Marketing, 2021, 85(2): 14-32.

[293] Luo X, Tong S, Fang Z, et al. Frontiers — Machines vs. humans: The impact of artificial intelligence chatbot disclosure on customer purchases[J]. Marketing Science, 2019, 38(6): 937-947.

[294] Magaudda P. When materiality 'bites back': Digital music consumption practices in the age of dematerialization[J]. Journal of Consumer Culture, 2011, 11(1): 15-36.

[295] Matell M S, Jacoby J. Is there an optimal number of alternatives for likert-

scale items? Effects of testing time and scale properties[J]. Journal of Applied Psychology, 1972, 56(6): 506 – 509.

[296] Mathieu J E, Zajac D M. A review and meta-analysis of the antecedents, correlates, and consequences of organizational commitment[J]. Psychological Bulletin, 1990, 108(2): 171 – 194.

[297] Matt C, Hess T, Benlian A. Digital transformation strategies[J]. Business & Information Systems Engineering, 2015(57): 339 – 343.

[298] Mavroidis I, Karatrantou A, Koutsouba M, et al. Technology acceptance and social presence in distance education: A case study on the use of teleconference at a postgraduate course of the Hellenic Open University[J]. European Journal of Open, Distance and E-learning, 2013, 16(2): 76 – 96.

[299] McAlexander J H, Kim S K, Roberts S D. Loyalty: The influences of satisfaction and brand community integration[J]. Journal of Marketing Theory and Practice, 2003, 11(4): 1 – 11.

[300] McAlexander J H, Kim S K, Roberts S D. Loyalty: The influences of satisfaction and brand community integration[J]. Journal of Marketing Theory and Practice, 2003, 11(4): 1 – 11.

[301] McDougall G H G, Levesque T. Customer satisfaction with services: Putting perceived value into the equation[J]. Journal of Services Marketing, 2000, 14(5): 392 – 410.

[302] Mclean R, Oliver P G, Wainwright D W. The myths of empowerment through information communication technologies: An exploration of the music industries and fan bases[J]. Management Decision, 2010, 48(9): 1365 – 1377.

[303] Miao F, Kozlenkova I V, Wang H, et al. An emerging theory of avatar marketing[J]. Journal of Marketing, 2022, 86(1): 67 – 90.

[304] Moon J W, Kim Y G. Extending the TAM for a world-wide-web context [J]. Information & Management, 2001, 38(4): 217 – 230.

[305] Moorman C, Deshpande R, Zaltman G. Factors affecting trust in market research relationships[J]. Journal of marketing, 1993, 57(1): 81 – 101.

[306] Morgan R M, Hunt S D. The commitment-trust theory of relationship marketing[J]. Journal of Marketing, 1994, 58(3): 20 – 38.

[307] Moriuchi E, Takahashi I. An empirical investigation of the factors motivating Japanese repeat consumers to review their shopping experiences[J]. Journal of Business Research, 2018(82): 381 – 390.

[308] Murtagh F, Heck A. Multivariate Data Analysis[M]. Luxembourg: Springer Science & Business Media, 2012.

[309] Nambisan S, Lyytinen K, Majchrzak A, et al. Digital innovation management [J]. MIS Quarterly, 2017, 41(1): 223-238.

[310] Nee R C. Social TV and the 2012 election: Exploring political outcomes of multiscreen media usages[J]. Electronic News, 2013, 7(4): 171-188.

[311] Ning Shen K, Khalifa M. Exploring multidimensional conceptualization of social presence in the context of online communities[J]. International Journal of Human-computer Interaction, 2008, 24(7): 722-748.

[312] Oberholzer-Gee F, Strumpf K. The effect of file sharing on record sales: An empirical analysis[J]. Journal of Political Economy, 2007, 115(1): 1-42.

[313] O'cass A, Fenech T. Web retailing adoption: Exploring the nature of internet users web retailing behaviour[J]. Journal of Retailing and Consumer services, 2003, 10(2): 81-94.

[314] Olson K K. The copyright claims board and the individual creator: Is real reform possible? [J]. Communication Law and Policy, 2020, 25(1): 1-23.

[315] Osborne S P. The New Public Governance[M]. London: Routledge, 2010.

[316] Pang S, Bao P, Hao W, et al. Knowledge sharing platforms: An empirical study of the factors affecting continued use intention[J]. Sustainability, 2020, 12(6): 2341-2359.

[317] Park S, Nicolau J L. Effects of general and particular online hotel ratings [J]. Annals of Tourism Research, 2017(62): 114-116.

[318] Peng Y, Mobile and digitally-mediated publishing strategies in China: An overview of evolving business models[J]. Publishing Research Quarterly, 2016(32): 247-260.

[319] Pfeil U, Arjan R, Zaphiris P. Age differences in online social networking: A study of user profiles and the social capital divide among teenagers and older users in MySpace[J]. Computers in Human Behavior, 2009, 25(3): 643-654.

[320] Picard M, Fandango G. Video Games and Their Relationship with Other Media[M]. New York: Greenwood Press, 2008.

[321] Preacher K J, Hayes A F. SPSS and SAS procedures for estimating indirect effects in simple mediation models[J]. Behavior Research Methods, Instruments, & Computers, 2004(36): 717-731.

[322] Preacher K J, Rucker D D, Hayes A F. Addressing moderated mediation hypotheses: Theory, methods, and prescriptions[J]. Multivariate Behavioral Research, 2007, 42(1): 185-227.

[323] Prigogine I, Stengers I. Order out of chaos: Man's new dialogue with nature[M]. London: Verso Books, 2018.

[324] Qian L, Xiu-cun W. The impact of different perceived support dimensions of mobile media App users on customer commitment and customer recommendation[C]//2017 IEEE International Conference on Intelligence and Security Informatics (ISI). IEEE, 2017: 146-148.

[325] Rashidian N, Tsiveriotis G, Brown P D, et al. Platforms and publishers: The end of an era[R], 2020.

[326] Rauch J E, Trindade V. Neckties in the tropics: A model of international trade and cultural diversity[J]. Canadian Journal of Economics/Revue canadienne d'économique, 2009, 42(3): 809-843.

[327] Rehak B. Genre Profile: First-person Shooting Games[R]. Working Paper, 2008.

[328] Reijnders S, Bolderman L, Van Es N, et al. Locating imagination: An interdisciplinary perspective on literary, film, and music tourism[J]. Tourism Analysis, 2015, 20(3): 333-339.

[329] Ritvala T, Piekkari R. Geopolitics of the knowledge-based economy[J]. Journal of International Business Studies, 2021, 52(2): 334-337.

[330] Robert J, Emily O. The power of TV: Cable television and women's status in India[J]. Quarterly Journal of Economics, 2009(3): 1057-1094.

[331] Rogers P, Lea M. Social presence in distributed group environments: The role of social identity[J]. Behaviour & Information Technology, 2005, 24(2): 151-158.

[332] Romer P. When should we use intellectual property rights?[J]. American Economic Review, 2002, 92(2): 213-216.

[333] Russell J D. The reuse economy for digital technologies: A rapid review[C]//2020 Conference of the International Society for the Circular Economy, 2020.

[334] Ryu G, Feick L. A penny for your thoughts: Referral reward programs and referral likelihood[J]. Journal of Marketing, 2007, 71(1): 84-94.

[335] Santa-Cruz F G, López-Guzmán T. Culture, tourism and world heritage sites[J]. Tourism Management Perspectives, 2017(24): 111-116.

［336］Scott W. Richard, and Gerald Davis. Organizations and Organizing: Rational, Natural and Open Systems Perspectives[M]. London: Routledge, 2015.

［337］Seele P, Dierksmeier C, Hofstetter R, et al. Mapping the ethicality of algorithmic pricing: A review of dynamic and personalized pricing[J]. Journal of Business Ethics, 2021(170): 697-719.

［338］Sellars A. The influence of dance music on the UK youth tourism market [J]. Tourism Management, 1998, 19(6): 611-615.

［339］Seo Y W, Lee K C, Chae S W. Pattern analysis of the creativity of a digitalist considering its antecedents and task diversity: A multi-agent simulation approach[J]. Digital Creativity: Individuals, Groups, and Organizations, 2013: 29-46.

［340］Shin S Y, Throsby D. Cultural diversity and cultural trade: Theory and an application to the motion picture industry[J]. International Journal of Cultural Policy, 2023, 29(4): 449-466.

［341］Short J, Williams E, Christie B. The Social Psychology of Telecommunications [M]. Contemporary Sociology, 1976.

［342］Spilker H S. Digital Music Distribution: The Sociology of Online Music Streams[M]. New York: Routledge, 2017.

［343］Steers R M. Antecedents and outcomes of organizational commitment[J]. Administrative Science Quarterly, 1997, 22(1): 46-56.

［344］Suh K S, Kim H, Suh E K. What if your avatar looks like you? Dual congruity perspectives for avatar use[J]. MIS Quarterly, 2011, 35(3): 711-730.

［345］Sweeting A. Dynamic product positioning in differentiated product markets: The effect of fees for musical performance rights on the commercial radio industry[J]. Econometrica, 2013, 81(5): 1763-1803.

［346］Szajna B. Empirical evaluation of the revised technology acceptance model [J]. Management Science, 1996, 42(1): 85-92.

［347］Tabrizi B, Lam E, Girard K, et al. Digital transformation is not about technology[J]. Harvard Business Review, 2019, 13(3): 1-6.

［348］Tang F, Wang X, Norman C S. An investigation of the impact of media capabilities and extraversion on social presence and user satisfaction[J]. Behaviour & Information Technology, 2013, 32(10): 1060-1073.

［349］Taylor D G, Strutton D. Has e-marketing come of age? Modeling historical influences on post-adoption era internet consumer behaviors[J]. Journal of business research, 2010, 63(9-10): 950-956.

[350] Tokarchuk L, Shoop K, Ma A. Using co-presence communities to enhance social recommendation[C]//2009 Sixth International Conference on Wireless On-demand Network Systems and Services. IEEE, 2009: 169-172.

[351] Vallas S, Schor J B. What do platforms do? Understanding the gig economy [J]. Annual Review of Sociology, 2020(46): 273-294.

[352] Venkatesh V, Morris M G, Davis G B, et al. User acceptance of information technology: Toward a unified view[J]. MIS Quarterly, 2003: 425-478.

[353] Vida I, Koklic M K, Kukar-Kinney M, et al. Predicting consumer digital piracy behavior: The role of rationalization and perceived consequences[J]. Journal of Research in Interactive Marketing, 2012, 6(4): 298-313.

[354] Von Hippel E. 'Sticky information' and the locus of problem solving: Implications for innovation[J]. Management Science, 1994, 40(4): 429-439.

[355] Waldfogel J. Copyright research in the digital age: Moving from piracy to the supply of new products[J]. American Economic Review, 2012, 102(3): 337-42.

[356] Wang C. Antecedents and consequences of perceived value in mobile government continuance use: An empirical research in China[J]. Computers in Human Behavior, 2014(34): 140-147.

[357] Wang M, Li X. Effects of the aesthetic design of icons on App downloads: Evidence from an android market[J]. Electronic Commerce Research, 2017 (17): 83-102.

[358] Weng Z, Luo P. The impact of guarantees on peer-to-peer lending platform: Evolutionary game analysis and empirical evidence from China[J]. Journal of Theoretical and Applied Electronic Commerce Research, 2021, 16(7): 2708-2731.

[359] Williams A M, Balaz V. Low-cost carriers, economies of flows and regional externalities[J]. Regional Studies, 2009, 43(5): 677-691.

[360] Williams D, Ursu M F, Meenowa J, et al. Video mediated social interaction between groups: System requirements and technology challenges [J]. Telematics and Informatics, 2011, 28(4): 251-270.

[361] Wolf J R, Portegys T E. Technology adoption in the presence of network externalities: A web-based classroom game[J]. Informs Transactions on Education, 2007, 8(1): 49-54.

[362] Wolf M J. The Medium of the Video Game[M]. University of Texas Press, 2002.

[363] Wongkitrungrueng A, Assarut N. The role of live streaming in building consumer trust and engagement with social commerce sellers[J]. Journal of Business Research, 2020(117): 543-556.

[364] Wongkitrungrueng A, Dehouche N, Assarut N. Live streaming commerce from the sellers' perspective: Implications for online relationship marketing [J]. Journal of Marketing Management, 2020, 36(5-6): 488-518.

[365] Xu X, Wu J H, Li Q. What drives consumer shopping behavior in live streaming commerce? [J]. Journal of Electronic Commerce Research, 2020, 21(3): 144-167.

[366] Yang Y, Park S, Hu X. Electronic word of mouth and hotel performance: A meta-analysis[J]. Tourism Management, 2018(67): 248-260.

[367] Ye S, Lei S I, Shen H, et al. Social presence, telepresence and customers' intention to purchase online peer-to-peer accommodation: A mediating model [J]. Journal of Hospitality and Tourism Management, 2020(42): 119-129.

[368] Yu E, Jung C, Kim H, et al. Impact of viewer engagement on gift-giving in live video streaming[J]. Telematics and Informatics, 2018, 35(5): 1450-1460.

[369] Zack M H. Interactivity and communication mode choice in ongoing management groups[J]. Information Systems Research, 1993, 4(3): 207-239.

[370] Zarmpou T, Saprikis V, Markos A, et al. Modeling users' acceptance of mobile services[J]. Electronic Commerce Research, 2012(12): 225-248.

[371] Zeithaml V A, Berry L L, Parasuraman A. The behavioral consequences of service quality[J]. Journal of Marketing, 1996, 60(2): 31-46.

[372] Zeng B, Gerritsen R. What do we know about social media in tourism? A review[J]. Tourism Management Perspectives, 2014(10): 27-36.

[373] Zhang J, Zhang J, Zhang M. From free to paid: Customer expertise and customer satisfaction on knowledge payment platforms[J]. Decision Support Systems, 2019(127): 113140.

[374] Zhao Q, Chen C D, Cheng H W, et al. Determinants of live streamers' continuance broadcasting intentions on twitch: A self-determination theory perspective[J]. Telematics and Informatics, 2018, 35(2): 406-420.

[375] Zhao S. Culture and trade: Chinese practices and perspectives[J]. International Journal of Cultural Policy, 2023, 29(2): 135-151.

[376] Zhao X, Lynch Jr J G, Chen Q. Reconsidering Baron and Kenny: Myths and truths about mediation analysis[J]. Journal of Consumer Research, 2010, 37(2): 197-206.

[377] Zhao Y, Peng X, Liu Z, et al. Factors that affect asker's pay intention in trilateral payment — Based social Q&A platforms: From a benefit and cost perspective[J]. Journal of the Association for Information Science and Technology, 2020, 71(5): 516-528.

[378] Zi T. An integrated approach to evaluating the coupling coordination between tourism and the environment[J]. Tourism Management, 2015, 46(2): 11-19.

[379] Zou X, Chen J, Gao S. Network effect in shared supply chain platform value co-creation behavior in evolutionary game[J]. Journal of Intelligent & Fuzzy Systems, 2021, 41(4): 4713-4724.